本书系国家社科基金项目（17BKS129）、全国高校思政课名师工作室（21SZJS43012034）、全国高校思政工作中青年骨干教师项目（周小李）的成果。

国家社科基金丛书
GUOJIA SHEKE JIJIN CONGSHU

高校思想政治教育"情商"
——亲和力研究

"Emotional Intelligence" of Ideological and Political Education in Colleges and Universities

A Study on Affinity

周小李 著

人民出版社

责任编辑：刘江波
封面设计：石笑梦
版式设计：胡欣欣

图书在版编目（CIP）数据

高校思想政治教育"情商"：亲和力研究/周小李 著. —北京：人民出版社，
　2022.9
ISBN 978－7－01－025098－4

Ⅰ.①高…　Ⅱ.①周…　Ⅲ.①高等学校-思想政治教育-研究-中国
　Ⅳ.①G641

中国版本图书馆 CIP 数据核字（2022）第 178111 号

高校思想政治教育"情商"
GAOXIAO SIXIANG ZHENGZHI JIAOYU QINGSHANG
——亲和力研究

周小李　著

人 民 出 版 社 出版发行
（100706　北京市东城区隆福寺街 99 号）

北京九州迅驰传媒文化有限公司印刷　新华书店经销

2022 年 9 月第 1 版　2022 年 9 月北京第 1 次印刷
开本：710 毫米×1000 毫米 1/16　印张：18.75
字数：249 千字

ISBN 978－7－01－025098－4　定价：69.00 元

邮购地址　100706　北京市东城区隆福寺街 99 号
人民东方图书销售中心　电话（010）65250042　65289539

目　　录

序

自"亲和力"一词于 13 世纪被德国炼金家阿尔伯特·马格纳斯（Albert Magnus）首先提出以来，"亲和力"概念迅速被政治学、社会学、新闻传播学等学科引入，并不断广而论之、深而研之、化而行之。2019 年 3 月 18 日，习近平总书记在学校思想政治理论课教师座谈会上强调指出："推动思想政治理论课改革创新，要不断增强思想政治课的思想性、理论性和亲和力、针对性。""三性一力"是对思想政治教育本质属性的科学概括，凸显了"亲和力"在思想政治教育领域中的重要地位。

《高校思想政治教育亲和力提升问题研究》一书是周小李教授主持国家社会科学基金项目的学术研究成果。她认为，对于思想政治教育的"三性一力"，需要从本、原、用三个层次论"道"。高校思想政治课作为高校大学生思想政治教育的主渠道，其思想性是"本"，本质上是进行马克思主义理论教育，指向是"道之以政"，是合政治性与合目的性的统一，是思想政治教育发展方向的正确保证。"原"就是考察思想政治教育的现状及其理论性、科学性建设，以"察迩来远"。思想政治教育的理论性即学理性，指思想政治教育的体系、结构层次、逻辑及教育规律。离开学理性就只有思想的狂热，没有思辨、证成，会导致"泛政治化"现象。因此，必须坚持以政治性为统摄和以学理性为依托的辩证统一，使高校思想政治教育之树的生命力常青，并以"亲和力"作为保障。

为此,周小李教授带领她所在的思政教育团队成员,积极响应习近平总书记对新时代高校"提升思想政治教育亲和力和针对性,满足学生成长发展需求和期待"的要求,分别就高校思想政治教育亲和力的相关基础理论、运行机理、现实境遇、实践理路、评价机制等从"本、原、用"等角度进行了系统研究,形成了本书所介绍的主要内容。

本书认为,高校思想政治教育亲和力有着丰富的结构层次和深刻的内涵,无论是从结构形态方面看,还是从内涵层次方面看,都呈现出多样性、多变性、多维性的特点。从词性词源上看,亲和力是思想政治教育有效开展的理想要素和重要保障,也是思想政治教育高效推进的科学方法和必然要求。从呈现形式上看,高校思想政治教育亲和力是在秉持以生为本的育人理念下,使之成为推进思想政治教育过程中的非实体性、渗透性要素,通过借助相关课程与实践活动,让其具有并发挥出和谐、可亲近、吸引、喜爱的特性,从而提升受教育者对于思想政治教育的接受度、认可度、趋同度的一种多样态的融合力量。从生成方式来看,高校思想政治教育亲和力主要由思想政治教育天性亲和力因素和思想政治教育交往亲和力因素构成,具有情感交互性、传播渗透性、生成复杂性等特点,并通过不断优化各相关要素及其相互之间的运行过程,使思想政治教育得以生成与发展。提升思想政治教育亲和力对满足学生自身成长需求、增进教师职业发展幸福感、促进思政学科专业发展、推动高校落实立德树人任务等具有重要价值。

高校思想政治教育亲和力的现实境遇是机遇与困境共存。在主要机遇上,面临教育理念更新的时代新境、夯实教师力量的队伍保障、学生个性意识张扬的驱动力量、创新教育方法的技术支撑等优势。在主要困境上,一是高校思想政治教育目标的政治站位过高可能导致其感染力不强;二是高校思想政治教育的内容亲和力不够,时代感不强甚至滞后于时代发展,现实性不足甚至远离学生现实生活;三是有的思想政治教育工作者的情感温度较低导致学生未能亲其师,知识厚度较薄导致学生未能信其道,语言柔度不足导致学生未能奉其教;四是大学生主动性、主体性有待增强。这些困境的原因主要集中在思想政治教育内容的高势位与学生的生活化相冲突、思想政治教育人员的主导性与主体性相错位、思想政治教育目标的一体化与学生的个性化相断裂、思想政治教育实施的针对性与普适性相背离、思想政治教育环境的内部性与外部性相隔阂等五个方面。

高校思想政治教育亲和力的运行与提升应遵循其内在客观规律。亲和力是一种彰显主体间性特征,使教育者和受教育者双向互动,并使双方尤其是受教育者对教育者产生亲近感、趋同感与和谐感的水平和能力,其提升是一个有着内在动力驱使、外在要素供给、内外因素相互作用,呈现螺旋式上升发展轨迹的过程,是教育目的的人本性、教育内容的真理性、教育主体的平等性、教育客体的能动性、教育环境的人文性、教育载体的相宜性、教育方法的艺术性、教育情境的相融性等各种主客体要素,在系统优化中不断融合发展,从而实现有效耦合生成与提升的过程。

要优化亲和力强的高校思想政治教育内在格局。一是要因势而新,明确教育目标的时代定位,把握教育目标的演进逻辑,探索教育目标的优化路径;二是要因时而进,把握课程设置的演进历程,遵循新时代课程建设的逻辑理路,探索课程设置的优化路径,实现课程的优化设置;三是要因事而化,掌握教材的发展历程,把握新时代教材建设的优势,探索教材建设的优化路径,实现教材内容的优化整合。

要培养充满亲和力的高校思想政治教育主体。一是要通过锤炼高尚的德行操守、精湛的学识素养、亲善的形象气质来增强思想政治教育教师的人格魅力;二是要通过恰适的对话定位、亲切的语言态度、高超的话语艺术来增创思想政治教育的话语魅力;三是要通过思想上的价值引领、学习上的授业解惑、生活上的帮扶关照来增进思想政治教育的实践魅力,从而全面提升思想政治教育工作者的亲和力,才能让学生"亲其师"并"信其道"。

要提升客体对高校思想政治教育的亲和力。一是要着力在大学生思想认知上,深化其对时代发展、自身角色的认识,强化其对错误思想的抵制力;二是要涵养大学生的德性情操,培养其积极健康的道德心理,理性平和的情绪心态,符合角色的审美情趣和勇于担当的人文情怀;三是要增强大学生的学识素养,引导其认清学识素养的地位,缕析学识素养的构成,提升其学识素养的"三性"。

要遴选更具亲和力的高校思想政治教育介体。一是在教育内容上,要着力提升其时代性、增强其生活性、加强其针对性和增创其趣味性;二是在教育方法上,要坚持理论教育与实践锻炼、价值引领与情感陶冶、显性教育与隐性渗透、传统方式与现代方式相结合;三是在教育载体上,要利用高科技增强载体的体验感,依托多媒体提升载体的生动性,借助微程序深化载体的便捷性。

要营造亲和力丰盈的高校思想政治教育环体。一是要打造温润心灵的校园环境,着力做好强本固基的学校制度、厚德载物的校园文化、学生为本的办学行为和润物无声的校园环境;二是要打造成风化人的社会环境,着力优化国际、经济、政治和文化环境;三是要营造积极向上的网络环境,抓牢树立正确网络意识这一前提,完善网络相关制度这一保障,加强网络道德教育这一核心;四是要打造家校融合的育人环境,建立健全家校融合制度,转变教师与家长的育人职责观念。

构建高校思想政治教育亲和力的评价机制必须解决三大矛盾。一是从价值观与"合理性"上,解决工具理性与价值理性之间的矛盾;二是在评价主体上,解决评价主体单一与利益相关方多元的矛盾;三是在评价方式方法上,解决方法的简单性与思想政治教育活动的复杂性之间的矛盾。本书作者坚持问题导向,围绕立德树人根本任务,以思想政治教育亲和力提升机理、评价目标、构成要素、衡量标准为依据,坚持人本建构、科学实证、多元主体、系统有序、动态性检测与评价性发展等原则,从评价目标、评价主体、评价方式、评价方法、评价程序等方面确定了高校思想政治教育亲和力考核体系框架和流程,从内在目标(天性亲和力程度)、主体目标(主动表达亲和力程度)、介体目标(被动表达亲和力程度)、环体目标(外在驱动力程度)四个维度提出了一套考核指标,并采用 AHP 层次分析法确定各项指标的权重,从而构建出从目标、内容到方法的高校思想政治教育亲和力评价体系。

本书作者及其所在团队注重把理论研究成果运用于教书育人实践,在构建"三维十径"立体思想政治课堂、思想政治教育艺术化方法等方面,做了大量艰辛探索和初创性尝试,取得了突出的育人成效。随着研究的深入和认识的升华,周小李教授探索建构了"高校思想政治教育亲和力生成与提升的运行规律流程模型",指出高校思想政治教育亲和力是一个系统,其生成与提升过程应是一个完整的开放的思想政治教育系统。在此系统中,思想政治教育的主导者教师和主体学生,随时都在接受、提炼海量的信息,用于调整、提高系统运行的效果。本书即是周小李教授及其团队研究成果的具体呈现,其旨在使高校思想政治教育从理念上实现从文本化、工具化向人本化的转变,从本质上实现规范性向发展性的转变,从功能作用上实现被动应付向积极作为的转变,从方式方法上实现从平面单一向立体多样的转变,从教育形态上实现从单向散状灌输向集约平等对话的转变,从而显著增强高校思想政治教育的感染力和吸引力,提高其针对性和实效性。

人心教化,任重道远。思想政治教育旨在凝心铸魂,让四海一、九州同,戮力同心于伟大复兴,此关系家国天下之治。本书作为作者及其团队的探索之作,难免存在不尽至善之处,尚待同仁俯教。

彭小奇

2021 年 3 月 20 日

第一章　高校思想政治教育亲和力
相关问题概述

习近平总书记明确要求"提升思想政治教育亲和力和针对性,满足学生成长发展需求和期待"①,为高校思想政治教育创新发展指明了方向,提供了根本遵循。对于广大高校而言,提升思想政治教育亲和力不仅是当前破解其"实效性瓶颈"的关键,而且是改善其整体境遇的重要"切入点"。如何提升思想政治教育亲和力已然成为学界普遍关注与研讨的学术焦点,为了回答好这一难题,就应把解读"是什么"作为逻辑起点,考究其主旨内涵,梳理其理论依据,把脉其主要特点,深挖其价值效用。

一、含义考究

深入、全面、客观地考究高校思想政治教育亲和力的含义,不仅是对其进行研究的逻辑起点,而且是深化该研究的应有之义,需要从多维度找准着力点和突破口,通过查摆其理论出场、主旨内涵、结构层次、相关概念澄明等,对其进行全面揭示。

---

① 《把思想政治工作贯穿教育教学全过程　开创我国高等教育事业发展新局面》,《人民日报》2016 年 12 月 9 日。

（一）高校思想政治教育亲和力的理论出场

为了全面把脉高校思想政治教育亲和力的理论出场,运用拆分法,从其两个组成部分着手,也就是回归到"亲和力"的溯源以及高校思想政治教育的发展历程上,进而洞悉两者得以耦合的可行性与必然性。

一方面,剖析"亲和力"的词源演变。"亲和力"一词最早可以追溯到13世纪,由德国炼金家阿尔伯特·马格纳斯(Albert Magnus)提出。他在化学实验中首次使用了这个概念,认为它是"物质相互吸引的力量,是一种爱力,是姻亲关系"。随着学科知识的不断分化与研究范式的日益完善,"亲和力"一词被跨学科引用到社会科学领域并广受好评,适用范围和使用频率都呈递进态势。在心理学领域,心理学家阿尔伯特·梅拉比安(Albert Mehrabian)使用了"亲和力准则",认为亲和力既是一种人与人和谐相处时本能产生的维持亲近行为的动力,也是一种驱使人在情感、思维方面更好地互动与亲密的催化力,引申为主体间关系过程中表现出的亲近行为和能力。自梅拉比安成功推开和打通人文社科领域研究亲和力的大门后,越来越多的学者开始将其作为所从事学科研究的生长点。在文学领域,歌德曾经以《亲和力》为题,创作了一部关于爱情和婚姻的经典长篇小说,在这篇颇具代表性的作品中,通过描写亲和力作用之下产生的这种不以人的意志为转移的本能欲望所衍生的力量的主宰而形成的神秘而动人的爱情,实现了对人的本性张扬。在传播学领域,辛文最早在《什么是"亲和力"》中对亲和力进行界定,认为它是"报道与受众之间的亲切感、信任感和互动性"①,强调内容能够使受众的精神受到感染,进而生发出对内容的亲密性和接受性。在教育学视域,亲和力主要体现在教育者与受教育者、管理者与被管理者之间,尤其强调的是教育者或者管理者在开展工作的过程中,能够带有说服力和感染力,达到让教育对象和被管理者信服、

---

① 辛文:《什么是"亲和力"》,《新闻与写作》2006年第8期。

接受、认可，进而让两者之间呈现出趋近关系的良好态势。在社会学领域，亲和力是衡量人与人关系的重要指标，既可以融合在个人修养境界上，也可以体现在待人处事的能力上。因此，它被视为核心竞争力的构成要素之一。在《现代汉语词典》中，亲和力被释义为："①两种或两种以上的物质结合成化合物时相互作用的力。②指使人亲近、愿意接触的力量"。① 毫无疑问，亲和力的第二种解释，既是基于已有的人文社科相关研究成果的佐证，也是社科领域继续对亲和力展开研究的依据。

另一方面，把脉思想政治教育与亲和力的耦合逻辑。改革开放40多年以来，中国共产党不断总结经验教训，不仅对高校开展思想政治教育进行了诸多尝试，而且对相关理论和实践展开了深入研究，形成了较为丰硕的理论成果和较为成熟的实践体系。邓小平指出，一定要培养造就具有社会主义觉悟的一代新人，并赋予了思想政治教育培育"四有新人"的艰巨使命。江泽民强调，正确引导和帮助青少年学生健康成长，是一个关系我国教育发展方向的重大问题，将思想政治教育在人才培养方面的重要性提升到了一个新高度。胡锦涛认为，要从根本上把握好教育最应该明确的办学目标、人才培育、实施办法等问题，从方法论层面指明了高校思想政治教育得以推进的抓手。习近平更是多次召开专门会议，一方面将对思想政治教育的重视程度提升到前所未有的高度；另一方面，又从目标、方法、人员等层次将思想政治教育的推进策略细化到前所未有的程度。不难发现，党中央对思想政治教育的重视逐渐从地位、作用等视角转移至实效方面，并逐渐聚焦到方法途径的探究改进与健全完善上。在"亲其师、信其道"的传统文化浸染下，亲和力逐渐成为破解思想政治教育实效瓶颈的重要突破口和聚焦点之一，以至于"思想政治教育亲和力"一经理论出场，即成为学界的热点。

---

① 中国社会科学院语言研究所词典编辑室编：《现代汉语词典》（第7版），商务印书馆2016年版，第1057页。

（二）高校思想政治教育亲和力的主旨内涵

"社会或社会群体用一定的思想观念、政治观点、道德规范,对其成员施加有目的、有计划、有组织的影响,使他们形成符合一定社会所要求的思想品德的社会实践活动"①,这是学界比较权威、广受认可的对思想政治教育的概念界定。不难发现,高校思想政治教育本质就是一项为人的工作。因此,其培养目标、施行环节、推进过程、评价要素等诸方面都与人密切相连。随着社会环境的日益复杂化、文化思潮的日渐多元化、意识形态领域之争的日渐激烈化,高校思想政治教育被摆在了越来越突出的位置,随之而来的是对高校思想政治教育逐渐升级的要求、难度和期待。为了真正发挥高校思想政治教育在培养学生、发展学生、完善学生中的特殊作用,彰显其人文本性和关怀特色,就必须要在其具体实践过程中,通过深挖和增强亲和力来提升思想政治教育的实效性。因此,对思想政治教育亲和力展开研究的首要任务就是对其主旨内涵进行客观界定和系统分析。

为了对高校思想政治教育亲和力这一概念进行全面清晰的解读,需基于高校的特殊定位、思想政治教育的特殊功能和使命的角度,对"亲和力"进行特定情境下的阐析。不难发现,高校思想政治教育亲和力可以用三个关键词来进行诠释和解读,它们既是其构成要件,也是其衡量因子。其中,第一个关键词是"和谐"。在学科研究中,"和谐"是"亲和力"最直观的体现和要求。它既可以从微观视角来解读,把所关涉的范围局限于人物之间的和谐,也可以从较为宏观的视角来指代其运行过程中涉及的主体、客体、介体和环体等要素自身的静态和谐及其互动过程中的动态和谐。第二个关键词是"可亲近"。它在高校思想政治教育中是较为隐晦的要求和目标,并不是天生就存在的,而是需要一定的外在"和谐"基础。两者呈现出正相关关系,因为外在和谐的程

---

① 陈万柏、张耀灿主编:《思想政治教育学原理》,高等教育出版社 2007 年版,第 4 页。

度对于教育对象是否接受和认同被教育具有决定性作用。毫无疑问，为了达到"可亲近"的理想心理状态和乐观的行为样态，外在和谐是必要条件。第三个关键词是"融合"。相较于前面两个关键词，"融合"呈现的是更为高阶的层次和更为理想的状态，但它离不开前两者的基础性作用，只有当前两者的状态较为正面时，教育对象的主体性角色与使命才会被激发，进而形成一种好奇的积极情绪和催人学习的强烈欲望，而这些便是形成学习与实践自觉的"金丹妙药"。

任何事物从不同的视角切入，都会有不同的侧重点和不同的含义。当前，学界对于亲和力的探讨主要聚焦于思想政治教育主客体之间的互动关系，主要指代促使两者产生和谐、亲近倾向与行为的助推力。因此，对于思想政治教育亲和力的内涵解读也可以从这个视角进行深挖，既从机制的角度来谈两者在实践中如何协同，也从理论的角度来梳理教育者与被教育者两者人际关系的何以和谐。一方面，基于主体的立场，当前，高校思想政治教育的主体不仅仅是思想政治课教师，还应该包括高校的管理者、辅导员等广大德育工作者，以他们自身作为亲和力向外辐射的主体，辐射的具体内容则是其自身在工作、生活中所形成的独特魅力，而辐射介质则较为丰富，包括显性的说教与隐性的浸染，辐射的最终目的是要形成一种客体向主体的凝聚力。事实证明，亲和力是教育主体得以胜任本职工作必须具备的素质之一，是一种具有神奇魅力和效用的力量。另一方面，基于客体角度，主要是指作为教育对象的亲和力。众所周知，大学生作为思想政治教育的客体，实际上也占据主体地位。因此，他们应摆正自身角色、认清自身使命，充分发挥自身主观能动性，展示出对思想政治教育的尊重和认可，杜绝排斥、抵触、厌恶、逃避等与亲和力相背离的态度和行为。需要指出的是，思想政治教育主、客体之间亲和力的传递互动方式是多样的，最主要的方式是通过课堂的提问、回答、展示等互动环节，此外，还包括课外的较为丰富的实践学习活动。正是这种课上与课下相结合的方式，有利于为亲和力提供全过程护航。

立足现有研究成果的客观分析以及全面梳理,本书一方面在已有成果基础上有所深化,如对既有的教育主体亲和力的解读深化到其从何而来的角度,并从教育目标等其他曾经被忽略的视角找到了相关答案。毕竟,教育目标的确立,直接影响着教师如何"教"、学生如何"学"这一方向性问题。为了实现教育目标,教育主体和客体都会朝着各自适用的方向为之努力,而毫无疑问的是,亲和力是两者都会重点考虑的关键因素。另一方面,也尝试探索并得出了较为新颖的结论,即在思想政治教育实施过程中,其亲和力的产生是多维度的,教师的亲和力往往占据主导地位,会演变为一种让学生主动亲近与喜爱的"向师力"。诚然,不能因为过于重视主导地位的教师亲和力,而无视其他诸如教育介体与教育环体等方面的亲和力,要合理分析它们之间的相互关系和作用机制。

综上所述,高校思想政治教育亲和力是在高校思想政治教育系统中,整合凝聚各要素,创设健康和谐的育人生态及其运行机制,促使教育者和受教者双方产生亲近感、认同感的动力水平和能力,进而彰显和升华思想政治教育独特魅力的力量。其衡量标准为教育目的的人本性、教育内容的真理性、教育主体的平等性、教育客体的能动性、教育方法的艺术性、教育环境的人文性、教育载体的相宜性、教育情境的相融性等。

(三)高校思想政治教育亲和力的结构层次

高校思想政治教育到底是否具备亲和力,以及这种亲和力到底是强还是弱,对于这类问题的回答是多样的,而非单向度的。并且,从不同的维度进行权衡,得出的答案也不尽相同。毕竟,其关涉的各类要素和涵盖的构成因子较多,且是它们相互作用的结果。正是基于这样的前提,使得高校思想政治教育亲和力无论是从结构形态方面看,还是从内涵层次方面看,都呈现出多样性、多变性、多维性的特点。而这些特点又在一定程度上凸显了结构形态的分明性、内涵层次的梯度性,具体可以从不同视角进行划归与探究。

从词源词性上看,由于"亲和力"既可以当成一个形容词,用来表明一个人在性格、形象方面的友好与善良;也可以当成一个名词,用来指代一种生发于不同人物之间的牵引力和向心力。将其放置到高校思想政治教育的具体情境与场域,无论亲和力是以形容词的形式应用,还是以名词的形式应用,它在推动思想政治教育实效性提升的过程中所处的特殊地位和独特的价值作用都是不可取代的。从形容词的视域看,亲和力是思想政治教育有效开展的理想要素和重要保障;从名词的视域看,亲和力是思想政治教育高效推进的科学方法和必然要求。

从呈现形式上看,高校思想政治教育亲和力是在秉持以生为本的育人理念下,使之成为推进过程中的非实体性、渗透性要素,借助相关课程与实践活动,让其具有并发挥出和谐、可亲近、吸引、喜爱的特性,从而提升受教育者即大学生对于思想政治教育的接受度、认可度、趋同度的一种多样态的融合力量。高校思想政治教育亲和力在具体的呈现形式上具有多元性,具体表现为内在和外在两个方面,两者的关系既体现了辩证性,也体现了统一性。其中,内在亲和力实际上是指真理所衍生的力量,本质上是一种偏理性的亲和力,占据着主导地位。思想政治教育目标之一就是让学生保持对真理的崇敬,始终秉持一颗求真的心。因为,这不仅是确保大学生成为一个理性社会人的内在需要,而且是确保大学生成长成人成才成功的必经之路。事实上,真理本身自带光芒与特有魅力与大学生的发展诉求在一定程度上是相契合与亲近的。在思想政治教育的开展过程中,其内容涵盖了具有科学性的理论,这对于教育对象而言,会生发出一种隐性的感召力,在无形中推动大学生不断在教育实践活动中得到锻造。由此可见,思想政治教育具备一种特殊的由内而外散发的力量,这种力量在一定程度上使亲和力成为一种指引方向、引导行为的主导力,而不至于变成曲意讨好的迎合力、刻意拉拢的黏合力。外在亲和力在一定程度上服务于内在亲和力,表现为输出型表达方式,相对而言是一种偏感性的亲和力,更明显地以被人所感知与受益的方式呈现出来。例如,教育主体自身散发的思想魅力、人格魅力、修养魅力等,以及包括在具体的较为和谐的教育过程中所展现出的高超教育技术、教育学术和教育艺术等。正如内在亲和力有其不可替代性一样,外在亲和力也有其独特的无法取代的地位和作用,因为它是真理能够顺利被发散传播、发扬光大的必然路径,能有针对性地化解其自身的劣势,实现化抽象为具体、化严肃为随和、化晦涩难懂为言简意赅、化神秘面纱为亲切笑容,在无形中指引教育对象迈入真理的殿堂。对两者基于关联上的区分有其特殊的意义和必要性。事实上,两个不同方面的亲和力,不仅仅只是着眼于工具性的定位,而是不断探寻其内在价值的延展空间与效用力度,有利于突破单一维度的狭隘性。

从生成方式来看,高校思想政治教育亲和力通过不断优化各要素,以及它们之间的运行过程得以生成与发展,主要得益于思想政治教育天性亲和力因素和交往亲和力因素。天性亲和力强调的是一种与生俱来的力量,主要包括教育目的和教育内容两个方面衍生的亲和力。而交往亲和力则是相对而言的,强调的是需要借助"交往"这一方式才能彰显的力量,具体而言,它又包括主动交往和被动交往这两种截然不同的方式。其中,主动交往力强调要素由教育者亲和力和教育对象亲和力构成;被动交往力要素主要由教育情境亲和力、教育环境亲和力、教育方法亲和力、教育载体亲和力和受教育者亲和力(既主动又被动)构成。高校思想政治教育亲和力的诸多构成要素都有其独特的地位和价值,并共同构成结构清晰、层次鲜明的理论体系。第一,教育目的亲和力是引领。习近平总书记多次强调,"思想政治工作要坚持把立德树人作为中心环节"。这既是从目标定位层面强调了思想政治工作的极端重要性,也是从实践方法层面强调了优化思想政治工作的科学可行性。如果将亲和力放置到思想政治教育的特殊地位来审视与解读,则不难发现,思想政治教育自身感召力的体现实际上也离不开一定的政治自觉与思想自信的相互作用。第二,教育内容亲和力是核心。随着信息技术的不断发展,知识信息进入大爆炸时代,在这样的背景下,思想政治教育内容吸引力要求思想政治教育的内容能够与时俱进,具有趣味性,以及能够满足大学生的成长诉求和理论需要。第三,教育者亲和力是根本。之所以说教育者亲和力是根本,是因为在所有的亲和力表现和体悟中,教育者亲和力是最直观且最普遍存在的,它既包括教师对学生的包容与理解,还包括教师对学生利益的关照与捍卫;它既包含对理想憧憬型教育者的勾勒,也包含对现实回归型教育者的写照;它不是为了刻意逢迎讨好,也不会泛于形式主义。正是这些特质彰显了其极端重要性,而其生成主要靠教育者提升自身的各方面魅力等,使教育对象能够从教育者博学、友爱、伟岸等形象中生发亲密感与认同感。第四,教育对象亲和力是关键。作为受教育者,大学生在思想政治教育活动中亲和性的强弱会直接影响最终成效,其亲和力可细分为参与思想政治教育活动的意愿、人际关系、心理水平等。第五,教育情境亲和力是助力。"亲和力"能否被称为"亲和力",最重要的评判者就是其受众。思想政治教育是否具备亲和力,主要借助教育对象的感知与体验,也离不开具体情境的影响。通过"情"的感染,有利于激发教育对象对于教育主体的信任和依赖,进而促使其在思想方面达成共识;通过"境"的浸润,有利于形成适宜的情感基调和触动,让教育对象对教育主体的崇敬情愫油然而生。第六,教育环境亲和力是保障。思想政治教育者应在把握新时代特征的基础上,营造风清气正的新媒体环境、创设健康文明的网络环境、打造积极向上的校园环境与塑造健康和谐的家庭教育环境,综合把握并形成大学生思想政治教育环境的合力。第七,教育方法亲和力是介体。从执行层面而言,从教育方法中寻觅亲和力,既是一种"硬智慧",也是一种"软手段"。懂得采用教育对象心仪、青睐的教育方法,会在一定程度上调动教育对象接受教育的意愿度和自觉性,而随着教育方法亲和力动机程度的强化,其介体作用就更加明显,更有利于推动教育对象认可所教育的内容。第八,教育载体亲和力是抓手。在互联网时代,融媒体、自媒体、微媒体等日新月异,思想政治教育者要不断提升自身的学情能力,在尊重教育对象喜好的基础上,选择适当的多媒体技术支持,为教育对象的参与深度和学习热情保驾护航、添砖加瓦。

（四）高校思想政治教育亲和力的相关澄明

为了确保思想政治教育的有效开展,除了增强亲和力外,还需要有吸引力、感染力、渗透力等多种"力"提供助力。它们与亲和力既相互区别,又相互联系,因此,有必要对它们进行简要澄明。

其一,与高校思想政治教育吸引力的区别。吸引力与亲和力的相似点之一,就是它们都是从其他学科借用过来的概念;不同的是,吸引力是从物理学而不是化学中借用的,它指代的是一定物体把别的物体、力量等引向自己的力量,后来被引申到教育学领域,形成了"吸引教育理论"。作为一种新型教育理论,吸引教育理论几经充实、发展,其影响不断扩大,引起了教育学各领域学者的广泛关注,并在众多学校被广泛地运用于实践。高校思想政治教育为了实现有效的指导、引导、引领,通过不断提升思想政治教育各方面的吸引力来形成自身的魅力和磁场,激发学生的关注和喜爱。

其二,与高校思想政治教育感染力的区别。单就感染力而言,它生发于受教育者被一定事物触动时的微妙情绪、情感体验,而这种共情效应能够于无形中对行为主体的认知与实践产生较为直接的影响,其具体影响力度与感染力的强弱呈正相关关系,感染力不强,则影响持续的时间较短,反之则持续时间较长。从感染力的构成要素进行分析,感染力的生成离不开外在的具体源头、周遭环境、特殊场合,也离不开内在的感知能力、情感基调、心理预期等,即感染力的生成是各种要素相互作用、系统运作的结果。从感染力的形成过程来看,感染力的形成及其作用的挖掘都是一个动态的过程,从纯粹的难以被衡量的理论和精神层面的存在,转化为可以被感知的实践和物质层面的力量,正是在这样的渐变影响中,让教育对象接收到一种向上向善向好的信号,并由此来约束和引导自身的言行,实现思想政治教育的目的和价值。从感染力的效用维度看,根据感染力发生作用的周期和梯度,前期目标应是调动教育对象的情绪起伏,中期目标应是促使教育对象产生情感共鸣,终期目标则是让教育对象在自身判断和抉择中提升求真、行善、审美的意识和能力,在具体推进思想政治教育过程中,应充分考虑这些规律和要求。

其三,与高校思想政治教育渗透力的区别。当前,各种"逆渗透"现象正趋广泛和深入,尤其是对我国青少年特别是青年大学生的思想认知、意识形态、政治立场、处世价值观等方面的渗透方式越来越隐秘、渗透频率越来越高。高校思想政治教育的使命之一就是必须以"润物细无声"的有效"正渗透"来对抗、阻滞和化解各种"逆渗透"的影响。值得注意的是,渗透力的形成并不是一蹴而就的,而是一个深刻且复杂的过程,包含作为渗透的信息源的主体、作为渗透受体的客体、作为渗透载体的介体以及作为渗透保障的环体等各方面的相互作用。

无论是吸引力、感染力,抑或是渗透力,对于高校思想政治教育的有效开展都具有重要的作用。它们与亲和力在高校思想政治教育中相互促进、相得益彰。有的学者在亲和力与吸引力、感染力的关系梳理上,从教育主体与教育对象的亲和力上着手进行了分析,认为三者虽各有差异,但在心理学的情感机制语境中存在着相互促进的关系,可以彼此交融。这种观点着重从亲和力的持有者与受益者的角度,借用心理学科的知识进行针对性分析后认为,不论是对于教育主体的心理初衷,还是对于教育对象的心理诉求,都需用平等的眼光看待这些关系,这将有利于去除隔阂、增进融洽,进而在亲和力与吸引力、感染力之间打造出一种亲近的磁场。还有学者认为,"思想政治教育对教育对象的感染力、吸引力、渗透力,表现为教育对象对教育内容和教育活动的亲近感、趋同感和接受度"[1]。这种观点主要以教育对象为焦点,着重分析了以教育内容和教育活动为抓手来提升亲和力的可行途径。此外,还有学者更直白地指出,亲和力是"教育者通过各种努力促使思想政治教育活动彰显出的吸引力和凝聚力"[2]。这实际上是从教育主体的角度,强调了其在亲和力散发、传播

---

① 庞桂甲:《论思想政治教育亲和力》,《思想教育研究》2017 年第 5 期。
② 林丹薇:《高校思想政治教育亲和力探索》,《高教探索》2012 年第 4 期。

过程中的主导作用。尽管从不同视角分析会得出不同论断,但各种不同视角实质上共同阐释了三者之间的重要联系,也呈现了其中共通的路径与方法。一言以蔽之,无论是哪一种"力",在提升思想政治教育实效性的过程中都扮演着不可替代的角色。

二、理论依据

　　高校思想政治教育亲和力之所以能够成为学界较为关注的"论域",并不是毫无根据的空穴来风、无中生有;之所以能走进学术的特有领地,一方面是基于既有的、夯实的相关理论依据,另一方面,也离不开对现实问题的观照与回应。因此,要从源头上查摆其从何而来,就必须追本溯源,对其理论依据进行历史梳理与跨学科探究,并挖掘出更多对当前优化思想政治教育有利、有效、有意义的经验与启示。对于理论依据的梳理该从何处着手,则是需要首先确定的。无论是从思想政治教育亲和力的内涵还是本质来看,"人"始终都是其不可回避的主角。因此,对思想政治教育亲和力的理论依据的梳理首先就应该从马克思主义关于人的本质及相关理论切入。其次,要从既往的理论中找到亲和力为何会产生、如何能产生、怎样产生等问题的答案和依据,而心理学中情感需求理论能够很好地回应亲和力产生的必然性、过程进阶性、目标指向性等。再次,亲和力的交互性特征使对其理论依据的探索不能只局限于本领域,而应该用跨学科的视野进行审视,从传播学领域探寻人际交往、接受的奥秘。最后,思想政治教育归根到底是一种立德树人的教育。因此,必须从教育学的学习理论、教育理论中寻找适当的理论支撑。

(一)马克思主义人文关怀理论

　　思想政治教育作为一种教育主体对教育客体施教的活动,必然与每一位组织者、实施者、受益者紧密相连。马克思主义从哲学高度对人做了深入的思考,让人的问题成为哲学研究的永恒主题,形成了经典的人学论断。正是由于始终以人为研究中心,对人的本质、人的自由全面发展、人的解放等问题进行了深入探究,马克思主义才得出了一系列经久不衰的深邃理论。这些理论不仅为马克思主义保持旺盛生命力夯实了基础,也成为众多学科与论点首选的理论依据。

首先,马克思主义从人的意识与人的类特性角度,揭秘了自由自觉活动的能动作用。在马克思看来,"一个种的整体特性、种的类特性就在于生命活动的性质,而自由的有意识的活动恰恰就是人的类特性"[1]。人作为一个特殊的"种",必然有其特性,而这些特性主要由人自身所从事生命活动的性质来决定。人之所以能够进行创造性劳动,与人的主体意识分不开,这种主观能动性既能够指导人们通过制造和借助工具来摆脱自身短板、延展自身的能力,也能够对不同的事物和选择做出相应判断。其中正确的认识能够在人们开展有效劳动过程中提供助力,而负面认识则反之,会让人滋生消极、厌倦、放弃等情绪,阻滞劳动的开展和效率的提升。在生产力水平不断攀升、生产关系不断优化的新时代,人的认知水平与各项技能也在精进,但依旧会受到他人与外在环境的影响,尤其是在情绪情感、毅力态度等方面,他人与外在环境对个人从事具体劳动的影响越来越大。在思想政治教育活动中,亲和力能够促进情感的激发、升华,既帮助教育对象认识到自身的认知结构与规律,也帮助教育对象充分运用情绪情感对于认知的调节、控制等方面的影响,以此为契机与切入点,优化教育者的教育理念,改变学习者的学习方式,最终在两者的共同努力下,使得教育对象形成符合国家发展主流的意识、价值观等,最终达成教育目的。

其次,马克思主义洞悉了人作为社会存在物的本质规定。对于人的本质问题,不同时期、不同领域的专家学者都曾进行过探索与归纳,但终究未能得

---

① 《马克思恩格斯选集》第 1 卷,人民出版社 2012 年版,第 56 页。

出将人与其他物种、人与人清晰区分的科学论断,对于人的本质的探讨总是徘徊于人的本性问题上,直到马克思提出"人的本质不是单个人所固有的抽象物,在其现实性上,它是一切社会关系的总和"①,才从根本上对人的本质做了一个广受认可的定义。从此,社会性是人的本质属性成为普遍共识。诚然,每个人从来到人世,就已然处于一定的社会关系中,并在不断成长的过程中,扮演更多的人物角色、融入更多的社会关系中,但毫无争议的是,就像世界上没有两片完全相同的树叶一样,世界上也没有个人所具有的家庭关系、工作关系、朋友关系等社会关系之和是相同的,这就是能将人与动物、人与人进行区分的人的本质规定。与此同时,还应该关注到,马克思与恩格斯研究一切问题的出发点都是"现实中的个人"②。这里所说的"个人"指的是现实世界中客观生活着的人,而不是幻象。毕竟,现实的人是马克思主义人学的逻辑起点。在每一个人的关系网中,有些社会关系是不可选择的,有的则是可以自己选择的。在可供选择的社会关系中,人们普遍会选择和追求更加舒适、更加有利、更加隽永的状态。而在选择的过程中,作为群居物种的人,除去自身的偏好等个人因素外,还会受外界因素的影响,对于与自身气场契合、性格同质的事物会迸发出一种天然的亲近感。因此,在高校思想政治教育实施过程中,无论是教育者还是教育对象,都不应该将两者视为孤立的单体,而应该把他们放置在具体的、必然发生的社会关系范本中进行审视。作为教育受众的大学生,在具有亲和力的教师、亲和力的内容、亲和力的方法、亲和力的环境等面前,会油然生发出主动靠近、愿意接纳的自觉性。

再次,马克思主义从人的发展视角关注了人的需要和人的价值,这是马克思主义人文关怀研究的动力。不管是人的需要还是人的价值,作为马克思主义人文关怀研究的重要范畴,它们都呈现出一个动态发展的变迁过程,对于推动人类社会的发展起到了引擎作用。马克思曾指出:"新的需要的产生是第

---

① 《马克思恩格斯选集》第1卷,人民出版社2012年版,第135页。
② 《马克思恩格斯选集》第1卷,人民出版社2012年版,第151页。

一个历史活动。"①这一论断直观地说明了人的需要尤其是新的需要在历史活动中的首要位置,也间接地说明了,在人类历史的发展进程中,不能够忽视人的需要曲线呈现的规律。在马克思看来,"人们为了能够'创造历史',必须能够生活。但是为了生活,首先就需要吃喝住穿以及其他一些东西"②。马克思这一论断从人自身生存角度阐释了自然需要作为最根本需要的必然性,指出了保障人的生存权的前提条件和首要地位。此外,马克思还强调:"在任何情况下,个人总是'从自己出发的',但由于从他们彼此不需要发生任何联系这个意义上来说他们不是唯一的,由于他们的需要即他们的本性,以及他们求得满足的方式,把他们联系起来(两性关系、交换、分工),所以他们必然要发生相互关系。"③从这里可以看出,马克思从人自身的发展角度论证了社会需要作为更高级需要的合理性,只有如此,才能确保人的新需要能被满足。正是因为人有不同类型、不同层次的需要,因此,要懂得合理满足不同的需要,尤其是要重点关注其社会需要的满足。因为"已经得到满足的第一个需要本身、满足需要的活动和已经获得的为满足需要而用的工具又引起新的需要"④。由此推之,在高校思想政治教育的开展过程中,教育对象也会有不同层次的期待和需要。因此,教育者要提升自己的学情分析能力,尤其是要重点关注和满足学生的合理诉求,不断增进教育对象的认可度和满意度。

在人的发展历程中,除了不断满足自身的需要,还会不断致力于实现自身的价值。从历史唯物主义的观点来看,人的价值包括个人价值和社会价值两个方面,两者是辩证统一的关系。思想政治教育的最终目的旨在督促大学生在实现个人价值的同时,不断实现自身的社会价值。为了实现这个最终目的,就必须借助亲和力的作用,尤其是教育者要能够以身作则,在提升自身亲和力

---

① 《马克思恩格斯选集》第 1 卷,人民出版社 2012 年版,第 159 页。
② 《马克思恩格斯选集》第 1 卷,人民出版社 2012 年版,第 158 页。
③ 《马克思恩格斯全集》第 3 卷,人民出版社 1960 年版,第 514 页。
④ 《马克思恩格斯选集》第 1 卷,人民出版社 2012 年版,第 159 页。

的同时,让教育对象感受到教师社会价值的彰显。对于广大大学生而言,在实现自身社会价值的征程中,首先需要的是具备奉献、付出的意识,进而在主观上形成"意愿",并能将这种"意愿"转化为实践的动力;其次,大学生在学好自身专业的同时,一定要注重个人的全面发展,不断提升自己实现社会价值的能力和综合素质。

(二)心理学情感需求理论

在人的生命活动中,除了思想活动与实践活动外,还有一种不能被忽视的活动,那就是心理活动。从思想政治教育角度来看,作为一门研究人、教育人的学科,其终极目标就是促进教育对象的全面发展,直接目标就是引导他们遵循、践行社会主流思想和价值观,而间接目标包括培养学生的健康心理、纯净心灵、健全心境等。因此,在探究思想政治教育渊源的过程中,还应该从心理学中探寻相关的理论关涉与实践方法。从心理学角度来看,作为一门探究人的心理活动规律的科学,除了常规意义上的本质研究,还包括心理健康、人格健全等问题的研究。在一切有人参加的社会实践活动中,心理学都是值得参考、必须参考的,思想政治教育尤为如此。无论是基于哪个视角,思想政治教育与心理学都与"人"这个主体相关,这就决定了两门学科交叉、相通、互补的必然性。

首先,要从人的认知发展相关理论中寻找学生的认知规律。心理学中的认知发展理论,对人的认知发展进行了内容上的细化、过程上的量化,认为人的认知包括感觉、记忆、想象、思维等方面,各自发挥着不同的作用。其中,对于广大学习者而言,对于环境刺激的内部处理过程与机制是最主要的,而外部刺激与反应则起辅助作用。当然,在具体认知理论方面,不同的学派有不同的见解。皮亚杰提出的认知发展阶段论认为,人的认知会受环境影响,并有其内在的规律与过程。苏联心理学家维果斯基将人的心理机能分为两大类,一类叫低级心理机能,另一类则是高级心理机能,相较于前者,后者是在人们的劳动实践和交往过程中产生和发展起来的,人的所有心理特性都是外部的东西不断内化的结果,具有随意性和主动性。从这个意义上来看,学生的学习、认知是一个循序渐进的过程,不是一蹴而就的。因此,思想政治教育在开展过程中,一定要借鉴相关理论,探寻出教育对象的认知曲线、成长规律、学习效能等,不断为学生量身定制优化的认知图示,较为系统化地构建具有普适性的理论框架。尤其是在亲和力提升上,更要有针对性地借助自身形象、教育内容、外部环境等要素,综合施策,确保全要素亲和力的提升,由此来刺激学生的感觉、激活学生的知觉、优化学生的记忆、调动学生的思维等,使学生学习接受思想政治教育的积极性、自觉性能够得到保障,进而最大化地发挥思想政治教育的育人价值。

其次,要用关于人的情绪情感、意志发展相关理论把脉学生内心的镜像。人的心理过程往往包括三个方面,其中最基本的就是认知过程,然后是情绪情感过程,最后才是意志过程。情绪是人的心理反应的晴雨表,往往通过显性的爆发、冲动等方式体现,而情感则相对隐性,是一种较为持续、弥散的状态,两者对人的认知活动都具备一定的调节价值。作为人的一种主观感受,情绪情感不是独立存在的,也不是一成不变的,而是随着人的认知过程而产生并不断发生变化的。具体表现在初级、中级和高级三个不同层次的认知图示中,情绪情感是根据认知过程的渐变性而产生的。因此,教育者若想从教育对象的情绪情感视角来提升教育效率,就应该重点关注情绪情感与认知的关系,探寻其中的规律,最大化挖掘正向情感、消弭负向情感,使其趋向平衡,真正做到"以情感人""以情化人"。意志,表现出来的是朝着既定的目标不断为之努力的一种心理状态,在人的认知过程中充当动力源的角色。它的形成离不开认知这个前提和情绪情感这个基础,三者共同作用于社会实践活动中的各个方面。在思想政治教育过程中,亲和力的作用之一就是以一种更为柔性的方式,激励、鼓舞教育对象在面对困难、挫败时,能够鼓足勇气克服困难、实现目标,进而让思想政治教育成为引领大学生价值观的方向标、向心力、发动机。

最后,要从个性发展相关理论中理解学生的成长规律。在追求全面发展的当下,人的个性发展也不容忽视,需要指出的是,全面发展是个性发展的基础和前提,而不是对立面。正如裴斯泰洛奇所说:"教育的宗旨不是孤立的发展个人,而是把个人放在人类缚在一起的大链条的位置上,是整个人得到发展。"由此可见,思想政治教育更应该面向每一位学生,尊重每一位学生,避免"大一统"式的培养模式,而要争取把学生都培育成独一无二的个体。即便不能确保每一个学生都能成为栋梁之材,但至少也要确保让每个学生都能保持自身的标识与个性,具有创新意识与潜力。心理学向来重视人的个性发展,认为人的个性生成与发展,既离不开先天的遗传基因等,也离不开后天的影响。一是个性的发展离不开"需要"。在心理学领域,被广泛认可与引用的需要理论是马斯洛的需要层次理论,他根据人的需要产生的先后顺序、强弱等级等,将其划分为金字塔式的五个层次。其中,第三层次的社交需要、第四层次的尊重需要、第五层次的自我实现需要都与亲和力紧密相关,能够为提升思想政治教育亲和力给予具有实操性、可行性的理论与方法指导。思想政治教育教师要着眼于学生渴望得到关注、尊重、温暖等方面的心理诉求,增创契机,让学生在课上与课下的学习中,从教师、内容、方法等方面确保自身正当诉求得到满足,并搭建学生成才、发光的平台,助力学生实现自身的人生价值。二是个性发展离不开"动机"。动机作为一种激发、维持有机体行动的驱动力,既包括内在生理需要方面的动机,也包括外部社会诱惑方面的动机,是两者共同作用的结果。不同动机会产生不同效果,正确地对动机进行客观、科学的归因,有利于提高个人成功率和效能感。动机除了包括内外两个方面,还可以从其他视角进行划归。其中,主动、适当的动机可以演变成一种正向的动力,引导主体朝着既定目标努力奋斗;反之,被动、消极的动机则会滋生为一种隐性的自我挫败、自我怀疑、自我否定感,消磨主体的意志和决心。三是个性的发展离不开"兴趣"。人们常说,兴趣是最好的老师。兴趣作为人们认识、改造某一事物的倾向和选择,实质上是内在动机的一部分,能够激发主体投入到自己感兴趣的事物和活动上。提升高校思想政治教育亲和力的一个重要抓手,就是要贴合学生的兴趣,通过嫁接、增创的方式,使得思想政治教育能够贴合、靠近学生的兴趣,进而让学生产生一种对思想政治教育的亲近感。

(三)人际传播学接受理论

传播学作为一种专门研究人与人之间传播行为及其发展的科学,在相关人文社科领域广受欢迎,常常被借鉴或引用。思想政治教育本质上就是做人的工作,专门研究人、教育人,这就决定了无论是在具体教育过程中,还是在衍生的教学交流中,都需要借鉴人际传播的相关理论,尤其是在亲和力提升方面,更需要从传播学中获得理论指导,借鉴成功的方法和经验。

首先,从人际传播学接受理论的受众视角解读。受众是指作为各类信息媒介传播的接受对象,这些对象既包括群体式的受众,诸如报纸、电视、广播之类的读者、观众、听众等,也包括个体式的受众,例如单独接受访谈的嘉宾等。关于受众研究的理论较为丰富,其中比较有名的对提升高校思想政治教育有较大借鉴意义的,是由美国社会学家卡茨最先提出的"使用与满足"理论。其一,该理论注重前期摸底,从受众的角度进行探索,致力于探究大众需要的、喜爱的信息种类与品质,并采取切实行动,从传播的载体、机制、方式等方面进行适时、恰当的调整、更新和完善,以满足受众需要;其二,该理论注重后期追溯,即在传播过程中对受众接收信息的情况和实际效果进行跟踪和反馈,并与之前预设目标进行对比与分析,使之更具有人本性和科学性,克服先验主义的干扰,并避免仅从局限角度进行效力分析的狭隘。这启示我们,为了不断提升高校思想政治教育亲和力,就应该从传播学中汲取有益的理念和方式,注重学生需求,尤其是精神层面的实际需求,在把脉清楚学生的诉求后,才能采取有针对性的应对策略,在满足学生诉求后更凸显出思想政治教育的温度。

其次,从人际传播学接受理论的媒介视角解读。媒介是让不同事物得以联通并发挥作用的"桥梁";用学术性话语表述,媒介就是事物在运行过程中需要借助的工具;从传播学的角度来看,媒介是指"能够传播信息符号的物质实体"①。在原创媒介理论家、思想家马歇尔·麦克卢汉看来,"媒介是人体的延伸"和"媒介即讯息"。② 互联网、自媒体等的飞速更迭,让当代人民群众在生活、学习、工作等多方面都感受到了翻天覆地的变化。在电脑、手机、电视、平板等媒体的承载下,各类新兴的软件、App 等工具日新月异,成为信息传播的关键渠道和重要方式。正是在这种不可忽视的传播情境下,各种与之相关的理论也应运而生,其中较为有名的是"涵化理论",它揭露了不同信息在各种大众媒介的传播下,对受众在认知获取、价值取向等方面产生的巨大影响,并且这种影响不是短暂的,而是较为深远、持久的过程。例如,以电视为代表的新兴媒体,其传播的内容往往是符合主流价值观的,并且会主动选择受众所喜闻乐见的方式进行信息传递,不仅能吸引大众的眼球,而且能在一定程度上满足他们的需要、契合他们的偏好,进而使得大众对于传播的载体、内容、主体等产生一种由内而外的信赖感和亲近感,愿意主动接受、认可、践行所接收的信息。"涵化理论"无疑对思想政治教育的施教者们具有重要启示,那就是必须从学情分析能力角度认识到大学生的特征,尤其是在融媒体大背景下,精准把握大学生群体最具活力、接受新鲜事物最快、触网时间最久等特点,并根据信息传播影响的"涵化"规律,在推进思想政治教育过程中,主动提升自身的网络、信息媒介素养,积极借助新媒介的相互配合,让大学生在同频共振中产生深刻的学习体验,以此拉近师生关系,增进学生对于思想政治教育的喜爱。

最后,从人际传播学接受理论的效果视角解读。从传播学接受理论的字面意思不难发现,对于"接受"的考量,不只是看重过程,更注重对传播效果的权衡,只有这样才能清楚传播的内容对于受众到底产生了怎样的影响和结果。传播学四大奠基人之一哈罗德·拉斯韦尔创建了"5W"的传播模

---

① [美]威尔伯·施拉姆:《传播学概论》,新华出版社 1984 年版,第 144 页。
② [美]马歇尔·麦克卢汉:《人的延伸——媒介通论》,四川人民出版社 1992 年版,第 12 页。

式,认为传播包括由谁说的、说了什么、说的渠道、对谁说的、说的效果五个部分。其中,最后一个部分就包括对信息传播有效性进行检验的过程与标准。当然,传播效果到底如何,会有不同的标准,可以从"分层效果论"中找到答案。"类型效果论"主要是从效果影响的范围大小来区分,包括个人效果和社会效果;"层面效果论"则是从效果影响的持续时间长短来区分,包括长期效果和短期效果;"波纹效果论"则是从效果影响的具体表现来区分,包括认知上的效果、情感上的效果、态度上的效果、行为上的效果四个方面。思想政治教育是一个开放且动态的过程,只有及时、科学、客观地对教育过程与效果进行评估和反馈,才能够确保教育效果既能对个人也能对社会产生影响,既可以取得短期也可以取得长期实效,既可以在认知上有收获、在情感上有波动,又能在态度上有转变、在行动上有进步,确保实现知行合一,规避与消弭教育过程中的失误与不足。

(四) 教育学教学理论与学习理论

教育学是一门专门研究教育规律的科学,旨在归总教育现象、揭示教育使命、化解育人难题。教育学在不断深入研究和实践探索过程中,既积聚了较多具有科学性的经典理论,也建立了较为完备的方法体系,其中诸多理论与方法被其他学科所借鉴和引用,尤其是教师与学生、教与学的关系理论更成为所有与教育相关的学科必定参考的理论。毫无疑问,高校思想政治教育作为立德树人的一门主干课程,理应从教育学中寻觅到提升亲和力、实效性的密钥。

一方面,对教育学中的教学理论进行审思。教学是课程得以实施的基本途径,也是教师与学生进行互动交流的主要渠道。正是在漫长的实践探索中,从教学经验的总结过渡到教学思想的成熟,进而上升到教育理论的形成,这实际上也标志着人们对于教学实践的认识在不断深化、不断丰富、不断系统化。教育学认为"教学的最终目的是最大限度地促进学生学习与发展,为形成学生终身学习的能力奠定良好的基础"①，这直观说明了教育的作用与使命。在我国，《学记》是最早论述教学理论的专著。在西方教育文献中，德国教育家拉特克和捷克教育家夸美纽斯最早使用"教学论"一词。此外，德国哲学家、心理学家、科学教育学的奠基人赫尔巴特于1806年出版的《普通教育学》，被公认为是第一部具有科学体系的教育学著作，他也因此赢得了"教育科学之父""现代教育学之父"等美誉。赫尔巴特第一个明确提出"教育性教学"这一概念和思想，这也成为其教育学的核心。他还把道德教育与学科知识教学统一在同一个教学过程中，并提出了著名的教学形式阶段理论，为推进高校思想政治教育、提升其亲和力提供了重要范本。教学形式阶段理论中，第一阶段是"清楚"，主要任务就是明了各种知识。为此，教师应该多采用清晰、简明的讲解和直观阐释法，使学生注意力和兴趣点集中到所教学的内容上。第二阶段是"联想"，学生的观念处于动态钻研状况，心理上的表现是"期待"，教师应采用较为轻松诙谐的方式进行交谈、分析等，并在此过程中引导学生建立新旧观念的联系与接通，进而催生出新的知识。第三阶段是"系统"，学生的观念处于静态理解的状况，心理活动偏向"探究"。因此，教师应结合该阶段的特点，有针对性地采取综合法，指导、帮助学生理顺所学知识的内部联系与规律，增进学生的成就感与获得感。第四阶段是"方法"，学生的观念处于动态理解的状况，心理活动偏向"行动"，此时，教师可以根据学生知识掌握情况、解题能力等，适当布置课后习题、独立作业等，并及时对学生的错误进行纠正，使其能更好地巩固、运用所学知识。上述这些观点都可以为提升教育者的亲和力并增强教育对象对整个教学过程的主动性与亲近感提供一定的理论借鉴。

另一方面，对教育学中的学习理论进行审思。学习是个体逐渐掌握社会经验的活动。近百年来，无数心理学家围绕学习是如何发生的，有什么规律，以怎样的方式进行等问题进行了探索与回应，并形成了包括联结学习理论与

---

① 杨建华、陈鹏：《现代教育学》，中国社会科学出版社2003年版，第299页。

认知学习理论在内的丰富的学习理论。联结学习理论的主要代表有美国实证主义心理学家桑代克提出的联结学说,他借助科学实验发现了三条主要的学习规律,分别是准备律、练习律和效果律,这三条规律强调要做好课前、课中与课后的衔接,对于强化高校思想政治教育也同样适用。俄国著名的生理学家巴甫洛夫所提出的经典条件反射理论认为,面对不同的刺激,被刺激对象做出的反应也会不尽相同,具体体现在保持与消退、分化与泛化方面。显然,高校思想政治教育的主体应该采取适恰的激励方式,并提高辨别分析能力,及时对学生的言行进行正确引导。在认识学习理论方面,比较有名的是加涅的信息加工理论,他通过对学习活动的分析,把学习过程划分为八个阶段,分别是动机阶段、了解阶段、获得阶段、保持阶段、回忆阶段、概括阶段、作业阶段和反馈阶段,这在一定程度上为高校思想政治教育提升亲和力提供了思路,那就是要针对不同学习阶段,有针对性地让学生感知到教师的精心安排,用更为合适的节奏和频率契合学生的学习规律。

三、主要特点

高校思想政治教育亲和力的特征是对本质内容的生动体现和综合凝练,对于高校思想政治教育亲和力特征的诠释理解也有助于进一步理解其内涵的根本属性。换言之,高校思想政治教育亲和力"是什么"决定了其具有怎样的特征,而特征则是对其"是什么"的更为精练、更为深入的诠释。因此,要充分、全面、科学地认识高校思想政治教育亲和力到底"是什么",就应该实事求是地对其特征进行概括和归纳。一方面,思想政治教育亲和力要实现对受教育者价值上的引领,照顾到个体的情绪;另一方面,也要兼顾受教育者的现实需求,关注个人正当合理的利益诉求。高校思想政治教育亲和力作为一种在具体实践中产生的积极力量,是动态存在而非静止的,并主要体现在人的情感作用上,受个体主观感受影响较大,导致在具体实践中表现出来的程度也各有不同,因此,应在继承和发展中把握亲和力的具体特征。总体而言,高校思想政治教育亲和力特征如下。

(一)情感交互性

理解高校思想政治教育亲和力,离不开对"亲和力"的解读。"力"是力学中的基础概念,是物体和物体之间在直接接触或不直接接触的情况下发生的相互作用,并可能造成物体形态上的变化或是运动状态的改变。情感情绪是个体在接触事物、认识事物的过程中生成的主观感受,也反映着个体是否能从中获得满足的情感变化。当个体在接触某一事物后获得了心理上的满足时,更容易表现出亲近、愉悦、认可的情绪;相反,某一事物若对个体并没有实际和情感上的帮助时,个体将呈现出漠视、无视、忽视的态度。更有甚者,当事物起反作用的时候,则会出现疏离、否定、排斥的心理。具体来说,将事物对标"思想政治教育",将个体带入大学生群体,当现行的思想政治教育满足了大学生情感情绪上的需求时,学生将抱有积极态度,对具体的思想政治教育所开展的实践环节产生信任感并实现情感行为上的趋同。事实上,这就是思想政治教育亲和力正在发挥作用的表现,这一过程是思想政治教育者和大学生情感交融的过程。所以,思想政治教育亲和力具有情感交互的特征。众所周知,以亲和力为导向的思想政治教育并非枯燥、机械重复的教育活动,而是主客体间相互交流、沟通、理解的过程,互动性是其主要表现特征。互动性是由方向和内容两个重要因素所构成的,即内容是动态的而非静态的,方向是双向的而非单向的。具体来说,思想政治教育亲和力的双向性表现为在思想政治教育的过程中,教育者的亲和力作为一个关键要素,对学生起着举足轻重、不容忽视的作用。加之教育目标的亲和力、教育内容的亲和力、教育方式的亲和力和教育环境的亲和力等相关思想政治教育亲和力的组成要素,对于大学生的情感情绪起着正向推进作用。受教育者也并非是没有思想的个体,大学生在感受到教师亲和力时,更容易卸下防备,敞开心扉,在与教师的沟通交流中吸取符合自己情感需求的部分,在不自觉中理解、接受、认可相关教育内容。同时,伴随经济全球化发展和科学技术进步,外部环境和主客体的内在情感、价值观念也会出现不同程度的转变,会有更多以前不存在的要素出现,敦促着思想政治教育亲和力不断丰富自我、更新内容。各种要素在动态的过程中不断发生"力"与"力"的碰撞,既有冲突也有互补,在协调发展中不断更新自我,展现出强大且不容忽视的"生长"之力。

亲和力对于促进高校思想政治教育有效性的提升主要依托于"情感交互",因而思想政治教育要想真正发挥作用,离不开主客体间情感上的交流和认可。情绪情感是个体调节实际生活中遇到的冲突矛盾的重要纽带,也是教育主体心理系统的关键一环。其中,情绪是身体对行为在生理反应上的综合评价和主观体验,更倾向于个体需求欲望上的态度体验,包括喜怒哀乐、悲欢离合,是个人心境的外在表现。从表面上看,每个人的心态变化之快、发生之突然,甚至教育者都难以准确把握。但从深层次看,情感是一种生理上复杂而又稳定的评价,且对一个人的行为模式有着指导和调控的作用。情感情绪在思想政治教育亲和力中发挥着至关重要的作用,也是思想政治教育亲和力的理论基础。首先,亲和力并不只是情绪的外露,更体现着内在的心理认同。不同的行为表达背后都有情绪作为支撑,人们在不同的情绪下会选择不同的行为表达方式,情绪主导着人们的生理反应,表现越明显、行为越突出说明情绪情感越强烈。尤其在长时间的情绪释放过程中,人们会不自觉地加深对某一类事物的整体感知,并形成稳定的情感表达。换言之,受教育者对思想政治教育过程的态度,或喜或恶都是在长时间的情绪体验中形成的自觉倾向。其次,积极主动的情绪情感对受教育者的认知欲望起重要作用。正如列宁所说,"没有'人的感情',就从来没有也不可能有人对于真理的追求"[1]。情感对人的行为起着调节控制的作用,行为的产生也是对情绪情感的反应。对于高校

---

[1] 《列宁全集》第 25 卷,人民出版社 2017 年版,第 117 页。

学生而言,容易在学习过程中被出现的新问题、新情况影响。一旦这些新问题、新情况难以被驾驭甚至与自己的期盼有一定距离时,将可能导致学习浅尝辄止、应付了事。相反,若对象性事物表现为和善可亲、平易近人,则有助于大学生情感上的认同,并激发其学习动力。所谓"亲其师,信其道",阐述的就是这个理。学生如果对老师产生了情感上的亲近,则更加愿意主动学习教师所传递的理论和思想,并转化为日常的行动。最后,情绪情感对认知过程的其他环节也有着重要的调控作用,是认知结构中不可或缺的重要一环。"情绪是主客体分化的必要条件,同时也是认识发生的直接原因"①。情绪情感变化的发生是受教育者认识深入、信念塑形、行为转化的基础端口。总而言之,相较于其他人文社会学科,思想政治教育归根结底是一种意识形态和理想信念教育。因为其内涵丰富、可操作性强,也有助于解决教育中出现的意志薄弱、价值偏轨、信念动摇等问题。因此,思想政治教育要真正发挥实效,必须实施积极的情感情绪教育。

(二)传播渗透性

从本质上说,高校思想政治教育是一种意识形态的教育,其思想理论呈现出"高势位"的特点。思想政治教育理论来源于实际,但高于现实生活,与普通大众之间是一种非同质性的关系,亲和力的概念也因此应运而生。高校思想政治教育亲和力研究主要是探寻思想政治教育与个体之间的共同之处,目的是让受教育者更好地接受思想政治教育。亲和力是看不见也摸不着的,并不会产生即时效应,也不同于思想政治教育中教育者、教育对象、教育载体等具体组成要素。亲和力是"润物细无声"的微微细雨,在无形中滋养着受教育者,默默涵养其价值观和情感情绪。要想使思想政治教育机制运行呈良性健康态势,少不了"软件"和"硬件"的相互配合、相互协调,既需要显性组成要素

---

① 朱小蔓:《情感教育论纲》,人民出版社 2007 年版,第 24 页。

推动思想政治教育的顺利运行,也离不开亲和力等隐性要素的助推和凝聚。不可否认的是,潜移默化的隐性教育往往能够收获更多的教育成效。因此,思想政治教育亲和力研究才一直是学界关注的焦点。在实际教育中,不仅要将思想政治教育亲和力教育运用到课堂之上,更要体现于学生的日常社会交往行为之中。充分发挥亲和力的渗透性作用,就必须实现思想政治工作与大学生日常生活的结合,贴近学生的生活,使学生每时每刻都生活在这一氛围之中,感受思想政治教育的独有魅力,在点滴的实践中涵养大学生的德性和价值观,获得融会贯通、事半功倍的效果,真正实现思想政治教育的目标。

"渗透"是指某种思想或事物逐渐深入到其他事物之中,并对其产生影响。"渗透"普遍存在于社会生活之中,并需要一定的时机、方式、载体才能够得以外显。思想政治教育亲和力的渗透性则是指思想政治教育可以逐渐深入到大学生的学习生活之中并产生实际影响的一种特征。与强制的灌输行为相反,"渗透"更加强调"春风化雨""润物细无声",主要通过教育者有针对性地创设相应教育情境并选择最适合受众的教育手段,在教育中逐渐融入教育具体内容,更好地促进受教育者的理解与接受,产生内化于心、外化于行的教育效果。其主要表现为对教育对象的潜隐性和持久性。其一,对教育对象的影响是潜隐的、自然的。很多时候,思想政治教育之所以难以取得实效,仅仅停留在理论之中,就是因为过分强调教育目标和教育内容的不可或缺性,即过分强调"知",而相对忽视了"情、意、信、行",从而导致思想政治教育的过程缺乏亲和力和感染力,容易陷入自说自话的尴尬境地。相反,通过潜移默化、耳濡目染的方式,让受教育者认为教育过程"是按照自己的意志和愿望"①在进行,将教育内容和目标都潜隐化,就能够在最大限度上消除学生的漠视、反感、抵触等思想,提高教育对象对思想政治教育的接受程度,让思想政治教育存在于每一位大学生的生活之中。其二,对教育对象的影响是持久且全面的。首先

---

① 《思想政治教育学原理》编写组编:《思想政治教育学原理》,高等教育出版社 2016 年版,第 104 页。

表现为影响范围上,思想政治教育的亲和力不限于课堂和课后交流之中,而是贯穿教育对象自身价值观、道德修养的全过程,贯穿日常生活和实践过程的方方面面,且不受时间空间的限制,不局限在某一特定的时间范围之内。其三,表现为教育实效的持久性、全面性。思想政治教育亲和力作为一种无形的力量,推动教育对象自觉主动理解并掌握教育内容,在体悟中收获智慧,在搭建自己的思想体系中自觉融入思想政治教育的内容,实现入脑、入心、入行,对大学生产生深远持久的影响。若是倾向于理论知识强硬灌输的教育方式,则会存在亲和力不足、渗透性不强等问题,难以形成长远的教育效果。艾宾浩斯记忆曲线形象地勾画了人类的记忆规律,应对知识遗忘最好的办法就是持续不断地重复。因此,如何让学生能够持续地运用思想政治教育来指导自己的实践就显得尤为重要。

(三) 生成复杂性

在马克思主义哲学看来,事物是不断发展变化的,思想政治教育亲和力的生成和发展遵循这一基本原理,也是一个不断变化和衍生的过程。一方面,不同要素之间都处在运动的过程之中,其动态发展也推动了整体过程的生成变化;另一方面,思想政治教育亲和力不是目的,而是实现教育目标的手段。为实现教学目的,思想政治教育也需要随着实际情况而不断调整自我,这也会使得亲和力具有动态的特征。思想政治教育亲和力并不是一个独立存在的概念,要发挥思想政治教育的最大功效需要各组成部分之间的协调统一。如果将开展思想政治教育活动比作一台正在运行的机器,那么机器的正常运行就需要各个零部件之间的有效配合。与之相似,思想政治教育要显示出亲和力的教育状态,就必须让各个组成要素之间协同合作,共同实现教育目的。事实上,思想政治教育亲和力实现的过程就是各组成要素共同发挥作用,形成合力的过程。在这一过程中,因为整体的合力大于每一单独要素运行的力量,为保证最优化效果的发挥,就需要将各组成部分的运转看作一个整体,以整体的合力来开展亲和力教育。系统作为相互联系、相互作用的有机整体,往往具有更强大的作用、更稳定的结构。无疑,高校思想政治教育亲和力也是一个系统,为了能够充分发挥这一系统的整体亲和力,需要对各要素进行合理配置,不仅需要考虑单个要素自身的优化,更需要思考如何使得系统整体平衡以及如何处理内部的差异,尽量使所有相关要素都能有序高效运转,因为亲和力的最终实现程度是由内部各个要素间不同"力"相互协调、相互作用所决定的。

思想政治教育是一个连贯复杂的过程,其最终目标是保证受教育者真正接受、认同教育者所传达的思想观念、价值观点,并内化为自身的道德规范和实践行为。具体而言,它是"发生在思想政治教育领域内的接受活动,是接受主体反映、选择、整合、内化和外化接受客体的活过程,主要具有社会性和实践性以及情感交互律"①。也就是说,在开展思想政治教育活动中,教育主体是接受过程的核心因素,教育客体回答接受什么问题,教育情境则创设空间场域。作为提升高校思想政治教育有效手段的亲和力,需要从基本环节入手,在调动受教育者主动性的基础上,从实际情况出发,用接地气的话语,辅之以生动活泼的情境,最大限度提高受教育者的接受限度。在思想政治教育活动过程中,教育者所展现出来的亲和力为教育活动提供了一种凝心聚力的力量,但若是仅仅依靠教育者还不足以带动整个思想政治教育过程亲和力效果的有效发挥,还需要其余组成要素的通力协作,在共同配合中最终形成强大的教育感染力和感召力。

四、价值效用

高校思想政治教育的亲和力既是顺势而生,又是思想政治教育自身发展的题中应有之义,而对其价值效用进行透视则是研究思想政治教育亲和力必

---

① 陈义平主编:《思想政治教育学原理》,安徽大学出版社 2008 年版,第 44 页。

然的有机组成部分。作为一种积极的、正面的力量,高校思想政治教育亲和力的价值效用呈现出多维性,既能满足教育对象自身成长的需求,促进其全面发展;也能促进教师提升教学素养,增进其职业幸福感,还能有效提升教育效果,确保思想政治教育潜在影响的深入沉淀,更能促进高校立德树人根本任务的落地,为社会发展提供智力、人才等方面的助益。

(一)学生:满足自身成长需求

高校思想政治教育亲和力生成过程中,不但要面对不同的社会群体,而且要有针对性地认识和满足他们的正当需求。包容性和针对性作为一对互有矛盾的辩证范畴,能够将思想政治教育亲和力生成的精神品质加以呈现。思想政治教育亲和力所具有的包容性本质在于自觉地消化整合教育过程中的差异,实现协调统一。从宏观上来讲,不能只着眼于学生需求,而应该对社会发展与个人成长的需要进行有效协调和适当取舍。在传播国家主流思想、倡导社会主流价值观的同时,要坚持人文基调,尊重个体思想的多变性、个性的多样性和个体发展的多元性,满足个体的合理需求,真正把个人发展融于社会,把社会进步置于个人成功之中,促进个人与社会共进步同成长。从微观上来讲,不能只着眼于高大的、空泛的追求,而应该细化到个人在政治、经济、文化、社会和生态等不同层面的需要,细化到个人具体的物质和精神等方面的不同需要上。只有这样,才能让高校思想政治教育在内在的价值真理性、理论彻底性与传达真理性、价值性的整体结构、系统要素、过程结果、主体客体、内容形式保持适当张力的同时形成正向的合力,确保凡是有利于与思想政治教育亲和力有关的、能满足学生个人发展诉求的诸多因素都兼收并蓄,有效融合。

思想政治教育专业关联性强,涉及较多的跨学科理论知识,这就要求高校学生不仅要学好马克思主义理论等专业主干知识,还要广泛涉猎教育学、心理学、社会学等学科知识。在实际研究中合理运用这些理论知识,既可以为思想政治教育亲和力奠定理论基础,也能为满足学生的成长需要聚合多学科力量。

正如毛泽东所言,"任何思想,如果不和客观的实际的事物相联系,如果没有客观存在的需要,如果不为人民群众所掌握,即使是最好的东西,即使是马克思列宁主义,也是不起作用的"①。为此,思想政治教育要坚持问题意识和实践导向,以学生为中心,及时回应学生的发展需求和成长期待,如此才能释放出自身的魅力和价值。一方面,要紧密根植社会现实,坚持以问题为导向,关注和回应热点问题、焦点问题和难点问题,有理有利有节地解决问题;另一方面,也必须紧密联系学生自身实际,在对其进行深入了解的基础上,坚持"三贴近"原则,走近学生、理解学生、关怀学生、帮助学生。做到因人而异、因材施教,就受教育者自身存在的问题和困惑对症下药,使受教育者充分感受到思想政治教育的实用价值,进而提高对思想政治教育的认同度和可接受性,真正唤起受教育者主体意识的觉醒,促进学生的全面发展。

总体来说,高校思想政治教育亲和力对于大学生的成长所发挥出的主要作用有:其一,有助于建构大学生的精神世界。有利于帮助当代大学生树立社会主义核心价值观并为塑造健全人格奠定扎实基础。即将走向社会的当代大学生既是推动社会发展的重要力量,又是推动国家社会走向繁荣富强的储备力量,更是实现中华民族伟大复兴的生力军。需要注意的是,在多元价值相互冲撞的世界中,大学生们自我意识正不断增强,头脑中难免会充斥一些离经叛道的思想,以至于可能对思想政治教育内容和方式产生抵触和排斥的情绪,影响其自身和社会的发展。因此,思想政治教育亲和力更应该借助受教育者喜闻乐见的方式对社会主流思想加以大力传播,帮助大学生塑造健全的人格。其二,有助于增强学生的自我意志以及自我认识和自我管理的能力,直面人生挫折,做到不卑不亢和坚持不懈。在教育过程中,思想政治教育亲和力能够使学生产生一种凝聚力和向心力,有益于塑造大学生的意志力。教师营造富有渲染力的教育小环境,运用学生易于接受的一系列方式,善用身边影响力强的

---

① 《毛泽东选集》第四卷,人民出版社1991年版,第1515页。

人物榜样,引导学生树立正确的信念,使他们潜移默化地将理想信念转化为强大的精神动力。引导学生不管是在当下的学习中,还是在将来的社会工作中,都始终自觉地对社会的主流思想产生内在的认同感,激发对祖国的热爱之情,使自身的世界观、人生观、价值观与社会主流思想方向一致,使自身成长为可堪大任的时代新人。

(二)教师:增进职业发展幸福

习近平指出:"高校思想政治工作关系高校培养什么样的人、如何培育人这个根本问题。"这实际上表明了高校思想政治教育教师肩负的重任,同时,也表明他们拥有更广大更宽阔更精彩的实现自我人生价值的契机和舞台。只有提高高校思想政治教育教师的亲和力,大学生才会愿意接受思想政治教育的指导。我国主要社会矛盾的转变,政治、经济等方面发生的深刻变化,对思想政治教育提出新要求,更加强调思想政治教育要以人为本、接地气。思想政治教育亲和力作为一种积极力量,不但始终坚持关心和尊重教育对象的理念,而且更不忘推进教师主体的自我完善,通过促进思想政治教育由单向灌输向双向互动、由社会本位向以人为本的转变,不断实现思想政治教育实效性和教师获得感的双重提升。

教师在提升自身亲和力过程中,一方面要依托天性亲和力,不断激发自身充分运用自身携带的天然优势。教师要从自身素养实际出发,将真情融入教学中,在教学过程中展现教师的与生俱来的形象亲和力、声音亲和力等,坚持从学生的角度出发,用大学生喜闻乐见的方式阐释各种相关理论,关注大学生感兴趣的各种问题和事件,贴近大学生,贴近现实生活,贴近社会实践。另一方面,借助表达亲和力,不断促使教师通过后天的努力打造自身魅力。教师还要与时俱进,合理借助外在媒介的优势,充分发挥各类新媒体、平台与应用强大的互动与信息传播功能,在传统"大水漫灌"型的思想政治教育方式受到冲击时,科学革新教学模式,转变为"精准滴灌"型。特别是在日新月异的新媒体环境下,广大思想政治教育者得益于技术赋能,能够更精准供给思想政治教育内容,更科学满足学生成长需求,使思想政治教育活动彰显亲和力。同时,亲和力还可以丰富思想政治教育的载体,将大学生思想政治教育的传统优势与新媒体技术相结合,通过新媒体社区平台,如校园帖子论坛、微博、QQ 等,密切关注学生学习生活中的实际困难,及时对他们的思想和心理状况进行追踪分析。在教师自身亲和力提升后,大学生对思想政治教育的亲近感、获得感也会随之增强,在这种获得感的背后,教师会收获学生的尊敬和认可,而这正是思想政治教育教师最大的成就感和最显著的职业幸福感所在。

(三)专业:促进思政学科发展

传统与现代是思想政治教育亲和力所需兼顾的两大方面,而思想政治教育亲和力的生成方向内蕴于时代性与历史性这一"共时态"与"历时态"的对应范畴中。思想政治教育的求实创新深刻彰显了时代情怀,这也是提升其亲和力的不二法门。思想政治教育要保持自身生命力和亲和力,就必须在应对局势发展的纷繁复杂和时代交替的日新月异中把脉时代脉搏。首先,与党和国家同呼吸、共命运是思想政治教育意识形态的本质所在,这就决定了体现党和国家方针政策和社会倡导的主流价值是其内容呈现之必需。就当前而言,就是要坚持新时代中国特色社会主义,用崭新的理论引导实践发展,同时深入洞察与分析实践中出现的新问题、舆论的新走向,增强理论的前沿性和敏锐性,为之注入新的活力与生机。此外,通过坚持立德树人根本任务、以学生为中心的教育站位,辅助于科学管用的教学方法、丰富多样的教育载体、松严有度的育人环境等条件,能极大唤起教育主体的意识张扬和受教育者的亲近感,在一定程度上为提升大学生思想政治教育亲和力提供了新契机,也提出了新要求。

实效性、应用性、全面性是建设思想政治教育及其学科的要求和所应具有的特点。习近平总书记提出要增强思想政治教育的亲和力和针对性的重要论述,凸显了亲和力问题对于思想政治教育学科发展的重要作用。为了响应党和国家的号召,进一步彰显思想政治教育对于思政学科的特殊功效,思想政治教育领域的改革势在必行。首先,这种改革有利于推进整体教育目标的实现。学生在道德品质发展方面的规格要求是实现思想政治教育目标,落实教育目标亦是改革创新思想政治教育的首要之义。随着社会步伐的更替,人的地位和价值日益凸显,人本主义的特点在思想政治教育的改革中也越发突出。能否适应国家和社会的需要,使受教育者产生亲近感,从而能更好地学习接受,成了学科改革是否成功的检验标准之一。制定科学正确的思想政治教育目标,帮助思想政治工作者制订富有亲和力的教学计划,规范思想政治教育的过程,保证思想政治教育的顺利进行,是影响当代大学生思想政治教育实效性的重要因素。其次,这种改革有利于增强大学生思想政治教育的效果。思想政治教育改革创新的目的是使当代大学生更好地接受思想政治教育,塑造良好的人格。从亲和力的角度看,亲和力是一种向心力和凝聚力,思想政治教育改革可以随着社会的变化不断调整教育内容,使教育内容更密切联系当今的现实生活,使学生真正感受到教育的现实性和有用性。在教师的教学过程中,可以根据科学技术进步的要求,采用多样化的多媒体教学方法,运用生动的语言与表达形式开展教学活动,改变过去"满堂灌"的枯燥教学模式,使思想政治教育更加生动有趣,使学生更好地融入教学过程,使教师根据学生的反馈更好地把握教学的重点和难点并及时调整教学进度,能够显著增强教育效果,进而促进思想政治教育改革创新的成功。

(四)高校:落实立德树人任务

"要落实立德树人根本任务,培养德智体美全面发展的社会主义建设者和接班人"[①]是高校的中心任务。习近平总书记在全国教育大会上指出:"要

---

① 《习近平总书记系列重要讲话读本》,学习出版社、人民出版社 2016 年版,第 216 页。

把立德树人融入思想道德教育、文化知识教育、社会实践教育各环节,贯穿基础教育、职业教育、高等教育各领域,学科体系、教学体系、教材体系、管理体系要围绕这个目标来设计,教师要围绕这个目标来教,学生要围绕这个目标来学。"①立德树人是大学生思想政治教育的根本任务,这在客观上要求教育主体要着力在提升思想政治教育亲和力上下功夫。具体而言,就是需要提升思想政治教育对当代大学生的吸引力、感召力和引领力,提升他们对思想政治教育的接受度,更好地用先进的马克思主义理论武装头脑、加强修养和指导,成为能担负民族复兴大任的时代新人。显然,具有亲和力的思想政治教育能够以富有感召力的思想政治教育者、极具吸引力的思想政治教育内容、富有渗透力的思想政治教育载体、充满共情力的思想政治教育形式以及具有感染力的思想政治教育环境,引导大学生自觉拧紧"总开关",补足精神之"钙",不断增强他们对中国特色社会主义的道路自信、理论自信、制度自信、文化自信,根植爱国主义情怀,加强奋斗精神的培养,不断提升综合素质,肩负起民族复兴的时代重任。总之,在新的时代背景下,提升大学生思想政治教育亲和力有助于落实高校立德树人的根本任务。

不难发现,高校思想政治教育亲和力对于高校落实立德树人根本任务具有如下作用。其一,有利于提升高校学生的意识形态安全,培养国家需要的人才。随着时代的不断发展和社会生活的不断变迁,全球化势头不可挡、不可逆,各个国家之间交流越发密切,不同国家文化也随之传入我国。这使得文化软实力成为了各国所需面临的重要问题。思想政治教育能够通过改变人们的思想,从根本上转变人的观念,因此,需要采取有效的思想政治教育措施以应对全球化冲击。有些国家试图利用文化向大学生潜移默化地灌输不良思想,对当代大学生加以思想控制。为应对全球化对我国经济、政治、文化等方面的冲击,具有亲和力的思想政治教育更应发挥其凝聚性、包容性、适应性的功能,

① 《坚持中国特色社会主义教育发展道路 培养德智体美劳全面发展的社会主义建设者和接班人》,《人民日报》2018 年 9 月 11 日。

减少大学生对我国思想政治教育的抵触,更好地帮助他们建构精神家园。思想政治教育的亲和力在帮助大学生提高文化辨识力,自觉抵制西方不良思想文化的渗透,抵御各类错误思想的侵蚀与干扰,确保广大高校学生能坚持爱国主义、爱中国共产党与爱社会主义相统一等方面发挥着重要作用。其二,有利于提升高校学生的文化自信,培养一批可堪大任的时代新人。思想政治教育的亲和力可以帮助大学生突破思维定式,使他们意识到应该自觉地传播和弘扬我国优秀文化。长期以来,由于历史的局限性,我国思想政治教育一直处于"高压"状态。有人甚至认为,其灌输的教育内容和教育方式对人们的思想产生了巨大束缚,这直接导致了人们在思想政治教育方面存在着敷衍、疏离、排斥的心理。通过学习具有亲和力的思想政治教育内容,使大学生对我国的优秀文化产生强烈的认同感、归属感、自豪感,不仅让他们能够不断增进文化自信,而且有利于他们在将来的学习与工作中,自觉地做一名传播与弘扬我国优秀文化的使者,使用不同的方式将我国的文化呈现给世界,让世界了解多彩的中国,展现我国文化的韵味,让广大学生成为中国文化的传播者、弘扬者、创造者。

第二章 高校思想政治教育亲和力 生成与提升的内在机理

高校思想政治教育亲和力是一种彰显主体间性特征、使教育者和受教育者双向互动,并使双方尤其是受教育者对教育者产生亲近感、趋同感与和谐感的水平和能力。亲和力的提升是一个有着内在动力驱使、外在要素供给,内外因素相互作用,呈现螺旋式发展轨迹的过程,是教育目的人本性、教育内容真理性、教育主体平等性、教育客体能动性、教育环境人文性、教育载体相宜性、教育方法艺术性、教育情境相融性等各种主客体要素,在系统优化中不断融合发展,从而实现有效耦合生成与提升的过程。

一、需求动力:亲和力生成与提升的基点

"已经得到满足的第一个需要本身、满足需要的活动和已经获得的为满足需要而用的工具又引起新的需要,而这种新的需要的产生是第一个历史活动。"①需要是亲和力生成与提升的动力之源。在任何情况下,个人总是从自己出发的。在现实世界中,个人有许多需要。如美国学者马斯洛基于人本主

———————

① 《马克思恩格斯文集》第 1 卷,人民出版社 2009 年版,第 531—532 页。

义心理学的角度提出人有由低到高的七个层次需求。人的需要是从事一切生产活动的原初动因。马克思说:"任何人如果不同时为了自己的某种需要和为了这种需要的器官而做事,他就什么也不能做。"[①]人的需要即人的本性,也就是人求得身心满足的方式,也是人与人之间必然发生相互关系的内在动力需求。正如袁贵仁在《马克思的人学思想》一书中所言,马克思、恩格斯认为"需要是理解人的活动和人类社会历史的重要逻辑起点之一"[②]。显然,人总有不断满足自身生存、发展的需求,而接受教育则是实现这一需求的内在规定。提升高校思想政治教育亲和力,正是因应不断满足高校师生自身提升精神文明素养尤其是政治、思想、道德、心理等精神层面素养的需求而产生的,也是顺应教育主导者对高校师生政治、思想、道德、心理等精神层面素养的时代要求而产生的。因此,高校思想政治教育一是从内在动力角度来看,要抓住高校师生自身对政治、思想、道德、心理等精神层面素养的需求;二是从外在引力角度来看,要把握教育主导者对高校师生政治、思想、道德、心理等精神层面素养的时代要求;三是从内在因素相互关系角度来看,要找准教育主导者、教育主体、教育客体三者之间实现价值同构需求的平衡点。抓牢这三个层面的需求点,才能把准高校思想政治教育亲和力生成、提升的基本点。从系统学角度来看,将高校思想政治教育亲和力视为一个整体,其生成与提升的内在驱动力主要来自教育主体(教育者)本身,其外在引力主要来自高校思想政治教育主导者与教育客体(受教育者),其内外协同力来自各要素之间的价值同构。

(一)亲和力生成与提升的内在驱动力

高校思想政治教育亲和力生成与提升的内在驱动力来自其教育主体(教育者)。然而,高校思想政治教育的主体是多层次的。从宏观层面来看,国家和执政党是教育主体,因为国家和执政党希望将维护政权稳定、体现统治阶级

---

① 《马克思恩格斯全集》第3卷,人民出版社1960年版,第286页。
② 袁贵仁:《马克思的人学思想》,北京师范大学出版社1996年版,第146页。

意志的意识形态灌输进全国国民的头脑。但国家和执政党不能直接做到这一点，需要借助自身与受教育者之间的中介主体——思想政治教育工作者来完成这项任务。从中观层次来分析，高校思想政治教育中介主体就是思想政治理论课教师、学工队伍和党政管理人员。同时，这一主体也是思想政治教育的客体；从具象层面，教育实践过程中，高校思想政治教育活动中的受教育者（教职工和学生）既是教育客体，也是教育主体，他们不是被动地接受教育主体的单向灌输，而是积极主动做出选择与评价，影响着思想政治教育的中介教育主体。本章为了让读者一目了然，采用最直观的方式，选择中观层面的教育主体——中介教育主体作为高校思想政治教育的教育主体，而将宏观层面的教育主体——国家和执政党界定为教育主导者，高校师生则更多地作为教育客体，据此来论证高校思想政治教育亲和力的内在驱动力问题。

首先，高校思想政治教育亲和力的生成与提升是高校思想政治教育主体自身社会交往发展的内在需求。人们是现实的、从事劳动活动的人，"他们受自己的生产力和与之相适应的交往的一定发展——直到交往的最遥远的形态——所制约"[1]。马克思说："人的本质不是单个人所固有的抽象物，在其现实性上，它是一切社会关系的总和。"[2]因此，个体的发展受制于他所处的物质生活条件、生产力发展水平和与之相适应的社会交往的程度。思想政治教育工作者发展、成就自己建立在不断地与他人、与社会各方面发生关系的现实基础之上。提升思想政治教育亲和力的过程正是教育工作者与受众、教育各种因素等发生的社会交往关系不断深化、渐趋亲密的过程。在这一过程中，情感及其感染力起到至关重要的作用。因为思想政治教育亲和力问题，本应属于社会心理学范畴，其内容更多地可归属到情感与思想政治教育的关系中。从这个角度来看，研究高校思想政治教育亲和力问题，就得研究高校思想政治教育主体如何提升自身人格魅力、学识力、情感感染力，让思想政治教育的各要

---

① 《马克思恩格斯文集》第 1 卷，人民出版社 2009 年版，第 524—525 页。
② 《马克思恩格斯选集》第 1 卷，人民出版社 2012 年版，第 135 页。

素之间发生相互作用,使教育客体从情感上亲近思想政治教育、相信所教内容,进而达到和提升将马克思主义理论和党的路线方针政策等意志内化于心、外化于行的实效性。

情感及其感染力对思想政治教育主体与客体的交往关系具有增力或减力的效能。美国心理学家汤姆金斯认为情绪就是动机,内驱力信号需要一种放大的媒介来激发有机体的行动,这种放大的媒介就是情绪过程。可见,情感情绪是人的内驱力的重要来源,同时也能放大或缩小内驱力。当个体遇到危害时,恐惧的情感会让人体全身力量集中在应对危害上,从而增强个体的应急反应能力;当个体喜欢某个偶像时,她或他也许会努力学习、模仿以变成偶像的样子。所以在思想政治教育活动中,教育主体情感的正向感染力会激发教育客体对思想政治教育的兴趣,也会感染教育客体自觉选择、积极参与评价思想政治教育内容与方法,进而调正个人价值取向等。

其次,高校思想政治教育亲和力的生成与提升是高校思想政治教育主体的专业化成长需求。新中国成立后,高校思想政治教育正式作为一种显性的专门性的职业开始了从无到有、从有到专业化的发展进程,其教育主体身份也由此经历着从"社会人"到"职业人"再到"专业人"的变迁与认同。习近平总书记在全国学校思政课教师座谈会上要求,思政课教师要给学生心灵埋下真善美的种子,引导学生扣好人生第一粒扣子,政治要强,情怀要深,思维要新,视野要广,自律要严,人格要正。"有了我们这支可信、可敬、可靠,乐为、敢为、有为的思政课教师队伍,我们完全有信心有能力把思政课办得越来越好。"①习近平总书记在对高校思想政治教育主体提出殷切希望的同时,也对思想政治理论课教师提出了"六要""三可""三为"的职业化专业化的目标与要求,这同样也是高校其他思想政治教育主体的职业化专业化的目标与要求。其中,"六要"的具体标准与要求和可信、可敬、可靠"三可"的总体目标正是思

---

① 《习近平重要讲话单行本(2020年合订本)》,人民出版社2021年版,第281页。

想政治教育主体具备强大亲和力的核心内容与判断标准。因而不断提升思想政治教育工作者的职业化专业化之路就是思想政治教育主体亲和力提升之路。

"专业化是指教师个人成为教学专业的成员并且在教学中具有越来越成熟的作用这样一个转变过程。"①高校思想政治教育主体的专业化成长之路就是其教育能力不断增强和成熟之路，也就是其内在专业结构不断优化的过程。而要探究教育主体的内在专业结构，教育学者、心理学者们往往从教育主体的知、情、意、信、行五方面来讨论。知，即思想政治认识，是指人们对在国家中占统治地位的思想政治观念、规范、原理、方法等的理解与领悟，这是思想政治教育的基础环节。情，即思想政治情感，是指人们根据一定的原则对以上思想政治观念、规范、原理、方法的评价与判断等态度，这是思想政治教育的催化环节。意，即思想政治意志，是指人们根据自己的主观愿望自觉地调节行动去克服困难以实现预定思想政治教育目的的心理活动，这是思想政治教育的强化环节。信，即思想政治信念，是指人们对以上思想政治观念、规范、理论、方法等坚信不疑，并将其视为自身行为准则的心理活动，这是思想政治教育的巩固环节。行，即思想政治行为，是指人们履行以上思想政治观念、规范、理论、方法等，并以之运用于自身实际行动。显然，思想政治教育各环节像一条自控的、不可分割的人类思想政治认识与行为生产流水线。认知环节解决的是"是什么"的问题，情感、意志、信念三环节解决的是"应如何"的问题，行为环节解决的是"如何做"的问题。情感、意志、信念是人们将思想政治观念、规范、理论与方法实现从内化于心到外化于行的重要环节。

教育主体的思想政治教育专业成长过程，就是教育主体不断深化对马克思主义理论、中国化马克思主义理论等思想政治教育内容的认同与践行过程。教育主体也要经历教育心理学所揭示的知、情、意、信、行五个环节。而在教育

---

① 教育部师范教育司编：《教师专业化的理论与实践》（第 2 版），人民教育出版社 2003 年版，第 45 页。

运行过程的五环节中,情感及其感染力同样起着至关重要的作用。如朱小蔓、其东认为:"一个人从认同价值,产生动机,激励行为,并最终形成人格,其间都需要依助情感的作用。"①情感及其感染力在思想政治教育主体内在专业结构的各因素运行环节中起到"黏合剂"和"发酵剂"的效能。认知是情感的来源,意志是从情感中分化而来,信念是从意志中分化而来,情感在认知与意志、信念之间起到纽带、黏合和催化的作用,因而思想政治教育情感及其感染力在思想政治教育整个活动中的作用至关重要,而情感及其感染力是思想政治教育主体亲和力提升的关键因素。而且,增强个体情感感染力、亲和力是促进个体社会交往程度提升,促进个体专业化成长,实现自我,最终走向自由而全面发展的内在需求。

(二)亲和力生成与提升的外在引力

除高校思想政治教育主体从个体社会交往的多维度、丰富度、个体专业化发展的内在需求来生成和增创亲和力之外,教育客体自身的内在需求与教育主导者的实践活动在外在引力方面也存在着重要关系。

首先,基于教育客体的成长发展动机。党的十八大和十八届三中全会明确提出并强调了关于立德树人的要求。高校思政课是落实立德树人根本任务的主阵地和主渠道。因而,习近平总书记指出,"思想政治工作从根本上说是做人的工作,必须围绕学生、关照学生、服务学生,不断提高学生思想水平、政治觉悟、道德品质、文化素养,让学生成为德才兼备、全面发展的人才",高校要"提升思想政治教育亲和力和针对性,满足学生成长发展需求和期待"。②学生成长发展到底有哪些需求呢? 首先,我们得明白学生要符合"德才兼备、全面发展"的人才素养规格。教育部 2014 年印发的《关于全面深化课程改革

---

① 朱小蔓、其东:《面对挑战:学校道德教育的调整与革新》,《教育研究》2005 年第 3 期。

② 《把思想政治工作贯穿教育教学全过程 开创我国高等教育事业发展新局面》,《人民日报》2016 年 12 月 9 日。

落实立德树人根本任务的意见》提出了研究各学段学生发展核心素养体系问题,也就是"学生应具备的适应终身发展和社会发展需要的必备品格和关键能力"。2016 年 9 月 13 日,教育部委托有关单位公布了中国学生发展核心素养指标,其基本内容是以培养"全面发展的人"为核心,分为文化基础、自主发展、社会参与三个方面,综合表现为人文底蕴、科学精神、学会学习、健康生活、责任担当、实践创新等六大素养。这三个方面、六大素养的提升就是对中国学生(含大学生)成长发展的基本需求和期待。要实现这一目标,就需要坚持以思想政治教育为价值引领和根本保障。众所周知,作为一种有目的、有计划、有组织的综合教育活动,思想政治教育包括政治思想、哲学、法学、经济、道德品质、心理健康等多学科知识和多方位教育。然而,即使思想政治教育内容本身亲和力极强,也不会自动跑进高校学生的头脑,这需要高校思想政治教育有较强的天性亲和力和外在表达亲和力,真正做到《关于进一步加强和改进新形势下高校宣传思想工作的意见》中所强调的"建设学生真心喜爱、终身受益的高校思想政治理论课",才会最有效地提升学生的核心素养,满足学生成长与发展需求。

其次,基于教育主导者掌握意识形态领导权的动机。思想政治教育的目标与任务可以从两个视角进行分析。第一,从政治视角来看,思想政治教育是教育主导者通过社会组织或社会群体运用一定的思想观点、政治观点、道德规范,对其成员施加有目的、有计划、有组织的影响,使之形成符合国家、社会所要求的思想政治与品德素养的社会实践活动。第二,从马克思主义人学角度来看,社会主义国家思想政治教育的目的是多维的,从本原意义上来看,"思想政治教育是直接服务于人的生存和发展的,满足人自身在社会中生存与发展的需要",进而"促进人的自由而全面发展";从现实目的来看,思想政治教育是"促进和谐的社会主体之生成"。①

---

① 　张耀灿:《思想政治教育目的的人学思考》,《广西教育学院学报》2008 年第 2 期。

因此,在政治上我国高校思想政治教育工作是基于维护党对国家及社会的综合治理,维护社会主义政权的稳定,维护广大工人、农民等人民群众利益的视角,做好高校师生价值观念、政治取向、道德规范、法律意识、人格倾向等意识形态问题的引导,使高校师生与党和国家同呼吸、共命运,实现个人梦与中国梦齐飞。在人本关怀上,社会主义国家的本质、中国共产党的宗旨都是以人民为中心,为人民服务,所以我国高校思想政治教育工作也是以提升师生综合素养,实现其个体自由而全面发展,进而促进社会的全面进步为目标。抓好高校师生的思想政治教育工作,目的是让高校成为坚守主流意识形态的主阵地。中国共产党和社会主义国家的性质决定了我国高校思想政治教育的政治功能与人性关怀价值的一致性。因而以上这两个殊途同归的目标促使教育主导者(党和政府)要牢牢掌握意识形态的领导权,为此,必须大力提升高校思想政治教育的亲和力。

(三)亲和力生成与提升的价值同构力

亲和力生成与提升的价值同构力指的是高校思想政治教育主体之间、主客体之间、主客体与教育其他诸要素之间基于同一价值目标——提升高校师生思想政治与道德素养而促使高校思想政治教育有效运行的内外协同力。"环境正是由人来改变的,而教育者本人一定是受教育的。"①当历史车轮进入经济全球化、文化多元化、信息瞬变化、价值多元化的今天,高校思想政治教育生态已与新中国成立初期有着很大的不同。正如美国人类学家玛格丽特·米德在其《文化与承诺:一项有关代沟问题的研究》一书中指出,今天的文化传递生态已经进入"后喻文化"时代,也就是一改以往青年向父辈、祖辈学习,文化依年龄、时代而顺向传递形式,转变为父辈、祖辈向青年学习的文化逆传递的方式,也被称为"文化反哺"时代。马克思说:"人却懂得按照任何一个种的

---

① 《马克思恩格斯文集》第1卷,人民出版社2009年版,第504页。

尺度来进行生产,并且懂得处处都把固有的尺度运用于对象。"①这样的新时代,青年人根据群体爱好和需求正创造出与父辈、主权文化相对抗又合作的青年亚文化(youth subcultures)。高校作为青年学子聚集的大本营,难以避免地成为青年亚文化集散地。这种新时代催生的文化新形态势必会影响高校思想政治教育要素功能,深刻影响和重塑高校思想政治教育生态。

在新世纪新形势下,高校思想政治教育环境从空间到时间上都无限延伸,教育介体、教育载体如教育工具等,从传统的为人性转变为制人性,也即是从前为思想政治教育主体所用,转变为被教育客体所用且对教育主体具有一定的挑战性。传统的高校思想政治教育主体有时会转变为教育客体,传统的思想政治教育客体有时又成为教育主体,教育主客体身份具有互变性,两者之间的主客体关系也已转变为教育主体间关系;同时这两者之间又具有价值互构性,彼此相互依存、相互依赖,又相互影响、相互作用。正是教育主体与教育客体之间的互变、互构特性,逐渐导致新形势下高校思想政治教育活动已成为教育主体之间、教育客体之间、教育主体与客体之间共建共构共享共生的状态。这也正是教育主体、教育客体与教育其他诸要素之间能形成价值同构力的缘由。

提升高校思想政治教育亲和力的目的与高校教育客体追求的目的一致,均是提升教育客体作为人的自由而全面的成长、发展需求。这一共同目标,为高校思想政治教育主体、教育客体与教育其他诸要素之间能形成价值同构力产生了源源不断的动力。各种现代教育因素也为教育主客体之间的价值同构提供了各种可能。一是在知识共享中做到彼此协同,实现价值同构。教育主体可凭借自身较强的理论修养,教育客体利用自媒体、网络能快捷获取信息资源,双方相互配合、互相借助,可以实现思想政治教育资源的最优配置,也可以实现高校思想政治教育系统的最优化运作。二是在实践同行中做到彼此合

---

① 《马克思恩格斯文集》第 1 卷,人民出版社 2009 年版,第 163 页。

作,实现价值同构。新形势下,教育主体与教育客体一样,均在适应变化中不断进行改造自己、改造社会的实践。在这个适应与改造内外环境的实践活动中,教育客体充满生机活力,具有较强创新力,善于获取新信息,易于接受新事物、产生新创想,但也容易出现价值偏差与不当行为。教育主体需要不断优化自身理论知识结构,掌握好科学的马克思主义理论武器,在实践中为教育客体提供价值引领、行为示范,从而实现彼此在价值选择、导向上的同构。通过在知识共享、实践同行中的价值同构,就能实现教育主体和教育客体之间借助教育其他诸要素实现优势互补和资源整合,从而形成高校思想政治教育感染力、亲和力、针对性不断提升的有效机制。

二、供给要素:亲和力生成与提升的重点

第一章已经讲到高校思想政治教育亲和力的内在构成要素分为天性亲和力要素和表达亲和力要素两大部分。天性亲和力要素是使思想政治教育成其为自身并由内往外散发的让人产生亲近感、和谐感的因素,主要由教育目的亲和力和教育内容亲和力构成;表达亲和力要素是使思想政治教育内容与方法有效性得以呈现的各种外在因素,由主动表达力和被动表达力构成。主动表达力要素由教育者亲和力和受教育者亲和力组成;被动表达力要素主要由教育环境亲和力、教育介体亲和力(教育载体亲和力与教育方法亲和力)和受教育者亲和力(既主动又被动)构成。这些要素既是高校思想政治教育亲和力得以生成的基础条件,也是着力提升高校思想政治教育亲和力的关键所在。

(一)来源于生活

美国平民主义、古典实用主义教育学家杜威提出教育即生活的理念,他的中国学生陶行知先生提出了"生活即教育""学校即社会""教学做合一"的理念。而马克思的哲学思想既被认为是人学思想,也被认为是生活哲学思想。

毛泽东、徐特立先生也提出教育要与生活相结合,教育要与社会实践相结合的理念。那么,思想政治教育与生活之间应该是什么关系? 现实上又是什么关系?

第一,生活与思想政治教育的应然关系。首先,有生活才有教育,生活决定教育。马克思说:"不是意识决定生活,而是生活决定意识。"①"一切历史的第一个前提,这个前提是:人们为了能够'创造历史',必须能够生活。"②"在现实生活面前,正是描述人们实践活动和实际发展过程的真正的实证科学开始的地方。"③教育作为观念意识形态的一部分,也是人们生活实践的产物。生活是人或生物为了生存与发展而从事的一切活动。生活是人得以存在与发展的现实基础。出生、上学、社交、工作、结婚到死亡,都是人的不同生活状态。马克思主义理论是人学理论,马克思主义指导下的思想政治教育也是为人的、属人的活动。马克思主义哲学研究的一个基本向度和主要对象是关于"人是什么,人们的关系是什么"的问题。因此,必须要根植于人的现实生活来开展"人的生存与发展"教育。其次,思想政治教育来源于现实生活。思想政治教育的天性表达力因素如教育内容、教育目标、教育任务等都必须以现实生活作为对象,其表达亲和力因素也是如此。被动表达亲和力因素中的教育方法、教育载体、教育手段等各种原料均来源于现实生活,也就意味着思想政治教育只有借助日常生活图景,借助各种具体生活现实条件才能呈现。主动亲和力因素中,思想政治教育主体与客体都是生活中的人,都是浸润在一定物质生活条件下的现实生活的人,没有抽象的教育主体和客体。最后,生活离不开教育。思想政治教育主体与客体都是生活中的人,都需要思想政治教育引导他们懂得生活、明白活着的意义,不断构建更和谐的社会生活关系,追求更美好的生活。显然,将人的自由而全面的发展作为宗旨皈依的思想政治教

---

① 《马克思恩格斯文集》第 1 卷,人民出版社 2009 年版,第 525 页。
② 《马克思恩格斯文集》第 1 卷,人民出版社 2009 年版,第 531 页。
③ 《马克思恩格斯文集》第 1 卷,人民出版社 2009 年版,第 526 页。

育需要引导生活主体的进步与发展,高校师生的现实生活也离不开思想政治教育的引导。

第二,思想政治教育与现实生活的实然困境。马克思认为,人不仅要生活在既定的物质生活条件和社会关系中,也要生活在历史中。有学者认为,当前的思想政治教育在很大程度上出现了难以"生根落地"的"悬浮化"状态,时常遭遇"'官热民冷'的尴尬情形"。① 有学者认为,现代社会高度专业化与职业化的社会分工,使思想政治教育形成了科层制的结构完整、分工明确的组织体系,有着统一的、一元的、政治性、专业性的话语体系,而人们尤其是高校师生的日常生活则表现出较强的随意性、独立性、自发性、个性化等特征,需要的是亲民的、自在的、有针对性的、订单式个性化的话语引导体系。显然,这种组织化、体系化的思想政治教育供给体系与人们的日常生活需求体系如两条平行铁轨,两者之间出现空档。"思想政治教育很难找到融入日常生活领域的合理通道,因而日常生活领域的思想政治教育容易陷入'空场'状态,悬浮化是当前思想政治教育面对人们日常生活的现实性境遇,高校思想政治教育的境遇也一样。"②而要解除高校思想政治教育悬浮于师生现实生活之上的困境,一方面需要改变人们将两者之间无形中形成的"二元对立"的思维成见,另一方面需要回归到日常生活中思想政治教育的本真状态。

第三,思想政治教育回归生活才是其亲和力提升的不竭动力。生活是教育的观照。马克思说:"个人怎样表现自己的生命,他们自己就是怎样。"③习近平总书记在全国高校思想政治工作会议上强调,做好高校思想政治工作,要因事而化、因时而进、因势而新。要遵循思想政治工作规律,遵循教书育人规律,遵循学生成长规律,不断提高工作能力和水平。要掌握这三大规律,都

---

① 揭晓:《论马克思主义意识形态大众化传播的日常生活维度》,《教学与研究》2015 年第 6 期。

② 叶方兴:《从"悬浮"走向"融合"——论现代性语境下思想政治教育与日常生活的关系》,《探索》2019 年第 6 期。

③ 《马克思恩格斯文集》第 1 卷,人民出版社 2009 年版,第 520 页。

必须深入实际考察高校教育客体的生活状态,这样才能把握好基于现实生活条件的教育客体的思想品德状况。回归生活就是回归教育本真。马克思主义哲学是以生活世界为关照和对象,立脚点是人类的社会和社会化的人类。马克思尤其关注自身所处时代这一现实世界,正如他所说:"哲学家们只是用不同的方式解释世界,而问题在于改变世界。"①"任何真正的哲学都是自己时代的精神上的精华"。② 习近平总书记也指出:"一种价值观要真正发挥作用,必须融入社会生活,让人们在实践中感知它、领悟它。要注意把我们所提倡的与人们日常生活紧密联系起来,在落细、落小、落实上下功夫。"③因此,思想政治教育要构建意义世界,更要指导生活世界,改造生活世界。

(二) 感召于真理

"理论只要说服人[ad hominem],就能掌握群众;而理论只要彻底,就能说服人[ad hominem]。所谓彻底,就是抓住事物的根本。"④马克思主义理论正确揭示了客观事物发展的根本规律性,揭示了人们的主观意识对客观规律的正确反映,闪耀着照亮人们前行道路的真理的光辉。真理的力量唤醒人们头脑的清明,真理的魅力感召人们激情的迸发。高校思想政治教育亲和力的生成与提升过程,也必须伴随着真理光辉的照耀、真理力量的唤醒、真理魅力的感召。

第一,天性亲和力因素要具有真理力量。抗日战争时期,毛泽东对美国记者埃德加·斯诺说过:"我接受马克思主义,认为它是对历史的正确解释,以后,就一直没有动摇过。"⑤从我党第一代中央领导集体认识并掌握了马克思主义这一指导中国革命取得胜利的真理武器后,中国就开始逐步走上站起来、富起

---

① 《马克思恩格斯文集》第1卷,人民出版社2009年版,第506页。
② 《马克思恩格斯全集》第1卷,人民出版社1995年版,第220页。
③ 《习近平谈治国理政》,外文出版社2014年版,第165页。
④ 《马克思恩格斯文集》第1卷,人民出版社2009年版,第11页。
⑤ [美]埃德加·斯诺:《西行漫记》,董乐山译,世界知识出版社1979年版,第131页。

来和强起来的道路。中国特色社会主义进入新时代的历史新方位,"马克思主义越发闪现出耀眼的真理光芒,越发彰显出无与伦比的真理力量。马克思主义的真理力量源于其内容体系的严谨自洽和理论品格的与时俱进,源于其方法原则的科学性,源于其价值理念的道义性,源于其社会理想的崇高性,源于其理论旨趣的实践性,中国革命与建设过程所取得的伟大成就正是其真理性最好的检验"①。而马克思主义理论与中国化马克思主义理论正是思想政治教育亲和力中最为核心的、令其成其为自身的天性表达力因素里的内核。天性亲和力因素具备真理性是思想政治教育亲和力得以生成的必备前提条件。

第二,主动表达亲和力因素要有忠于真理的政治热忱。主动表达亲和力程度指的是教育主体的亲和力指数。要让有信仰的人讲信仰,让忠于真理的人讲真理。忠于真理,先得掌握真理。马克思主义理论与中国特色社会主义理论博大精深、恢宏大气,且都是言简意赅、精辟凝练的真知灼见。高校思想政治教育主体要切实学深悟透马克思主义理论与中国特色社会主义理论,反复思考、精心凝练,做到真学真信真懂。忠于真理,还要会用真理。一是高校思想政治教育主体要理直气壮、信心百倍讲对思想政治教育理论,使每位高校思想政治教育工作者都是一面鲜活的党旗,每个讲台上都有党的代言人;二是要开动脑筋,将党的理论巧妙结合进教育客体的日常生活,关注学生需求,将深奥的理论讲通俗,深入浅出,解决学生的实际困惑,使每位高校思想政治教育工作者同时又都是学生利益的代言人;三是要设计并品牌化教育主体个人独特的话语表达方式和渲情方式,树立自身知党、信党、爱党,捍卫真理、善用真理的良好形象。

第三,被动表达亲和力因素能有效展现真理的光辉。被动表达亲和力因素主要包括教育介体亲和力、教育环体亲和力等,涵盖教育的手段、载体、方

---

① 王宗荣、王岩:《马克思主义的真理力》,《光明日报》2018 年 12 月 19 日。

法、环境等因素。要使被动表达亲和力因素有效彰显马克思主义的真理力量，除令其各因素有机融合、相机生成、形成合力之外，还需遵循以下三个原则：一是牢牢立足于高校思想政治教育客体的日常生活实际与社会实践的现状，开展生活化教育介体、生活化教育环体的开发与利用；二是重点开发并有效掌握虚拟空间这一思想政治教育被动表达力平台，使其为党所用，为高校所用，为大学生健康成长成才所用；三是加强被动表达亲和力因素创设的巧妙性、隐蔽性，增强高校思想政治教育润物无声、春风化雨的效果。

（三）艺术化聚合

要实现高校思想政治教育亲和力的生成与提升，除以上两个基本条件外，还需要对其内显与内隐因素、天性和表达因素进行有机加工，通过艺术化聚合实现生动表达。艺术化聚合有两种方式：一是宏观而抽象的艺术化聚合，二是微观而具象的艺术化表达，这是由思想政治教育本身特性决定的。作为一门显学，我国思想政治教育特性得到充分彰显的是其政治性、工具性，被弱化的是其生活性、人文性和艺术性。思想政治教育的生活性在前面章节里已作了大篇幅的阐释，在此不多赘言。本节仅对思想政治教育的人文性和艺术性作简要论述。

第一，思想政治教育的人文性决定其应实现宏观的抽象层面的艺术化聚合。"每个人的自由发展是一切人的自由发展的条件。"[1]马克思在《共产党宣言》的旗帜上高扬着这句经典语录。关注每个人的自由而全面的发展是马克思主义的终极追求目标。因而作为既被马克思主义理论指导又以其为主要内容的思想政治教育的为人性和属人性特征就显而易见。而且，马克思主义理论学科本身是一门追求真、善、美的社会科学。对真的追求，就决定了思想政治教育应采取科学化的方式方法；对善的追求，就决定了思想政治教育应采

---

① 《马克思恩格斯选集》第 1 卷，人民出版社 2012 年版，第 422 页。

取人本化的方式方法;对美的追求,就决定了思想政治教育应采取艺术化的方式方法。在推动青年学子追求真善美,实现其认知、情感、意志、信仰、行动等环节有效运行和深度融合,形成让教育客体个人发展与社会发展同向同行的价值体系的过程中,高校思想政治教育主导者和教育主体均应具备宏观视野下的大思想政治教育观的思维,同时还应具备指挥思想政治教育各要素合奏出让学生"真心喜欢、终身受益"的"交响乐"的艺术,即使思想政治教育教学工作真正能充分发挥思想政治教育天性亲和力因素的真理性和思想政治教育主体的人格魅力,优化整合、有机圆融教育环体、教育介体等因素,将思想政治理论润物细无声地渗透到大学生头脑,并固化为其坚守"四个意识"、坚定"四个自信",做到"两个维护"行动的艺术。

第二,思想政治教育的艺术性也决定其应采取微观的具象层面的艺术化表达。马克斯·韦伯说:"透过任何一项事业的表象,其背后都有一种时代精神的力量在支撑着,这种精神力量与社会的文化背景有着内在的渊源。"①后喻文化时代的青年学子呈现出三大特性:一是文化平民化。随着市场经济的深入发展,传统的精英文化逐渐走向边沿,取而代之的是流行文化、大众文化、通俗文化日渐繁荣,受到大学生的欢迎。二是生活娱乐化。当代大学生的审美情趣总体提升,加之有相对充足的自主时间可以支配,追求更高层次的精神生活情操也已成为学生的生活方式。三是发展个性化。当代大学生主要以"00后"为主,是伴随经济全球化和信息化时代成长起来的一代,其思维意识和价值追求更加多元立体,呈现出鲜明的时代特征、成长印记和个性特点。大学生成长的"三化"特性,促使高校思想政治教育必须牢牢把握这些情况,以大学生喜闻乐见、乐于接受的艺术形式推动思想政治教育的方法革新。湖南第一师范学院思想政治教育工作充分利用第一课堂(思政理论课堂)、第二课堂(校园思政课堂、社会思政课堂),广泛开展思想政治

---

① [德]马克斯·韦伯:《新教伦理与资本主义精神》(修订版),于晓、陈维纲等译,陕西师范大学出版社2006年版,第121—125页。

教育艺术化教学,引导学生积极发挥师范生专业优势,运用吹拉弹唱说跳画等艺术表现形式表达思想政治教育教学主题内容,将理论的抽象性与艺术的娱乐性有机结合,取得了良好的教学效果。中国教育电视台以《"活色生香"思政课堂》为主题对此进行了典型报道。思想政治教育艺术化方式方法的实施,必须植根于两个前提,一是须强化教育目标的完整性、确定性、层次性和具体性要求;二是须重视教育双主体的建设,坚持教师主体的主导性、建设性与学生主体的自主性、创造性相结合的原则。同时,还需要遵循三个原则:一是主题内容的思想性、知识性、趣味性相结合,二是表达形式的传承性、创新性、发展性相结合,三是主体参与的全员性、协作性、竞争性相结合。

三、运行机理:亲和力生成与提升的轨迹

机理是指为实现某些特定功能,基于一定的环境或条件、系统或结构中各元素的内部工作模式,以及各元素间相互联系和相互作用的规则或原理。习近平总书记指出:"高校思想政治工作关系高校培养什么样的人、如何培养人以及为谁培养人这个根本问题。"[①]探究高校思想政治教育亲和力的提升规律与机制是落实高校立德树人根本任务的关键环节。高校思想政治教育亲和力生成与提升的运行机理,是指高校思想政治教育主导者、教育主体服务于中国特色社会主义建设事业,以"围绕学生、关照学生、服务学生,不断提高学生思想水平、政治觉悟、道德品质、文化素养,让学生成为德才兼备、全面发展的人才"[②]为目标,超越纵向和横向管理体制等限制,形成大思想政治教育格局,

---

① 《把思想政治工作贯穿教育教学全过程　开创我国高等教育事业发展新局面》,《人民日报》2016 年 12 月 9 日。
② 《把思想政治工作贯穿教育教学全过程　开创我国高等教育事业发展新局面》,《人民日报》2016 年 12 月 9 日。

汇聚全校思想政治教育要素,促使其内外要素之间产生"共生、共振和共轭效应"的规律和运行轨迹。[①] 在高校思想政治教育中,共生效应是指思想政治教育诸要素之间彼此互为依存的现象;共振效应是指思想政治教育诸要素,以及诸要素之间相互配合、相互影响和相互制约,使整个思想政治教育共同体结构更趋稳定,从而能产生最大效能的现象;共轭效应是指思想政治教育中教育主体和客体为适应社会变化的需要,积极寻找相同点和关切点,把握社会问题中的难点、热点、焦点,实现目标同一、价值同向、行为同步的现象。

从实践发生学角度,也就是回到高校思想政治教育活动的最起初的实践轨迹中来考察,高校思想政治教育亲和力生成与提升的运行规律主要经历奠基、共轭、共振、调控四个环节,具体的生成与提升机理如图2-1所示。

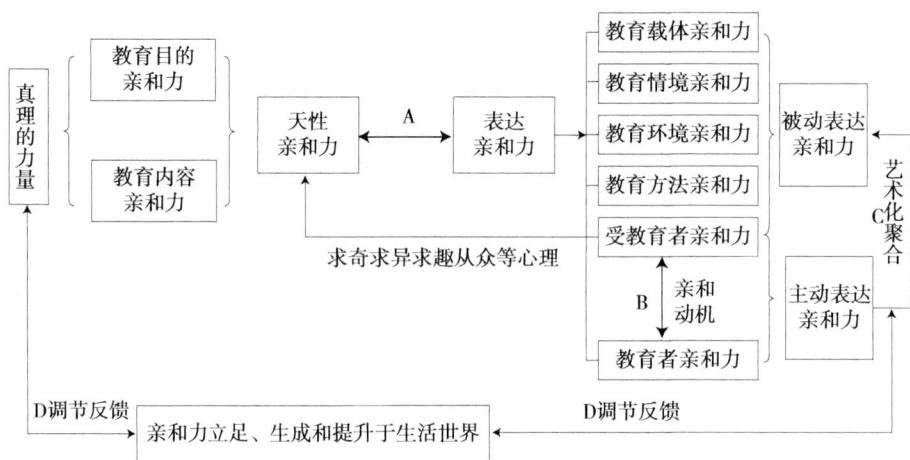

图2-1 高校思想政治教育亲和力生成与提升机理

(一)奠基环节:浸漫真理味道

高校思想政治教育教什么内容? 为何要教这些内容? 这是思想政治教育

① 戴锐:《思想政治教育共同体的运行机制与发展战略》,《思想政治教育研究》2014年第6期。

活动得以产生的先决条件,也是思想政治教育亲和力生成与提升的先决要件。在"当今世界正处于百年未有之大变局"的新时代,正日益走向世界舞台中央的当今中国,高校思想政治教育目的与任务是培养能"为人民服务,为中国共产党治国理政服务,为巩固和发展中国特色社会主义制度服务,为改革开放和社会主义现代化建设服务"的时代新人。高校思想政治教育基本内容包括世界观、人生观、政治观、法治观、道德观等,这些内容的确定受制于两个方面,一是其教育目的与任务,二是受教育者的思想政治与品德状况。马克思主义理论指导下的思想政治教育内容兼顾了以上两个方面,既具有政治性、目的性、先进性,也具有人本性,是为满足高校思想政治教育客体"终身受益"这一基本目标而量身打造的内容体系。同时,党和政府、各级教育管理部门和思想政治教育工作者正与时俱进地对高校思想政治教育内容进行有效供给,这一过程是"思想政治教育者按照教育目的要求和任务规定,从引导、激发和满足、适应教育对象成长发展需求实际出发,而对思想政治教育活动中的内容选择、呈现和理解、接受等环节有效性进行动态把控的过程"①。并且,思想政治教育者正不遗余力地走在追求高校思想政治教育内容科学化的道路上,希望高校思想政治教育内容能始终浸漫着真理的味道,焕发出真理的光辉,从而由内而外散发出其自身天性带来的吸引力、感染力,吸引教育受体接受马克思主义理论教育,甚至积极开展自我思想政治教育。

(二)共轭环节:凸显主体间性

高校思想政治教育天性亲和力因素具有的真理性、科学性是其生成与提升的前提,而促使其提升的关键则是其教育主体与教育客体的共轭环节。轭,本是两头牛背上的枕木,共轭,原意是指两头并行走的牛。后来被广泛运用到物理、化学、心理学等领域,多指对称的双方。传统的高校思想政治教育主体

---

① 万美容、吴倩:《新时代思想政治教育内容有效供给论析》,《马克思主义理论学科研究》2020年第1期。

与客体之间是主动传授与被动接受的不对等状态,呈现的是以人类中心主义逻辑与理论为指导的"主体性"特点,教育过程具有单向性,将教育客体作为主体作用的如同自然界物质一般的客体对象。随着"人与自然和谐共生理念"的兴起,20世纪德国著名哲学家胡塞尔的"主体间性"①一词开始借用到高校思想政治教育活动之中。主体间性指的是教育主体与客体之间的交互主体性,两者相处模式由以往的单向度、主体对客体居高临下的交流转变为平等对话、民主交流、和谐相处的状态。主体间性语境为高校思想政治教育亲和力提升提供了很大的机遇与挑战。机遇是打开教育主体与客体之间亲近、和谐关系的"潘多拉之盒";挑战是教育主体的威望如何保持。在科技迅猛发展、信息大爆炸和各类网络平台喷涌而出的时代,教育主体原有的知识垄断能力、师德光环、教育地位制度保障力等都大为减弱。如何维护师道尊严、师德高尚的地位与形象,需要教育主体及时适应时代变迁,结合新时代教育客体思想政治与品德素养的状况,从以下三方面突破自我:一是尊重教育客体的主体地位,与之优势互补,教学相长;二是"教师专业性权威由普遍性知识和道德方面的权威向核心基础知识和核心价值观的解释权威转变"②;三是建立定期与教育客体平等对话与价值引导平台,激发其对思想政治教育理论与实践求奇求趣求异心理,解疑释惑,匡正祛邪,增强教育主体的感召力。

(三)共振环节:要素艺术化聚合

习近平总书记多次强调,把思想政治工作贯穿教育教学全过程,实现全程育人、全方位育人,使各类课程与思想政治理论课同向同行,形成协同效应。教育部为贯彻落实党中央关于加强高校思想政治教育工作的精神,专门出台了《高校思想政治工作质量提升工程实施纲要》,提出构建课程、科研、实践、文化、网络、心理、管理、服务、资助、组织十大育人体系。作为影响"党之大计、国之

---

① [德]胡塞尔:《笛卡尔式的沉思》,张廷国译,中国城市出版社2002年版,第213页。
② 叶苗:《主体间性师生关系视野下教师权威的重建》,《扬州大学学报》2019年第6期。

大计",又集理论性、科学性、政治性、思想性、人文性、价值性、知识性于一体
的高校思想政治教育理论与实践活动,要增强其亲和力、感召力,务必运用系
统论、协同论、整体论等理论,将其视为一个有机整体,对其所有相关因素进行
艺术化聚合,实现高校思想政治教育全部要素的同频共振、同向同行。为此,
应注意以下三点:一要有效规避高校思想政治教育主体之间简单组合而出现
的内耗现象,艺术化地巧妙优化和调整其内在的协同关系,为实现共同的教育
目标增益。二要有效规避高校思想政治教育的短板,避免"墨菲定律"类问题
产生,优化配置好不同层次、不同部门、不同用途的资源。三要有效规避高校
思想政治教育中不同教育主体、教育客体、教育介体、教育环体等之间的矛盾
与冲突,做好顶层设计,理顺各种关系,健全体制机制,创新系统方式方法,营
造和谐氛围,打造适合各高校教育客体思想政治与品德素养培养规格的校园
环境等。

（四）调控环节:闭环反馈改进

高校思想政治教育亲和力的生成与提升,与其他事物的运动变化发展一
样,都是矛盾运动的产物。本书第三章将会重点讲到,高校思想政治教育运行
过程存在四对主要矛盾:一是教育目的的一元性、社会性、干预性与受教育者
个性需求的多元性、独特性、自主选择性之间的矛盾;二是教育内容的滞后性、
单一性与受教育者思想需求的时代性、多样性之间的矛盾;三是教育主体与教
育客体之间的矛盾;四是教育手段与教育效果之间的矛盾。日本学者富永健
一在其《社会学原理》一书中指出:"主体方面的状态与客体方面的状态之间
一般是不完整的,外部世界不可能原封不动地被复制到行动者的内部世界中
去。"[1]以上四对主要矛盾都直接在与受教育者联系过程中发生,就深刻地说
明了这一点。作为高校思想政治教育客体的高校老师和学生是主体与客体的

---

[1]　[日]富永健一:《社会学原理》,科学文献出版社1992年版,第138页。

统一,他们有自身的需求,有自身的个性,有自身的利益。正如马克思所说:"人们为之奋斗的一切,都同他们的利益有关。"①高校思想政治教育目的任务能否实现,教育内容、教育手段是否恰当,教育主体是否能与教育客体之间发生良性互动,产生共振、共轭效应,不是以教育主体、教育主导者的意图来衡量,而是以这些思想政治教育亲和力因素对教育客体的有用性、价值性来衡量。高校思想政治教育亲和力的各种内外、主动、被动亲和力因素不被教育客体接受或不能与教育客体的"利益弦"发生共鸣时,就要站在教育客体的立场上,一方面引导教育客体实施内调节,另一方面教育主体要督促自身及其他各种亲和力要素实施外调节,还要督促相关政府部门与社会组织对各种影响高校思想政治教育活动的因素进行社会调节,直至影响、触动、觉醒受教育者,使之逐步达到对思想政治教育内容的认识、认同并执行的自觉。

综上所述,高校思想政治教育亲和力生成与提升由图 2-1 所示 ABCD 四环节层层递进。第一阶段(A)是亲和力显现的奠基环节。教育内容、目的等天性亲和力因素是实现高校思想政治教育亲和力的前提和基础,但它是静态的,需要通过动态的表达亲和力因素来外显,两者相辅相成。天性亲和力越强,表达亲和力往往越强。第二阶段(B)是亲和力彰显的共轭环节。教育主体和教育客体处于平等对话的双主体地位。两者"主体间性"作用发挥得越好,教育主体与教育客体的关系越和睦,教育客体对教育主体的亲近感、信任感越强。而教育客体对思想政治教育理论与实践问题求奇求异求趣从众心理越强,教育主体对教育客体的吸引力、感召力也越强。第三阶段(C)是亲和力提升的共振环节。教育植根于生活,要用真理力量感召、艺术化聚合各种亲和力因素,促使高校思想政治教育全部要素同向同行,激发或强化受教育者对思想政治教育的移情心理,从而促进高校思想政治教育亲和力的有效提升。第四阶段(D)是亲和力调控环节。高校思想政治教育亲和力是一个系统,其生成与提升过程是闭环状

① 《马克思恩格斯全集》第 1 卷,人民出版社 1995 年版,第 187 页。

态。根据教育客体对亲和力的反馈及高校思想政治教育实效性状况的呈现,教育主体对此做出判断,并有针对性地对自身及其他教育亲和力因素进行相应调节,始终按照"需求—供给—反馈"的机理周而复始、循环往复地发展,最终促使高校思想政治教育亲和力呈现螺旋式上升的运行轨迹。

第三章　高校思想政治教育
亲和力的现实境遇

上一章讲到高校思想政治教育亲和力在实践过程中面临机遇与困境并存的现实境遇,这就要求我们运用实证的方法分析高校思想政治教育亲和力的现实状况,对高校思想政治教育亲和力的主要机遇、主要困境和困境成因进行深入探析,为提升高校思想政治教育亲和力奠定实证基础。

一、调查方法及样本收集情况

坚持辩证唯物主义和历史唯物主义理论与方法,重点以马克思的认识论和实践观为指导,以高校思想政治教育者和教育对象为研究的逻辑起点,努力将对高校思想政治教育亲和力研究建立在科学的理论基础和调查方法之上,从而直面高校思想政治教育亲和力的主要机遇和困境,并从困境中寻求解决途径。

(一)调查方法

依据研究目标,立足研究对象,采用以下三种调查方法:

1. 文献研究法。对高校思想政治教育亲和力的相关文献资料进行深入研读,深入学习习近平总书记关于提升思想政治教育亲和力的重要论述,广泛收集有关思想政治教育亲和力的蕴意、结构、影响因素和提升方法的学术资料,密切关注学术界有关高校思想政治教育亲和力的前沿研究动态,吸取最新的研究成果。

2. 跨学科研究法。将思想政治教育学和人学、社会学、统计学、教育学等学科相结合,多学科综合研究高校思想政治教育亲和力问题,旨在深入分析高校思想政治教育亲和力的主要机遇、困境以及困境成因,解决提升高校思想政治教育亲和力存在的问题,以增强高校思想政治教育的实效性。

3. 问卷调查法。以高校思想政治教育目的、内容、载体、情境、环境、方法等为研究要素,编制《高校思想政治教育亲和力情况调查》(学生版)和《高校思想政治教育亲和力情况调查》(教师版)(详见附录1和附录2),并在问卷星平台上进行了发放。

调查问卷从四个方面进行题目设计:第一,在个人基本信息方面,主要考虑被调查者的性别、所学专业、政治面貌、学历等内容;第二,在高校思想政治教育亲和力的"亲"方面,主要考虑高校思想政治教育是否亲近时代、亲近生活、亲近教育对象等内容;第三,在高校思想政治教育亲和力的"和"方面,主要考虑高校思想政治教育是否坚持政治性和学理性、价值性和知识性、建设性和批判性、理论性和实践性、灌输性和启发性、主导性和主体性、显性和隐性、统一性和多样性等方面的和谐统一;第四,在高校思想政治教育亲和力的"力"方面,主要考虑对高校思想政治教育目标的认同力、教育主体人格魅力、教育内容的吸引力、内容表达的感染力、教育方法的创新力、教育环境的感化力等内容。

(二)样本收集情况

本课题以问卷星平台为调查问卷发放途径,其中《高校思想政治教育亲和力情况调查》(学生版)总共回收1005份调查问卷,《高校思想政治教育亲和力情况调查》(教师版)总共回收 348 份调查问卷。

在《高校思想政治教育亲和力情况调查》(学生版)问卷中,男性 252 份,占比 25.07%,女生 753 份,占比 74.93%。其中,大专学历 49 份,占比 4.88%;本科学历 797 份,占比 79.30%;硕士学历 145 份,占比 14.43%;博士学历 14 份,占比 1.39%。所学专业方面,人文科学类(哲学、历史、文学、艺术、语言学)368 份,占比 36.62%;社会科学类(经济、法律、社会学、管理学、政治学)476 份,占比 47.36%;自然科学类(理工、工学、农学、医学)161 份,占比 16.02%。政治面貌方面,党员(含预备党员)157 份,占比 15.62%;入党积极分子 234 份,占比 23.28%;共青团员 573 份,占比 57.01%;群众 41 份,占比 4.08%。如表 3-1 所示:

表 3-1 《高校思想政治教育亲和力情况调查》(学生版)基本情况

变量	频数	比例(%)
性别		
男性	252	25.07
女性	753	74.93
专业		
人文科学类	368	36.62
社会科学类	476	47.36
自然科学类	161	16.02
政治面貌		
党员(含预备党员)	157	15.62
入党积极分子	234	23.28
共青团员	573	57.01
群众	41	4.08
学历		
大专	49	4.88
本科	797	79.30
硕士	145	14.43

续表

变量	频数	比例（%）
博士	14	1.39

在《高校思想政治教育亲和力情况调查》(教师版)问卷中,男性 157 份,占比 45.11%;女性 191 份,占比 54.89%。其中,人文科学类(哲学、历史、文学、艺术、语言学)教师 162 份,占比 46.55%;社会科学类(经济、法律、社会学、管理学、政治学)教师 128 份,占比 36.78%;自然科学类(理学、工学、农学、医学)教师 58 份,占比 16.67%。在政治面貌方面,中国共产党党员(含预备党员)263 份,占比 75.57%;无党派人士 13 份,占比 3.74%;其他民主党派人士 19 份,占比 5.46%;群众 53 份,占比 15.23%。

综合看《高校思想政治教育亲和力情况调查》教师版和学生版的地域分布,湖南师生占比 31.9%,广东师生占比 6.9%,河南师生占比 6.32%,辽宁师生占比 5.75%,山东师生占比 4.02%,江苏、黑龙江、广西师生分别占比 3.45%。另外,北京、四川、安徽、山西、河北等省师生占比均在 2.0%—3.16% 之间。

表 3-2　《高校思想政治教育亲和力情况调查》(教师版)基本情况

变量	频数	比例（%）
性别		
男性	157	45.11
女性	191	54.89
专业		
人文科学类	162	46.55
社会科学类	128	36.78
自然科学类	58	16.67
政治面貌		
党员(含预备党员)	263	75.57

变量	频数	比例（%）
无党派人士	13	3.74
其他民主党派人士	19	5.46
群众	53	15.23

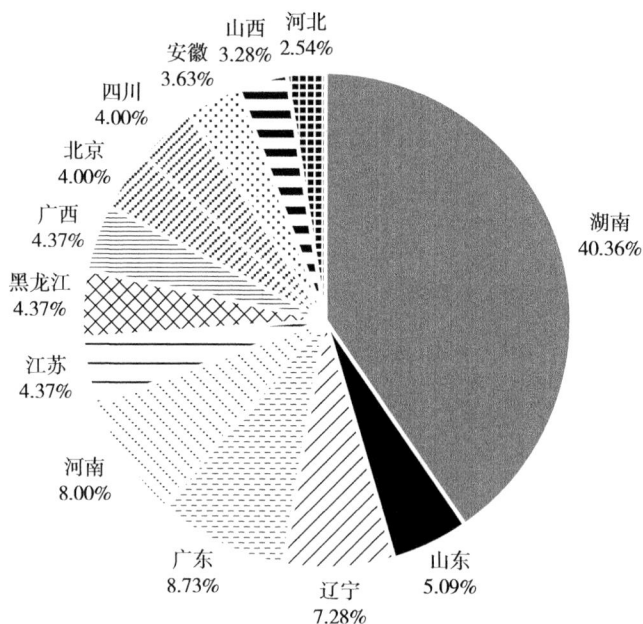

图 3-1　《高校思想政治教育亲和力情况调查》(教师版)样本地域分布

二、主要机遇

随着中国特色社会主义进入新时代,我国社会主要矛盾发生了深刻变化,即人们日益增长的美好生活需要同不平衡不充分的发展之间的矛盾已成为新形势下亟须解决的主要矛盾。从高校思想政治教育角度看,社会主要矛盾变化体现在新时代大学生对思想政治教育的新需求上。高校思想政治教育亲和力作为提升高校思想政治教育实效性的重要切入点,对于满足高校大学生的期望和日益增长的需求,提升高校思想政治教育实效性具有关键作用。习近平总书记在全国高校思想政治工作会议上的讲话中明确提出:"提升思想政治教育亲和力与针对性,满足学生成长发展需求与期待"①,是新形势下提高高校思想政治工作实效性的关键。高校思想政治教育亲和力的提升是新的时代机遇催生的产物,是伴随着更科学化人性化的教育理念、更庞大的教师队伍、更特立张扬的学生意识、更多元的教育方法一起诞生的必然产物。

(一)时代环境:教育理念的发展

新时代呼唤新理念。习近平总书记对高校思想政治教育工作提出了新要求。他在全国教育大会上明确提出:"党的十八大以来,我们围绕培养什么人、怎样培养人、为谁培养人这一根本问题,全面加强党对教育工作的领导,坚持立德树人,加强学校思想政治工作。"②2019 年 3 月 18 日,习近平总书记又主持召开学校思想政治理论课教师座谈会,强调"用新时代中国特色社会主义思想铸魂育人,贯彻党的教育方针,落实立德树人根本任务"③。上述论断为新时期高校思想政治工作提供了新的教育思路,即高校思想政治教育应以"铸魂育人"为根本要求,要完成"立德树人"的根本任务。"立德树人"是高校思想政治教育工作的核心,也是高校所有教育工作的核心。目前,各高校教师已对"立德树人"教育理念形成广泛共识,这为高校思想政治教育工作提供了重要的思想基础。

"立德"是指教育者不仅要把知识和技能传授给教育对象,更要把社会主

---

① 《把思想政治工作贯穿教育教学全过程　开创我国高等教育事业发展新局面》,《人民日报》2016 年 12 月 9 日。

② 《坚持中国特色社会主义教育发展道路　培养德智体美劳全面发展的社会主义建设者和接班人》,《人民日报》2018 年 9 月 11 日。

③ 《用新时代中国特色社会主义思想铸魂育人　贯彻党的教育方针落实立德树人根本任务》,《人民日报》2019 年 3 月 19 日。

义意识形态融入社会主义核心价值观,融入日常思想政治教育工作的各个环节。现阶段,"立德树人"的难点是确保教育对象自觉自愿地接受思想政治教育,提高教育对象的整体思想道德素质,而提升高校思想政治教育的亲和力对解决这一问题具有重要的意义。提升高校思想政治教育亲和力有助于增强高校思想政治教育的对象效应,从而提高人们对高校思想政治教育目的的接受度,有利于高校思想政治教育的内容入脑入心,促使高校思想政治教育"立德树人"的根本任务得以落实。要贯彻落实立德树人这一根本任务,应做到以下几个方面:

第一,始终把大学生作为教育的出发点,贴近学生的实际生活和需求。高校思想政治教育无论是从适应大学生自身发展诉求还是适应社会发展需求,理解和关照大学生的利益,都必须始终要聚焦重视学生、关心学生、爱护学生、服务学生,把提高大学生的思想道德修养和知识文化水平作为出发点,让学生有获得感的同时,立足学生的现实,解决好学生实际生活的难题,着眼于学生未来的发展,培养全面发展的社会需要的人才。

第二,以学生为主体,尊重学生。高校思想政治教育要从学生自身需求与社会需求相统一的角度出发,深刻关注学生的客观实际需求,高度重视大学生对审美情感、社会道德和人格完善的需要,始终强调大学生在高校思想政治教育过程中的主体地位,通过建立良好的教育人际关系,注重师生之间人格相互尊重,达到与学生心灵互通,学会理解、学会宽容,在真诚的关怀和情感互补的基础上,尊重学生的多样化个性和利益价值取向,实现教育与自我教育的有机结合。

第三,培育有理想、有本领、有担当的"三有"青年,促进学生全面发展。培育有理想、有本领、有担当的"三有"青年既是高校思想政治教育的目的,也是高校思想政治教育的基本要求。有理想是大学生群体做好人、全面发展、为社会服务的前提,也是区别于普通群体的应有标志。理想是青年大学生前进的动力和方向。大学生树立远大的理想信念是建立在对自我充分认知基础之上的。高校思想政治教育要通过深入浅出、平易亲和的方式,帮助大学生将崇高的理想信念转化为微观层面个人具体的思想和行动指南,将个人理想融入家国的共同理想之中,彰显新时代青年大学生的理想信念。有本领是实现人生理想的现实条件。通过引导大学生树立远大理想,教会青年大学生掌握个人成长发展所需的基本知识技能,将个人理想的实现与国家富强、民族复兴、人民幸福联系起来,做一个对社会有用、对国家有用、对民族有用的人。有担当能展现青年大学生的良好精神风貌,为有理想和有本领提供支撑。中国梦的实现需要一代又一代青年大学生的不懈努力,因此高校思想政治教育要引导青年大学生自觉肩负起党和国家所赋予的时代使命,胸怀理想,以强国志、报国行,勇担时代重任,为建设中国特色社会主义不懈努力奋斗。

(二)队伍保障:教师力量的夯实

新时代需要新队伍。习近平总书记强调:"办好思想政治理论课关键在教师,关键在发挥教师的积极性、主动性、创造性。"①高校思想政治教育工作者作为高校思想政治工作的核心力量,是向大学生传播科学文化知识,传授正确的世界观、人生观、价值观的主力军,肩负着培养社会主义合格建设者和接班人的重任。改革开放40多年来,党和国家高度重视思想政治教育工作,始终围绕解决"培养什么人、怎样培养人、为谁培养人"这个根本问题,进行了一系列战略安排和科学部署,使我国高校思想政治教师队伍不断扩大,培养体系逐步完善,师资素质得到了极大的提升,为高校思想政治教育发展提供了有力的人才保障。

第一,思政课教师队伍建设走向系统化和精细化。遵照习近平总书记关于加强思想政治工作的重要指示,中共中央国务院、教育部先后印发了《普通高等学校思想政治理论课教师队伍培养规划(2013—2017 年)》《关于加强和

---

① 《用新时代中国特色社会主义思想铸魂育人　贯彻党的教育方针落实立德树人根本任务》,《人民日报》2019 年 3 月 19 日。

改进新形势下高校思想政治工作的意见》《高校思想政治工作质量提升工程实施纲要》《关于全面深化新时代教师队伍建设改革的意见》《教师教育振兴行动计划（2018—2022 年）》《关于高校教师党支部书记"双带头人"培育工程的实施意见》《新时代高校教师职业行为十项准则》《全面落实研究生导师立德树人职责的实施意见》《关于建立健全高校师德建设长效机制的意见》《关于高校教师师德失范行为处理的指导意见》《普通高等学校辅导员队伍建设规定》《普通高等学校思想政治理论课教师队伍培养规划》等，对全面加强高校思政课、辅导员、党建工作者等思想政治教育工作队伍建设进行了全面的、系统的、科学的部署。2019 年 8 月，中共中央办公厅、国务院办公厅印发了《关于深化新时代学校思想政治理论课改革创新的若干意见》，提出要"建设一支政治强、情怀深、思维新、视野广、自律严、人格正的思政课教师队伍"①。这些政策措施的持续发力、层层落实，促使高校思想政治教育工作队伍建设不断向系统化和精细化迈进。

第二，高校思政课教师培训体系走向科学化和规范化。在高校思政课教师的选拔任用上，实行任职资格准入制度，严格把控执教资格，规定"新任教师原则上应是中国共产党员，具备相关专业硕士以上学位。在事关政治原则、政治立场和政治方向问题上不能与党中央保持一致的，不得从事思想政治理论课教学"②。在高校思政课教师的师资配备上，"根据专任为主、专兼结合的原则，按照学生人数及实际教学、科研和社会服务的需要，合理核定专任教师编制，配备足够数量和较高质量的思想政治理论课教师。本专科思想政治理论课专任教师要总体上按不低于师生 1∶350—400 的比例配备"。在高校思政课教师培训上，中宣部、教育部出台的《关于普通高校思想政治理论课建设

---

① 中共中央办公厅、国务院办公厅：《关于深化新时代学校思想政治理论课改革创新的若干意见》，《中国电力教育》2019 年第 8 期。

② 教育部思想政治工作司编：《加强和改进大学生思想政治教育主要文献选编（1978—2014）》，知识产权出版社 2015 年版，第 375 页。

体系创新计划》,明确要求要逐步完善由国培模式、省培分批培养模式、校培全员培训组成的三级培训体系。2013年至2019年,教育部分别印发了《普通高等学校思想政治理论课教师培养规划》《普通高等学校辅导员队伍建设规定》,标志着高校思想政治教育工作队伍的培养和专业发展逐步向体系化、制度化、规范化方向迈进。

第三,高校思政课教师素质显著提升。为贯彻落实习近平总书记在学校思想政治理论课教师座谈会上的重要讲话精神,各高校根据自身实际情况,因地制宜制订思想政治理论课教师培训计划。在政治层面上,高校思想政治理论课的特殊政治属性决定了高校思想政治理论课教师必须旗帜鲜明讲政治,用正确的政治方向、政治信仰、政治眼光、政治头脑去讲政治、讲信仰、看问题,才能做到真懂真信、真学真讲,这是思想政治理论课教师的核心素养和首要基本条件。在个人层面上,随着新时代不断变化发展,思想政治理论课教师思维要新、视野要广成了顺应时代变化、符合学生成长规律的必然要求,不仅要学会用辩证唯物主义和历史唯物主义来引领学生认识和改造世界,又要学会用富有时代特色的教学工具、教学资源、教学形式创新思想政治理论课课堂教学,为学生解释不断出现的新思想、新境界、新问题,成为引导新时代精神的先行者,还要具备宽广的国际视野、深厚的历史视野、交叉的学科知识视野,站在马克思主义的立场上,审视国际社会的风云变幻,站在历史长河的尽头重新审视世界历史和中国历史,为学生梳理中华民族的荣耀与屈辱、中国共产党的艰辛与辉煌;站在多学科的视角,充实思想政治理论课理论基础,把握教书育人规律,通过横向、纵向、交叉比较,将一些晦涩难懂的知识点讲得深入浅出;时刻牢记作为一个高校思想政治理论课教师肩上所担负的职责,强化使命意识,始终发挥对学生正确价值引领的作用。通过走访调研发现,众多高校思想政治教育工作者均表示,与党的十八大以前相比,自身的政策理论水平、政治理论修养、哲学经典修养、意识形态把控力、师德师风面貌、专业能力、国内外视野和综合素养等方面均有不同程度的提升。

(三) 驱动力量:学生意识的张扬

新时代彰显新意识。在新时代背景下成长起来的青年大学生对友善交往的要求不断增加,具有较强的独立意识和判断是非的能力,抽象思维能力进一步得到发展,情绪体验不断丰富完善,自我意识也在逐渐觉醒,心理认知发生转变,学生主体地位不断增强,传统的思想政治教育已经越来越不适应新时代青年大学生成长成才发展的需要,高校受教育者需要更开放、更民主、更多元的教育形式,这也为高校思想政治教育亲和力的提升提供了良好的契机,具体体现在:

第一,学生主体意识的增强。传统思想政治教育活动往往游离于学生的现实生活世界之外,脱离学生的具体生活情境,其具体教育方法主要以片面的理论灌输和权威的道德说教为主,导致思想政治教育难以取得良好的效果,学生的主体意识不明显。随着时代的发展,网络环境中各种新鲜的、外来的、多元的价值观肆意传播,繁纷复杂的内容刺激着大多数青年学生的思维意识,潜移默化地要求青年学子提高是非辨别力,增强自我判断、抉择等主体意识。新时代思想政治教育工作者要正确认识学生自我实现与自我表达的迫切需要和学生意志力薄弱与认知能力不健全、认知水平不高之间的矛盾,这对于提升高校思想政治教育亲和力,既是机遇也是挑战。

第二,心理认知的转变。青年大学生处于一个社会多元价值共存,各类思想观念之间激烈碰撞,融媒体多维多向发展,西方各类文化思潮自由传播的复杂社会环境之下,由于青年大学生自身思维能力发展不充分,认知能力不够强,知识结构不够完善,部分青年大学生的心理特征呈现"感性偏激"式态势,导致其易被纷繁复杂的价值观和意识形态所影响,从而缺乏对事物的理性、客观认知。成长在互联网等新兴科学技术发展环境中的新一代青年大学生,有的虽然具有叛逆心理,对自身的定位有些迷茫,缺乏对网络信息等的科学认识和分析能力,但他们具有开阔的视野、跳跃的思维、独特的品质。随着自身抽象思维能力的发展,也具有强烈而热烈的情感体验,可塑性极强,对思想政治教育也有新的要求。高校思想政治教育亲和力的提升有助于帮助高校思想政治教育工作者因时而进、因势而新、因势利导,肩负学生健康成长的指导者和引路人的角色,提高思想政治教育的针对性。

第三,学生主体地位的巩固。习近平总书记指出:"思想政治工作从根本上说是做人的工作,必须围绕学生、关照学生、服务学生,不断提高学生思想水平、政治觉悟、道德品质、文化素养,让学生成为德才兼备、全面发展的人才。"①这一论述表明,学生在高校思想政治教育中的主体地位日益凸显,学生更亲近于平等、宽容、尊重、和谐的师生关系,学生对思想政治教育活动的自主性和参与性显得愈益重要。因此,提升高校思想政治教育亲和力正是这一变化所催生的结果,是适应时代变化发展的必然要求,是学生主体地位不断提高的标识,也是满足学生全面发展的必要手段。

(四)技术支撑:教育方法的创新

新时代催生新技术。教育方法是承载教育内容与实现教育目标的手段,传统单向的思想政治教育方法已经不再适应时代变化的需求。随着互联网、5G 时代的到来,慕课、直播课、网课等多样课堂的出现,钉钉、QQ、企业微信、微博、"B 站"等网络平台学习课堂模式的兴起,新兴的教育形式和教育方法层出不穷,这为高校思想政治教育提升亲和力提供了新的技术手段和方法,具体表现在以下几个方面:

第一,教育方法多元化。如今的大学生成长于互联网时代,是自媒体、计算机化、城市化领域的开拓者。伴随着国家综合国力不断提升和国际交流不断深化,大学生的视野更加全球化、知识结构更加立体化、表达习惯更加个性化,对高校思想政治教育的内容、水平和形式不可避免地有了更高的要求。加

---

① 《把思想政治工作贯穿教育教学全过程　开创我国高等教育事业发展新局面》,《人民日报》2016 年 12 月 9 日。

之融媒体时代互联网的深入发展和信息获取方式的改变,教育媒体化成为不可逆转的发展趋势,尤其是国内外的各大高校涌现了一批又一批题材鲜明、内容新颖、形式多样的高质量慕课以及各大学习直播平台的兴起,让学生接受知识不再受时间和地点的限制,这给高校思想政治教育探索更加多元的教育方法提供了可能。

第二,教育方法人性化。机械地将思想观念、价值观点和行为规范强制灌输给大学生,不仅难以取得教育效果,而且与思想政治教育的目标相悖离,甚至还会引起大学生的逆反情绪。高校思想政治教育要真正做到入脑入心,是通过教育者与教育对象在思想上的碰撞来实现的。习近平总书记强调:"做好高校思想政治工作,要因事而化、因时而进、因势而新。要遵循思想政治工作规律,遵循教书育人规律,遵循学生成长规律,不断提高工作能力和水平。"①这就要求思想政治教育方法要向更加接地气和接"人气"的方向发展,即思想政治教育者在思想政治教育过程中,在遵循学生身心成长规律和教育规律的同时,要选择易于学生接受的形式,与学生进行平等对话,把握教育时机,以平易近人的态度向学生传递思想价值观念,增强思想政治教育的吸引力和说服力,提升高校思想政治教育的方法亲和力。

第三,教育方法技术化。新媒体对学生的影响力、吸引力和感染力越来越明显。大学生大量利用 QQ、微信、微博等新媒体获取和发布信息,利用新媒体进行思想政治教育的话题交流和互动。党的十九大后颁布的《高等学校思想政治工作推进工程实施纲要》要求"推动思想政治工作传统优势与信息化高度融合",强调高校要特别重视网络在思想政治教育中的作用,实现"网络育人"的目标。互联网的运用,也使得高校思想政治培训工作得到了极大的发展,实现了信息宣传、交流互动、网络调研分析与思想政治培训活动的良好结合。此外,人工智能的新突破,也使其在教育领域的继续发展和应用成为可

---

① 《把思想政治工作贯穿教育教学全过程　开创我国高等教育事业发展新局面》,《人民日报》2016 年 12 月 9 日。

能,这无疑为思想政治教育方法和技术的新应用创造了新可能,开辟了新方向。

三、主要困境

尽管提升高校思想政治教育亲和力有其发展的时代新机遇,但是问卷调查结果显示,在具体实施过程中,高校思想政治教育亲和力存在着诸多困境,这些困境主要来源于内部和外部,需予以高度重视。鉴于社会大环境对高校思想政治教育工作的影响是一个更为复杂和庞大的系统工程,非本书的研究重点。故而,本节主要探讨影响高校思想政治教育亲和力提升的内部因素。

(一)思想政治教育目标的高度

马克思说:"在社会历史领域内进行活动的,是具有意识的、经过思虑或凭激情行动的、追求某种目的的人;任何事情的发生都不是没有自觉的意图,没有预期的目的的。"①思想政治教育目标是指"概括了时代对受教育者的要求,体现着国家、社会和教育者的期望,规定了人的思想政治品德的发展方向,在整个思想政治教育过程中起着导向、激励、调控的作用"②。调查结果显示,高校思想政治教育达到预期目标的效果不是很明显,54.33%的同学认为,高校思想政治教育"目标达成效果一般,有些许效果";36.62%的同学认为,高校思想政治教育"目标总体上达到了,我的思想道德素质有提升";还有9.05%的同学认,为高校思想政治教育"目标没有达到预期效果,我的思想道德素质没有显著提升"(见表3-3)。

---

① 《马克思恩格斯选集》第4卷,人民出版社2012年版,第253页。
② 《思想政治教育学原理》编写组编:《思想政治教育学原理》,高等教育出版社2016年版,第173页。

表3-3　思想政治教育目标达到的预期效果情况

选项	小计	比例
目标总体上达到了,我的思想道德素质有提升	368	36.62%
目标达成效果一般,有些许效果	546	54.33%
目标没有达到预期效果,我的思想道德素质没有显著提升	91	9.05%

我们认为,造成这一现象的原因之一是高校思想政治教育目标的感染力不强,具体表现为以下两点:

第一,教育目标以社会目标为主导,学生对个人目标与社会目标的关系认识不到位。高校思想政治教育的目标不是单一的、纯粹的,而是根据不同时代、不同国情、不同层次、不同对象设置的目标体系。从思想政治教育目标体系中各目标的地位来看,可分为总体目标和具体目标;从各目标的实现时间来看,可分为长期目标、中期目标和短期目标;从各目标的实现主体来看,可分为个人目标和社会目标。个人目标和社会目标是相互依存、相互促进的。一个人只有将个人目标纳入到社会目标中去,才能越走越远,获得成功。在长期的高校思想政治教育实践过程中,主要以"培养社会主义建设者和接班人"为整体的社会目标,这一社会目标导向在一定历史时期对社会的改革和发展起到了重要的作用,也给个人目标中思想政治素质目标的实现提供了方向指引。但是,淡化甚至割裂个人目标与社会目标的有机统一关系,只注重眼前的个人发展而忽视长远的社会目标,或者过分强调社会目标的实现而忽略学生个性发展的现象仍然存在,这在一定程度上将导致学生个人的能力发展、个性形成、价值塑造等方面难以达致社会预期,其个人自身目标的树立也难以同社会目标产生共鸣。

第二,教育目标的政治性强,学生认同度弱。政治性是思想政治教育的本质属性,因而高校思想政治教育的目标设定也带有鲜明的政治性特征。我们党历来重视教育目标的政治性。从邓小平提出的"四有新人"育人目标,到20

世纪 90 年代党中央提出的"培养全面发展的社会主义事业建设者和接班人",再到 2005 年提出的"培养德智体美全面发展的社会主义合格建设者和可靠接班人"①,再到新时代提出的"我国高等教育发展方向要同我国发展的现实目标和未来方向紧密联系在一起,为人民服务,为中国共产党治国理政服务,为巩固和发展中国特色社会主义制度服务,为改革开放和社会主义现代化建设服务"②。足见,随着社会的发展变化,思想政治教育目标也在不断紧跟时代步伐,完成自身的政治使命。但是,如果仅重视思想政治教育目标的政治性而不注意将其与对目标个体的人性关怀结合起来,容易导致目标僵化、刻板、缺乏亲和力,就会出现目标的认同感不高、目标与个体需要不一致的问题。总之,对高校思想政治教育目标的探讨,是一个时论时新的话题,值得根据时代的发展变化不断进行深入研究和诠释,这对高校思想政治教育亲和力的提升具有指导意义。

(二)思想政治教育内容的信度

"理论在一个国家实现的程度,总是取决于理论满足这个国家的需要的程度。"③理论要满足国家的需要,就必须通过不断的实践创新,再实践再创新,达到与时俱进。高校思想政治教育的内容,是指根据社会的具体要求,针对高校大学生的实际思想状况,由教育者选择和设计,有针对性、有计划地向大学生传递的具有明确社会、个人价值导向的思想政治信息。具体而言,高校思想政治教育内容的亲和力体现在其内容的真实性、话题性和现实性上,其相似性表现为思想政治教育内容的时代性、真理性、现实性。根据此次调查问卷的结果来看,在对高校思想政治教育内容的评价中,46.77%的学生认为思政

---

① 教育部思想政治工作司编:《加强和改进大学生思想政治教育重要文献选编(1978—2008)》,中国人民大学出版社 2008 年版,第 202 页。

② 《把思想政治工作贯穿教育教学全过程 开创我国高等教育事业发展新局面》,《人民日报》2016 年 12 月 9 日。

③ 《马克思恩格斯选集》第 1 卷,人民出版社 2012 年版,第 11 页。

课教学内容"很受用,符合我的需求",78.51%的学生认为思政课教学内容"与社会热点事件相关联,贴合社会实际",43.98%的学生认为思政课教学内容"有的很受用,有的觉得没必要学习",23.38%的同学认为"知识点抽象,晦涩难懂",32.44%的同学认为"有的内容我不是很感兴趣"。如表3-4所示:

表3-4 对思想政治教育内容的评价情况

选项	小计	比例
很受用,符合我的需求	470	46.77%
与社会热点事件相关联,贴合社会实际	789	78.51%
有的很受用,有的觉得没必要学习	442	43.98%
知识点抽象,晦涩难懂	235	23.38%
有的内容我不是很感兴趣	326	32.44%
其他	52	5.17%

根据调查结果可知,超过四成的同学认为高校思想政治教育的内容亲和力不够,主要表现为以下两点:

第一,时代感不强,滞后于时代发展。调查结果显示,排在前三位学生喜欢的思想政治教育内容为"讲述当今中国和世界发展的生动实践""新时代具有感染力、现代性的真实案例""讲述党和国家的奋斗历史"。这说明学生并不排斥思想政治教育内容中讲述中国实践、讲述党的发展,甚至迫切希望了解国家的最新发展成果和生动实践案例。但现实情况是,部分高校思想政治教育虽然在教学手段和方法上能够与时俱进,但其内容没有真正的更新完善,依旧是"新瓶装旧酒"。由于学生对那些过时的内容不感兴趣,从而影响思想政治教育实效;与此同时,一些高校思政工作者在教学与育人活动中没有合理关切到大学生已有的知识储备,没有体现大中小学思政课教学内容的一体化,高校思想政治理论课内容与初中、高中思想政治理论课内容存在重复、"炒现饭"的现象,从而也影响了思想政治教育的效果。

第二,现实性不足,滞后于学生现实生活。调查问卷分析结果表明(见表3-5),62.19%的同学认为高校思想政治教育内容"与我的现实生活联系紧密",26.37%的同学认为"与我的现实生活联系一般",3.38%的同学认为"与我的现实生活联系不紧密",还有8.06%的同学表示"说不清楚"。造成高校思想政治教育内容滞后于学生现实生活的原因具体表现在:一是教育的内容缺乏生活化,不够接地气。"05方案"实施以来,高校思想政治教育内容有了很大的调整,融入了大量具有时代典型意义的内容,但教育内容不够生动化和生活化,不够靠近学生心理实际和生活实际,对学生热切关心的问题缺乏足够的重视,导致学生对思想政治内容不感兴趣。二是教育内容的层次性不强,不能有的放矢、因材施教地根据不同学生的实际思想水平开展思想政治教育。高校思想政治教育内容的层次性有助于使其更具吸引力。但在现实的思想政治教育活动中,部分高校思想政治教育者在教育内容的选择上,没有考虑到各个层次大学生实际思想品德形成发展的特点,盲目跟随政治形势的变化,开展模式化教学。三是有些教师"引经据典"的本领功底深厚,但囿于"自说自话"的圈子里,不能很好回应和观照到大学生关心的热点和社会焦点问题,这在一定程度上影响了思想政治教育内容的吸引力,使教育内容失去了亲和力。

表3-5　思政课内容与学生现实生活联系调查情况

选项	小计	比例
与我的现实生活联系紧密	625	62.19%
与我的现实生活联系一般	265	26.37%
与我的现实生活联系不紧密	34	3.38%
说不清楚	81	8.06%

(三)思想政治教育主体的温度

高校思想政治教育的主体是高校思想政治教育活动的组织者、实施者和管理者。这一主体按不同的标准可划分为不同的种类:按组织方式的不同,可分为个人和团队;按教育形式的不同,可分为从事理论教学的教师和日常思想政治教学人员;按工作性质的不同,可分为专职和兼职;按工作地点的不同,可分为思政课堂(含理论与实践)和生活课堂,前者为理论教学,后者负责组织和管理日常思想政治教育工作。可以说,高校思想政治教育主体是协调高校思想政治教育各要素之间的纽带,是提升高校思想政治教育亲和力的关键一环,其发挥作用的效果在一定程度上直接影响高校思想政治教育亲和力的提升。根据调查结果显示,60.06%的教师认为自己的工作态度较好,比较有亲和力;32.18%的教师认为自己工作亲和力情况很好,跟学生关系很好;近一成教师认为自己的工作亲和力不太好。57.21%的学生认为自己与思政课教师的关系"很融洽,老师很接地气,有亲和力",32.94%的学生认为自己与思政课教师的关系"还行,比较好",近一成学生认为与思政课教师的关系不太好。总体来说,目前高校思政课教师越来越有亲和力,与学生的关系越来越融洽,但是也有部分老师对这一问题的重视程度依旧不足,与学生的关系冷淡。具体表现有以下三点:

表3-6　高校思想政治教育者工作亲和力调查情况

选项	小计	比例
没有,学生很怕我	1	0.29%
较差,我比较严肃	9	2.59%
一般,看我心情	17	4.89%
较好,总体来说比较有亲和力	209	60.06%
很好,我跟学生关系很好	112	32.18%

表3-7　思政课教师与学生关系调查情况

选项	小计	比例
很融洽,老师很接地气,有亲和力	575	57.21%

续表

选项	小计	比例
还行,比较好	331	32.94%
一般,老师只注重教学	84	8.36%
不好,老师只会说教大道理	15	1.49%

第一,高校部分思想政治教育主体的情感温度较低,学生未能亲其师。高校思想政治教育过程本身就是一种精神互动的过程,包含在思想上、人格上、情感上、思想观念上的双向互动交流。丰富而真挚的情感力量在这一精神互动过程中发挥融合剂的作用,可以激发和调动学生的积极性,满足学生情感上的需求,促进教育者和教育对象之间的情感交流。大学阶段的学生,不仅受学业、生活等方面影响,还面临社会多元价值观的干扰。与此同时,高校大学生的"三观"还处在塑造阶段,部分大学生抗压能力弱、易走极端,此时需要一位引路人的角色,如沐春风般走进大学生的心里,给迷茫的大学生一盏明灯,带他们走出困境,教他们如何正确看待人生必经之路的困扰。但现实情况是,高校部分思想政治教育工作者的职业认同感弱,缺乏工作热情和情感注入,机械地完成教学工作,未能肩负起"立德树人"的职责,未能满足大学生的情感需求,影响了高校思想政治教育亲和力的提升。

第二,高校部分思想政治教育主体的知识厚度较薄,学生未能信其道。系统的理论知识素养是构成高校思想政治教育主体的人格魅力之一,这些知识素养既包括系统科学的马克思主义理论知识,也包括教育学、青年学、心理学、管理学等相关学科的理论知识。高校思想政治教育者如果具备良好的理论知识素养,有利于调动大学生的学习热情,增强教育者的满足感和获得感。但实际工作中,部分高校没有按比例配足配齐专业的思想政治教育者,而是代之以大量兼职思想政治理论课教师和辅导员,其中招聘的兼职人员中相当一部分没有经过系统的、专业的马克思主义理论教育,没有相关学科知识素养的支撑,无法将看来枯燥的理论知识讲得深入浅出,无法将理论知识与学生实践结合起来,导致高校思想政治教育队伍良莠不齐。

第三,高校部分思想政治教育主体的语言柔度不足,学生未能奉其教。"语言的亲和力、感染力决定着教育对象接受、内化并外化于其行为的可能性。"①高校思想政治教育内容较为抽象,思想政治教育工作者在向教育对象传递教育信息时,如果不能恰适运用语言手段,选择恰当的语气语调,将复杂而难以理解的内容传递给教育对象,使教育对象理解、接收信息,并落实到实践上,就会直接影响思想政治教育的效果。在现实情况中,部分高校思想政治工作者未能将思想政治教育的重点放在学生的身心发展上、学生的实际接收信息的能力上和教书育人的规律上,未能形成适合自身的话语系统,选择适当的交流技巧,而是机械遵守教材语言,缺乏灵活的话语转换,不能使学生对高校思想政治教育内容感兴趣,从而消解了学生的学习热情,进而影响了高校思想政治教育的吸引力和说服力。

(四)思想政治教育客体的热度

客体是相对于主体而存在的,二者相伴相生。思想政治教育客体是思想政治教育主体认识并发挥可控影响的对象。一般来说,主体性是主体所特有的,但是在某些情况下,思想政治教育的对象也具有一定的主体性。例如,在自我教育或他人教育的过程中,教育客体也可以成为教育主体,承担教育主体的职责,这种情况通常被称为客体的主体性。客体主体性对提高思想政治教育效果起着重要作用,但在实际的教育过程中,高校思想政治教育对象的主体性尚未得到充分体现,导致教育客体对思想政治教育的热情不足、兴趣不大,影响了高校思想政治教育的实效性。

思想政治教育客体热度不够主要表现在以下两个方面:

---

① 戴锐、李菁:《思想政治教育语言的哲学审思》,《思想理论教育》2013 年第 9 期。

第一,高校思想政治教育客体的主动性不强。相对而言,高校思想政治教育客体在思想政治教育过程中处于被动一方,但其可以通过情感、思维和逻辑等感知高校思想政治教育者传递的思想政治观念和道德规范,自觉认识到个人实际思想水平与社会要求之间的差距,这有利于激发教育客体主动接受教育的动力,从而主动接受思想政治教育。但在实际教育过程中,一方面常常存在高校部分思想政治教育主体未能使教育客体正确接收教育信息的情况。高校思想政治教育目标是按照社会要求向受教育者传递正确的价值观念,实现个人思想品格与社会要求相统一,促进社会进步,实现人的全面发展,而部分教育主体未能正确理解社会要求,不善于采取合适的教育方法准确传递教育信息,使教育客体在受教育过程中对教育信息产生消极抵触心理,对教育过程产生阻力,缺乏进行自我教育的主动性。另一方面,普遍存在的纯粹的理性灌输导致教育客体缺乏主动性。基于社会要求的思想政治教育内容不能自动在教育客体的头脑中生成,必须辅以必要的理论灌输,这是高校思想政治教育最基本的方法。但目前部分教育主体未能正确使用这一方法,而是单纯采取枯燥的理论讲述,用强制高压手段来执行这一方法,导致教育客体未能准确摆正在教育过程中的位置,对接受教育的目的不明确,机械地接受教育主体传递的信息,从而在一定程度上抑制了教育客体的能动性。

第二,高校思想政治教育客体的主体性未能发挥。在教育过程中,部分教育客体一直处于教育主体的主导作用中,未能对自身的角色有合理的定位,未能正确认识客体的主体性。一方面,教育客体未能正确参与到教育过程中。教育客体的主体性是通过主动参加教育活动来体现的,没有教育客体,教育活动便无法进行。但部分高校思想政治教育主体未能正确认识到这一点,没有采取更科学有力的方式激发教育客体的热情,反倒强制教育对象参加教育活动,导致教育客体只能被动地接受教育。另一方面,教育客体的自身制约作用限制了其主体性的发挥。高校思想政治教育主体要指导和塑造教育客体的发展,教育客体自身的学识、能力和素养也会影响高校思想政治教育的内容选择和方法实施。教育客体作为高校思想政治教育活动参与对象,开展教育活动是以教育客体和教育主体之间遵循地位平等和互动交流的原则为前提,教育主体对教育客体起着引导和指导的作用,具体教育效果体现在教育客体的思想水平和道德行为规范是否符合教育目标的要求。在教育实践过程中,部分"佛系青年"不愿与人交流,沉浸在个人世界、游戏世界,与教育主体之间出现交流、理解和信息传递的障碍,不及时与教育主体沟通和反馈,自我制约教育客体在教育过程中的主体性作用发挥,从而使思想政治教育活动难以取得良好的效果。

四、困境成因

高校思想政治教育是一项综合性活动,面对教育目标定位过高、个体目标不凸显、政治性强的特征,教育内容时代感不强、滞后于学生现实生活,教育主体情感温度低、知识积累薄、语言柔度不足,教育客体的主动性不强、主体性作用未能发挥的困境,我们从以下五个方面剖析其成因。

(一)内容的高势位与生活化相冲突

思想政治教育工作要做到"因事而化、因时而进、因势而新"。因事而化即要具体问题具体分析;因时而进即要适应时代需求;因势而新即要不断改革创新。新时期大学生的主体性意识日益增强,更注重自己的需求,更期待展示自己,更愿意接受与实际生活接近、与个人情感共鸣的教育内容。但实际情况是,个别教师的思想政治教育内容供给回避了与大学生密切相关的社会热点问题,对当代大学生在社会上遇到的各种实际问题没能提供有效的指导,阻碍了思想政治教育亲和力的提升。当然,从思想政治教育内容角度分析,这有其客观原因。

第一,高校思想政治教育内容的理论性强,难以与现实生活一一观照。新时代的高校大学生主观意识更强,思维更活跃,视野更宽阔,对社会热点事件具有极强的好奇心和敏感性,但因其心理发展的不平衡和自身认知的局限性,部分学生极易受到社会热点或个别政策的影响,甚至产生很大的思想困惑。显然,这些引发学生情绪心态变化的社会热点事件、政策规定,就是最为接近学生思想实际的关注焦点,如能从这些关键点切入,或许能取得良好的教育效果。但由于受社会矛盾的敏感性和复杂性的影响,高校部分思想政治教育内容仍停留在对原理的阐释上,缺乏直面解决现实问题的勇气,没有从我国重大社会实践的矛盾出发,把国际国内形势与社会的变化和热点紧密联系起来,没有把思想政治教育工作与社会的变化和热点紧密结合起来,回应学生对深层次理论与实践之间联系的需求,导致教育内容一定程度上存在"空泛而不接地气"等问题,失去理论说服力和彻底性。

第二,高校思想政治教育内容的生活化融入难度大。现实社会生活是缤纷复杂的,既有美好、希望、光明的一面,也有虚伪、丑恶、黑暗的一面。但是我们经常把思想政治教育视为独立存在的事物,使其与现实生活世界相分离,与教育对象的现实经历和生活体验相脱离。某种程度上,部分高校思想政治教育为高校大学生创造了"乌托邦"式的世界,在这个世界中,学校教育与社会要求之间的矛盾被弱化淡化,忽视了高校思想政治教育所遵循的价值逻辑在现实社会中存在举步维艰的问题。高校思想政治教育的理想目标是希望将学生培养成"一个高尚的人,一个纯粹的人,一个有道德的人,一个脱离了低级趣味的人,一个有益于人民的人"①。但如何将这个理想人格的培养融入学生的日常生活,在引导学生追求真理的同时,教育学生如何正确辨别现实世界的虚假与丑陋,解决学生思想道德规范和行为习惯中存在的实际问题,使他们的人生目标始终不偏离正常的轨道,是高校思想政治教育工作者要解决的重大课题。

---

① 《毛泽东选集》第二卷,人民出版社 1991 年版,第 660 页。

（二）人员的主导性与主体性相错位

思想政治教育工作者的主体性是指其在思想政治教育的对象性活动中所表现出来的自主性、能动性和创造性等特性。思想政治教育工作者的主导性是指其在尊重个人全面发展和社会要求的基础上对教育对象进行指导，把握教育航向，规避教育风险的特性。主导性与主体性应是统一的。思想政治教育工作者应从世界观、人生观、价值观上给受教育者以思想启迪，充分发挥学生的主体性，不断提高其主观能动性，培养其独立思考能力，使之形成正确的思想政治观念，坚持朝着正确的人生方向前进。但在现实的思想政治教育过程中，部分思想政治教育工作者却往往出现主导性和主体性相错位的问题，究其根源，有以下几点：

第一，受传统观念的束缚，缺乏突破传统的创新意识。与时俱进是社会发展的必然要求，但传统观念往往根深蒂固，制约着人们的创新意识与创新行动。高校思想政治教育者的主导性也受到传统观念的制约，导致教育者缺乏创新意识。首先，恪守灌输式、被动式、单向式的传统教学思维观念。封建社会中，统治阶级为培养具有绝对服从精神的人，赋予教育者较高的社会地位，受教育者对教育者的教育不置可否，全盘接受，教育者的这种完全主导地位满足了当时社会发展的需要。显然，这种教育者的绝对主导地位会忽视主体能动性的教育方式，会抑制教育对象主体能动作用的发挥，打击教育对象的学习积极性。其次，夸大了教育者的主体性，忽视了教育对象的主体性。中国传统的价值观强调下级对上级的绝对服从，个人对上级的命令绝对服从，必要时不惜牺牲个人利益。在这种传统观念的影响下，受教育者会认为教育者说的话、做的事是绝对正确的，按教育者说的去做没有错。教育者忽视了教育对象的个人价值，把教育对象当作是社会价值的牺牲品，没有独立的个人取向。有的教育者甚至认为，一旦受教育者有了自己的想法，就可能威胁到教育者的绝对领导地位，因担心受教育者会超越自己而主动阻碍受教育者主体性的发挥。

这种完全由教育者占据主体地位的教育活动导致的后果就是,教育对象盲从书本知识,盲从教育者的教育,不懂得对书本知识的批判性学习和在实践中的运用。

第二,部分思想政治教育者缺乏对自身的正确认知。思想政治教育者的业务水平不仅影响思想政治教育的效果,也影响受教育者的命运。正确的指导可以促进受教育者选择正确的生活道路,而错误的指导可能会使受教育者无法承受诱惑而误入歧途。当前,部分高校思想政治教育者对自身的能力和相关专业素质的水平没有一个清晰的了解,对自身水平与实际要求之间的差距也满不在乎,在一定程度上影响到高校思想政治教育者主导性地位和教育对象主体性作用的发挥。其一是缺乏对自身角色的认识。过去,高校思想政治教育者一直扮演着传道者角色,进入新时代后,有的教育者虽然拥有较高的教育水平,但仍坚持这种观念,没有意识到需要培养新时代社会需要的人才,不能随着时代的变化而改变自己的角色,在其实施教育过程中,仍局限于课本上的知识传授,教学内容狭窄,盲目固守教科书的内容,不能发挥自己的主导作用,不能给教育对象以适当的指导,无法带动受教育者发挥自己的主观能动性。其二是个人思想价值观念模糊,缺乏责任感。在不良风气的影响下,尤其是在学术界,高校思想政治教育者为了职称晋升、提高名声,学术造假的现象并不少见,有些教育者甚至违反职业道德,违反法律和纪律,完全忘记了自己肩负的教书育人使命,没有用严格的道德标准来规范自己的教育行为,导致教育者丧失了在教育过程中的主导性和主体性作用。

第三,部分思想政治教育者缺乏对受教育者的认知。因材施教,有教无类,是我国传统教育理念的精华所在。然而,新时代的部分高校思想政治教育者不考虑教育对象的思想实际,以千篇一律的方式进行教育指导,这容易导致教育对象主体性作用弱化。其一是忽视教育对象主动探索学习知识的能力。传统的思想政治教育者在占据绝对主导地位的教育活动中,易偏重于教育者传递思想信息的过程,而忽略学生接受并理解思想信息的过程,忽视了学生独立发现和学习的能力。随着科技革命和信息化时代的到来,信息的开放性和教育资源的多样性使教育工作者无法占据知识内容的绝对主导地位,教育者若是无法转变教育角色,强调教育对象的主体性作用的重要性,扮演好信息传递的中介者和学生美好生活和人生理想引导者的角色,则会影响教育者主导性作用的发挥。其二是忽视教育对象主体性地位发挥的差异性。个性化的教育模式需要配置相当的教育者资源和配套条件,这对当前的思想政治教育来说,还有很长的一段路要走,教育者资源的不足导致思想政治教育常常采取单一的灌输教育方式,而忽略人与人之间的个体差异性。每个教育对象的人格特质不同,其参与教育活动的积极性也存在差异。个性外向、思维活跃的教育对象更容易快速接受教育者传递的思想信息,更好地发挥教育对象的主体性作用。个性内敛、沉静稳重的教育对象可能对外界事物感知力不强,其发挥的主体性作用相对较缓,教育者需要花费更多的时间和精力来促使这部分教育对象参与到教育活动中来。高校思想政治教育者要正确认识教育对象的层次性和差异性特征,正确发挥主导性和主体性作用,使高校思想政治教育亲和力的提升有更广阔的空间。

(三)目标的一体化与个性化相断裂

高校思想政治教育目标是高校思想政治教育工作的根本遵循,是一切教育活动实施和创新的起始点。高校思想政治教育目标的设定直接影响思想政治教育的效果并在一定程度上决定思想政治教育亲和力的提升。所以,在充分融合学生兴趣和实际的基础上,尊重学生的个性化需求,制定符合学生思想品德发展规律的教育目标是十分必要的。但是,在高校思想政治教育的目标设定上,却出现了教育目标的高度统一,这与因材施教的教育理念相违背,造成这一困境的原因在于:

第一,长期以来传统的整齐划一的教育管理体系的影响,导致学生的个性化在一定程度上被抹杀。管理体系在合理的范围和条件下正常运作,能产生积极有效的正面效应;若管理体系受僵化思维的主导,形成非人性化的管理,则在一定程度上将不可避免地产生负面效应。历史上,高校思想政治教育在目标的制定中,过度强化集中统一,忽视了学生在实现目标时的差异性和独特性。在这种统一的教育管理体系的影响下,新时代部分高校的思想政治教育遵循传统教育制度的特点,已形成思维惯性和路径依赖,在实际执行过程中严格遵循教育目标的要求,建立了统一的、扎实的、固定的教育管理体系,这种体系过分强调一致性、规范性、纪律性,过分强调国家和社会对学生的各种规范要求,而忽视学生的实际思想水平、现实生活状况、个性特征和需求,导致学生个体的批判意识、独立意识、思辨能力和探究真理的精神被"一刀切"的教育目标所压制,他们的精神需求、个性特征、情感意识等被抹杀,其思维被限定在一个狭小的空间中,失去质疑和思辨的能力,成为被操纵、驱使和驯化的对象。这种教育管理模式漠视学生个体活生生的个性特征,可能使原本极具创造能力和批判性思维的生命个体被塑造成一个个没有感情、依赖性强、"听话"的标准化"产品",从而偏离思想政治教育的初心和使命。

第二,教育理念片面化,滞后于学生的需求。在社会主义改革和建设的时期,思想政治工作始终紧紧围绕社会改革和建设的要求,很好地支持了改革建设任务的完成。在传统的思想政治教育工作中,党和国家一直将个体视为实现改革和建设目标的手段。人是目的和手段的统一,而传统的思想政治教育工作长期忽视个体的价值,缺乏对受教育者的人文关怀和人性解放,忽视完整健全人格的培养。部分高校思想政治教育承袭了这一培养路径,以功利性的短期目标代替实现人的个性发展和全面发展的长期目标,无法对社会外部矛盾和个人内部矛盾进行分析,无法将培养高校大学生短期的遵循社会道德规范和行为规范的目标与长期的培养健全人格的目标结合起来进行考量,不够重视学生个体的内在需求的实现和主体性作用的发挥,而是强迫性地单方面向学生个体输入教育内容和教育要求,从而可能挫伤学生个体的主体性作用和个性化特征。这种高压的、强制性的教育理念虽然可能在短期内达成社会要求的目标,但从长远来看,这种落后的、片面的、强制的教育理念会抑制学生个体的个性化需求。如果不能转变这种教育理念,高校思想政治教育亲和力的提升效果难以保障。

(四)实施的针对性与普适性相背离

高校思想政治教育亲和力要发挥实际作用,需要采取恰适且具体的实施方法。在教育过程中,方法是联系教育者和教育对象的桥梁。但由于有些教育者缺乏以人为本的教育理念,在具体的教育过程中,对出现的种种矛盾和问题都没有足够的重视,依旧采取以前习惯的灌输教育的方式,把学生当作被动地接受教育影响的受教育者,而不是从大学生的身心特征出发,选择和运用适合他们特点和需要的方法,缺乏在整体目标统一的前提下,对不同层次、不同兴趣、不同悟性的学生进行分类指导、因材施教。

第一,传统教育方法与现代教育方法未能有效结合、灵活转换。传统的高校思想政治教育方法分为基本方法或一般方法,主要是指已被过往教育经验证明了的有效的、科学的方法的总称,包括灌输教育方法、理论教育方法和批评教育方法等。现代的高校思想政治教育方法,通常是指运用现代化技术手段和人文关怀相结合的方法,主要是指互联网教育法、心理辅导法、协同教育方法等各种新的教育方法。传统教学法和现代教学法各有优缺点,在教育过程中应该是相辅相成、相互结合、相互促进的。但是,在当前高校思想政治教育过程中存在着单一地使用传统方法和过度追捧现代化方法的两种极端现象。一方面,部分年龄稍长的高校思想政治教育者主观上只接受一些传统的方法,很少或排斥使用现代思想政治教育方法,从而使大学生的思想政治教育方法变得单一,严重影响了思想政治教育的实效性。另一方面,部分年轻的高校思想政治教育者成长于现代科学技术蓬勃发展的时代,对各种新型技术和教育方法的运用得心应手,但忽视了价值思想和行为规范的传授。高校思想政治教育的本质是向大学生讲授和灌输价值思想观念和行为规范,目的是培养合格的社会主义建设者和接班人,使其成为社会发展的生力军。在对大学生进行思想政治教育的过程中,应在正确把握教育目的和教育本质的前提下,既发挥传统教育方法的引导作用,又综合运用现代教育方法,实现两者的有机统一,才能最大限度地完成思想政治教育的目标任务。

第二,方法的实施缺乏可操作的规范和指导。高校思想政治教育的方法要真正发挥作用,关键在于方法的正确贯彻施行。因此,实施大学生思想政治教育方法的客观效果应成为我们关注的重点。但是,从教育方法的实际操作情况来看,一些新方法、新举措和新思想在实施水平上仍然存在许多缺陷和不足。这些方法的应用和实现的基本前提是对这些方法的透彻理解和掌握,以及对实现方法中每种方法的应用范围、条件和注意事项的充分了解。许多教育工作者虽然熟悉各种方法的内涵、外延,但对如何实施这种方法并最大限度地发挥其效果缺乏必要的、可操作的规范和指导。这些教育方法在实施层面的局限性,使许多大学生思想政治教育方法仅仅停留在理论层面的概念或假设,而不是现实的、可行的、有针对性的实施举措。

(五)环境的内部性与外部性相隔离

高校思想政治教育环境亲和力是指思想政治教育活动中,在以人为本的理念指导下,通过对教育环境的不断优化而让受教育者产生的和谐感、亲近感,是提升思想政治教育亲和力的外在力量。新时代高校思想政治教育环境复杂多样,凸显为外部环境的趋利性、网络环境的隐蔽性、内部环境的单纯性和保护性,给高校思想政治教育亲和力的提升带来了重重难题。如何将内部环境的单纯性和外部环境的复杂性相融合,使高校大学生能够对整个社会有一个全面的认知和较快适应,是高校思想政治教育工作的难点之一。

第一,社会环境的趋利性。当前,中国正处于深化经济体制改革和政治经济现代化转型的关键时期,经济利益的调整和社会关系的转变都呈现出加速发展的趋势。改革开放给我们的社会生活带来了巨大的变化,各种新观念、新思想和新问题冲击着高校学生,由此会产生多元的政治倾向、思想道德观念和价值观点,部分学生甚至表现出各种实用主义、拜金主义、功利主义和利己主义的倾向,使意志薄弱、思想不坚定、心智不成熟的高校大学生容易对马克思主义、社会主义信仰、"全心全意为人民服务"的社会主义思想道德核心价值观产生怀疑。市场经济的逐利性使部分高校思想政治教育者对所传授的思想观念产生不信任感,持轻视和怀疑的态度,不再重视自身的道德修养的提升,偏离原本的教育轨道,不利于高校思想政治教育目标的实现。

第二,网络环境的迷惑性。随着互联网在大学和社会中的迅速普及,互联网已日益成为校园文化活动的主要载体和思想传播的重要阵地之一。大学生也是互联网使用的主体。网络覆盖的广度、信息传播的速度、环境的开放程度为高校思想政治教育提供了崭新的现代环境,但是与传统思想政治教育环境相比,网络环境是虚拟的、不现实的。互联网所具有的传播信息的时效性、获取信息的便利性、网络交流的匿名性和平等性等都给思想政治教育蒙上了一层神秘的面纱。如何正确引导高校大学生正确使用网络这一载体、规范上网习惯、学会辨别网络信息、构架网络化思想政治教育体系,是未来高校思想政治教育需要攻破的难点。

第三,学校环境的纯净性。大学生成长发展时刻处于学校环境的熏陶和滋养之中,因此高校思想政治教育者要把思想政治教育所要传递的价值观、审美观、历史观等凝练其中,开展形式多样的文化活动,充分发挥学生的主体性。我们要看到,现代大学不再是孤立于社会系统的僵化教育机构,社会外部环境时时刻刻冲击着学校环境。学校环境如果不能整合内部的校园文化和包容接纳外部社会环境的复杂,实现内外部环境的良性互动,便会导致社会环境和学校环境相脱节,影响高校思想政治教育环境的一体化建设,无法实现社会外部环境和学校内部环境的全方位协作,无法共同促进高校大学生全面发展。

第四章　优化亲和力强的高校思想政治教育内在格局

　　"因事而化、因时而进、因势而新"的"三因"思想是习近平总书记在全国高校思想政治工作会议上对思政课提出的新理念，是马克思主义基本原理与当代中国实际紧密结合的产物，是马克思主义与时俱进的理论品格和科学的思想方法的重要体现，是高校思想政治教育的工作方针和指导原则，也是提升高校思想政治教育亲和力，尤其是其内在亲和力的重要理念和指导遵循。要实现这一目的，就需要优化高校思想政治教育的内在要素与格局，使教育目标因势而新，课程设置因时而进，教育内容因事而化。

一、因势而新：明确教育目标的新定位

　　教育目标是依据国家的教育方针和各级各类学校的性质、任务提出的具体培养要求。不同时代、不同形势下，因国家教育方针、教育目标不同，思想政治教育的目标也随之做出相应变化。因此，思想政治教育目标具有鲜明的时代性和历史性。

（一）把握教育目标的演进逻辑

《中国人民政治协商会议共同纲领》中明确定位新中国的文化政策应是"民族的、科学的、大众的文化教育"。1949年12月第一次全国教育工作会议提出，新中国思想政治教育目标是"提倡爱祖国、爱人民、爱劳动、爱科学、爱护公共财物为中华人民共和国全体国民的公德"。社会主义改造时期，我国教育方针随着教育工作的中心转移到为"一化三改"服务上来，党中央提出"中国的教育方针，应该使受教育者在德育、智育、体育几方面都得到发展。教育的目的，是培养有社会主义觉悟的有文化的劳动者"①。对广大学生提出要"身体好、学习好、工作好"，把自己培养成为具有高度的社会主义意识的社会主义建设者和接班人。"文化大革命"期间，思想政治教育工作受到"以阶级斗争为纲"的严重冲击，思想政治教育目标也出现了较严重的偏差。

改革开放后，在《中国共产党中央委员会关于建国以来党的若干历史问题的决议》中提出，要"坚持德智体全面发展、又红又专、知识分子与工人农民相结合、脑力劳动与体力劳动相结合的教育方针"②。这一教育方针对思想政治教育的目标要求是培养邓小平提出的"四有人才"。为落实这一人才培养目标，教育部下发文件强调，为了把学生培养成为有理想、有道德、有文化、守纪律的又红又专的人才，有必要把共产主义思想品德课作为一门必修课程，纳入教学计划。从此，高校思想政治理论课的门数和课时数不断增加和丰富，高校思想政治教育的目标日益明确。

1995年颁布的《中华人民共和国教育法》规定，教育必须为社会主义现代化建设服务，必须与生产劳动相结合，培养德、智、体等方面全面发展的社会主

---

① 中共中央文献研究室编：《建国以来毛泽东文稿》第6—7册，中央文献出版社1992年版，第340页。

② 《中国共产党中央委员会关于建国以来党的若干历史问题的决议》，人民出版社1981年版，第57页。

义事业的建设者和接班人。为此,党和国家于 1995 年和 1998 年分别对思想政治理论课(当时称为"两课")进行了 2 轮改革。1999 年我国教育方针进一步完善为"造就有理想、有道德、有文化、有纪律的,德智体美等全面发展的社会主义事业建设者和接班人"。2001 年清华大学 90 年校庆时,江泽民从培养对象的具体特征上为思想政治教育提出了更为明确的目标内涵,他殷切希望全国大学生成为理想远大、热爱祖国的人;成为追求真理、勇于创新的人;成为德才兼备、全面发展的人;成为视野开阔、胸怀宽广的人;成为知行统一、脚踏实地的人。①

党的十六大以来,随着国内外形势的不断变化以及西方和平演变的花招不断更新,大学生价值多元化趋势越来越明显,党中央也更加高度重视高校思想政治教育工作。胡锦涛在 2005 年全国加强和改进大学生思想政治教育工作会议上强调,高校是培养人才的重要基地,必须把培养中国特色社会主义事业的建设者和接班人作为根本任务。② 他指出,高校思想政治教育目标为培养造就千千万万具有高尚思想品质和良好道德修养、掌握现代化建设所需要的丰富知识和扎实本领的优秀人才,尤其应加强理想信念教育、爱国主义教育、基本道德规范、大学生全面发展等四大工作。这次会议还对高校思想政治教育的实施路径、组织保障等作了相关要求,会议精神被全面贯彻落实到教育部关于高校思想政治理论课的"05 方案"中,对我国思想政治理论课及大学生思想政治教育工作影响深远。

纵观之,尽管不同历史、不同时代背景下,高校思想政治教育目标也有所不同,但其演进历程始终遵循着一条清晰的逻辑主线:以时代发展大势为前提,以问题为导向,以培养社会主义事业建设者和接班人为总体目标,从国家、社会发展与个人发展两个维度上设计具体的教育目标。

---

① 《十五大以来重要文献选编》(下),人民出版社 2003 年版,第 1822—1823 页。
② 《进一步加强和改进大学生思想政治教育工作,大力培养造就社会主义事业建设者和接班人》,《光明日报》2005 年 1 月 19 日。

（二）把准教育目标的时代定位

自党的十八大以来,中国特色社会主义发展进入新时代,国内外环境均发生了新的、更为深刻的变化。如何认识新时代高校思想政治教育所面临的新变化、新特点? 如何应对内外部环境给思想政治教育工作带来的新挑战,把握新机遇? 如何因形势变化而做出有针对性的培养目标任务的新定位? 这是摆在高校思想政治工作者面前的重要课题,也是提升新时代高校思想政治教育亲和力的前提条件。

第一,认清国内外环境所带来的新挑战。看清国内外形势,既是高校思想政治工作有效开展的前提条件,也是高校思政教育的重要内容和教育目标定位的前提。习近平总书记强调,思想政治工作者"要教育引导学生正确认识世界和中国发展大势,从我们党探索中国特色社会主义历史发展和伟大实践中,认识和把握人类社会发展的历史必然性,认识和把握中国特色社会主义的历史必然性,不断树立为共产主义远大理想和中国特色社会主义共同理想而奋斗的信念和信心"[1]。从世界发展大势来看,目前正处于世界格局大发展大变革大调整时期,但和平与发展仍然是世界发展的两大主题。政治多极化,经济全球化,科技进步日新月异,网络信息化程度越来越高,国际交流与共生共存程度前所未有,新兴发展中国家的力量不断壮大,在国际舞台上发挥着越来越大的作用。随着中国综合实力和国际地位的不断攀升,美国及其拥趸对我国采取了经济、政治、文化等多维度全方位的"围追堵截",各种影响地区、国家安全的冲突、矛盾依旧严峻。习近平总书记指出:"尽管当今世界霸权主义和强权政治依然存在,但推动国际秩序朝着更加公正合理方向发展的呼声不容忽视,国际关系民主化已成为不可阻挡的时代潮流。尽管各种传统和非传统安全威胁不断涌现,但捍卫和平的力量终将战胜破坏和平的势力,安全稳定

---

① 《把思想政治工作贯穿教育教学全过程　开创我国高等教育事业发展新局面》,《人民日报》2016 年 12 月 9 日。

是人心所向。尽管单边主义、贸易保护主义、逆全球化思潮不断有新的表现，但'地球村'的世界决定了各国日益利益交融、命运与共，合作共赢是大势所趋。尽管文明冲突、文明优越等论调不时沉渣泛起，但文明多样性是人类进步的不竭动力，不同文明交流互鉴是各国人民共同愿望。"①

从中国发展大势来看，"认清中国的国情，乃是认清一切革命问题的基本的根据"②。尽管我国的历史方位已经进入中国特色社会主义发展的新时代，综合国力、人民生活水平显著提高，中华民族伟大复兴展现出从未有过的光明前景；我国日益走近世界舞台的中央，国际地位和影响力大幅提升，中华民族以更加昂扬的姿态屹立于世界民族之林。③ 但我国仍处于并将长期处于社会主义初级阶段这个基本国情没有变，我国是世界最大发展中国家的国际地位没有变，且社会主要矛盾发生重大变化，已经转化为人们日益增长的美好生活需要和不平衡不充分的发展之间的矛盾。同时，我国正处于全面建成小康社会决胜期和向建设社会主义现代化强国的"社会转型期"，全面深化改革取得重大突破但也进入"深水区"，各种社会矛盾叠加凸显，各种困难与风险"难啃"，面临防范化解重大风险、精准脱贫、污染防治三大攻坚战等，挑战十分严峻，但"前景十分光明"，"我国发展仍处于重要战略机遇期"，"久经磨难的中华民族迎来了从站起来、富起来到强起来的伟大飞跃，迎来了实现中华民族伟大复兴的光明前景"。④

第二，贯彻习近平总书记关于新时代高校思想政治教育目标定位的重要论述。面对这样的国内外发展大势，以习近平同志为核心的党中央站在前所未有的战略高度来看待思想政治工作。2016 年召开了全国高校思想

---

① 《弘扬"上海精神"　构建命运共同体——在上海合作组织成员国元首理事会第十八次会议上的讲话》，《人民日报》2018 年 6 月 11 日。
② 《毛泽东选集》第二卷，人民出版社 1991 年版，第 633 页。
③ 姜辉：《新时代要正确看待和坚持两个"没有变"》，《人民日报》2018 年 5 月 4 日。
④ 习近平：《决胜全面建成小康社会　夺取新时代中国特色社会主义伟大胜利——在中国共产党第十九次全国代表大会上的报告》，人民出版社 2017 年版，第 10 页。

政治工作会议,2019 年又召开了学校思想政治理论课教师座谈会,党中央、国务院、教育部密集出台了《关于深化新时代学校思想政治理论课改革创新的若干意见》等一系列加强和改进高校思想政治工作的相关文件,对思政教育的地位与作用、目标与任务、原则与要求、内容与教材、方法与路径、体制机制等作了全方位的架构安排和精心指导,为高校思想政治教育工作营造了良好的内外部环境,大大提升了思想政治教育工作者的社会地位、待遇、底气与自信。

习近平总书记强调,要"不断提高学生思想水平、政治觉悟、道德品质、文化素养,让学生成为德才兼备、全面发展的人才","要教育引导学生正确认识世界和中国发展大势""正确认识中国特色和国际比较""正确认识时代责任和历史使命","正确认识远大抱负和脚踏实地"的关系。① 在 2018 年全国教育大会上,习近平总书记强调:"我们的教育必须把培养社会主义建设者和接班人作为根本任务,培养一代又一代拥护中国共产党领导和我国社会主义制度、立志为中国特色社会主义奋斗终身的有用人才。这是教育工作的根本任务,也是教育现代化的方向目标。"②在 2019 年学校思想政治理论课教师座谈会上,习近平总书记明确提出了对教育的"四为"要求,即"教育为人民服务、为中国共产党治国理政服务、为巩固和发展中国特色社会主义制度服务、为改革开放和社会主义现代化建设服务",指出"办好思想政治理论课,最根本的是要全面贯彻党的教育方针",并要求思想政治理论课教师要在 6 个方面下功夫,"努力培养担当民族复兴大任的时代新人"。③ 新时代高校思想政治教育的目标定位就是引导学生坚定理想信念、厚植爱国主义情怀、加强品德修

---

① 《把思想政治工作贯穿教育教学全过程　开创我国高等教育事业发展新局面》,《人民日报》2016 年 12 月 9 日。

② 《坚持中国特色社会主义教育发展道路　培养德智体美劳全面发展的社会主义建设者和接班人》,《人民日报》2018 年 9 月 11 日。

③ 《用新时代中国特色社会主义思想铸魂育人　贯彻党的教育方针落实立德树人根本任务》,《人民日报》2019 年 3 月 19 日。

养、增长知识见识、培养奋斗精神、增强综合素养,坚持"四个自信","坚信与坚定在二十一世纪中叶把中国建成社会主义现代化强国的奋斗目标和实现中华民族繁荣振兴的中国梦"①。将个人发展理想与担当民族复兴大任寓于一体,在实现社会价值中实现人生的大我。

第三,明晰新时代高校思想政治教育目标的特性。习近平总书记关于新时代高校思想政治教育目标定位的重要论述是对马克思主义教育观的继承与创新发展。首先,体现了马克思主义教育观的精髓。马克思认为,教育的发展与社会的发展是相互对立又辩证统一的,"这个问题有一种特殊的困难之处。一方面,为了建立正确的教育制度,需要改变社会条件,另一方面,为了改变社会条件,又需要相应的教育制度;因此我们应该从现实情况出发"②。马克思主义也坚持教育发展与人的发展的辩证统一,"未来教育对所有已满一定年龄的儿童来说……它不仅是提高社会生产的一种方法,而且是造就全面发展的人的唯一方法"③。习近平总书记对新时代高校思想政治教育的要求也深刻反映了教育发展、社会发展、人的发展三者的高度统一关系。其次,与新中国成立以来历代党和国家领导人的思想政治教育目标思想一脉相承,具体表现为:一是问题意识一致,都是围绕不同历史时期、不同时代背景下党和国家的中心任务而设置思想政治教育目标;二是总体培养目标一致,都是为实现现代化强国培养社会主义建设者和接班人;三是均明确规定了具体的思想政治教育目标。毛泽东将其具体化为要培养"革命先锋队";邓小平将其具体化为要培养"有理想、有道德、有文化、有纪律"的四有"新人"④;江泽民将其具体

① 邱柏生:《新时代高校思想政治教育学科建设面临的若干挑战》,《思想政治教育研究》2019年第1期。
② 华东师范大学教育系编:《马克思恩格斯论教育》,人民教育出版社1998年版,第246页。
③ 《马克思恩格斯选集》第3卷,人民出版社1995年版,第673页。
④ 《改革科技体制是为了解放生产力》,《人民日报》1985年3月8日。

化为要培养"四有"公民,对青年学生增加了"四个统一"①的目标要求;胡锦涛对广大青年提出了"四个新一代"②、"三点希望"③的目标要求;习近平总书记对各界优秀青年分别提出了"五个一定要"④和"勤学、修德、明辨、笃实"⑤、"有理想、有本领、有担当"⑥等具体目标与要求。最后,习近平总书记的高校思想政治教育目标定位有三大鲜明的独特性:一是始终坚持以遵循高校思想政治教育的内在规律性为基础,二是始终强调目标的亲和力和针对性,三是始终坚持目标的超越性与可实现性的高度统一。

(三)探索教育目标的优化路径

习近平总书记首先将"亲和力"一词运用到思想政治教育工作中。该词分别出现在党中央、国务院有关文件、会议报告中 4 次。"亲和力"首次出现在全国高校思想政治工作会议中,习近平总书记提出"提升思想政治教育亲和力和针对性,满足学生成长发展需求和期待"。第二次出现在学校思想政治理论课教师座谈会讲话中,他强调"要不断增强思政课的思想性、理论性和亲和力、针对性"。之后的《关于深化新时代学校思想政治理论课改革创新的若干意见》中出现了 2 次。为贯彻落实以上会议及文件精神,教育部出台的系列文件中也多次出现了"亲和力"一词。

第一,高校思想政治教育目标的亲和力要求。提升思想政治教育亲和力要达到习近平总书记所说的思想政治教育亲和力目标。在第一次提出"思想政治教育亲和力"一词时,习近平总书记就揭示了提升高校思想政治教育亲

---

① 《在庆祝北京大学建校 100 周年大会上的讲话》,《光明日报》1998 年 5 月 5 日。
② 《胡锦涛致信全国青年群英会》,《光明日报》2007 年 5 月 5 日。
③ 《在庆祝清华大学建校 100 周年大会上的讲话》,《光明日报》2011 年 4 月 25 日。
④ 习近平:《在同各界优秀青年代表座谈时的讲话》,《人民日报》2013 年 5 月 5 日。
⑤ 《青年要自觉践行社会主义核心价值观——在北京大学师生座谈会上的讲话》,《人民日报》2014 年 5 月 5 日。
⑥ 习近平:《决胜全面建成小康社会 夺取新时代中国特色社会主义伟大胜利——在中国共产党第十九次全国代表大会上的报告》,人民出版社 2017 年版,第 70 页。

和力、针对性的目标是"满足学生成长发展需求和期待"。第二次重申该词时，他指出"思想政治工作从根本上说是做人的工作，必须围绕学生、关照学生、服务学生"。显然，党中央对在高校思想政治教育中起主渠道作用的思想政治理论课的要求是"思想性、理论性和亲和力、针对性"，也就是要求该课程群应做到价值引导、理论透彻、为民亲民、有的放矢；党中央对高校思想政治教育的整体目标要求是"亲和力、针对性"，也就是为民亲民、有的放矢。高校思想政治教育目标的亲和力主要体现为其为民亲民性。只有体现为民性才能做到"围绕学生、关照学生、服务学生"，从而"满足学生成长发展需求和期待"。只有做到亲民性，才能让思想政治教育内容内化进学生心里并外导其行为，使其需求和期待得以满足。

新时代大学生成长发展对高校思想政治教育的需求和期待是什么？答案依旧为习近平总书记所揭晓。简单地说，每个时代学生和个体的成长发展的需求和期待都是"实现人生出彩"。因而，新时代高校思想政治教育目标的亲和力应重点体现在促进社会、国家发展和学生个体发展两层次目标有机融合上。也就是说，在动态把握学生思想状况的基础上，通过选择促进学生成长发展需要的主要内容、采用学生喜爱的表达形式，引导学生实现个人梦与中华民族伟大复兴的中国梦齐飞。

第二，提升高校思想政治教育目标亲和力的有效路径。思想政治教育亲和力的提升，需要来自思想政治教育内外诸要素协同发力。从内部要素而言，教育目标、课程设置、教材建设的亲和力提升是三大重点。从亲和力提升视角来分析，新时代高校思想政治教育目标优化的路径至少要做好以下两点。

一是在把握三大规律和时代发展大势、党的中心任务基础上，明确新时代高校思想政治教育目标的总体框架与制度设计。习近平总书记在全国高校思想政治工作会议上强调，做好高校思想政治工作，要遵循思想政治工作规律，遵循教书育人规律，遵循学生成长规律，不断提高工作能力和水平。把握规律性是确保思想政治教育科学性的前提；而把握时代发展大势是确保思想政教育具有时代感的基础;为党的中心任务服务是思想政治教育的核心要求及本质所在,也是确保其针对性的基石。科学性、时代性和针对性是生成与提升思想政治教育亲和力的首要前提和重要内容。当前高校思想政治教育的目标定位尚处于主要围绕对习近平总书记关于高校思想政治工作重要论述的阐述阶段,其中顾海良、万美容、李梁等学者对此做出了独到的论述。尽管党和国家已经将高校思想政治教育教材纳入全国统编教材,纳入马克思主义理论研究与建设工程,但没有对高校思想政治教育目标做出官方的、统一的、明确的内涵界定与外延阐述,没有对高校学生的思想政治素养标准做出清晰的界定,因而一线思想政治教育工作者虽然能紧跟中央步伐、贯彻中央精神,立足统编教材、各自创造教法,但实践中存在靶向意识不太明确、集团作战意识不够鲜明的问题,亟待马克思主义理论研究与建设工程专家团队对高校思想政治教育凝练出如同中小学课程那样的更为明确、清晰的知识目标、能力目标和价值观目标,形成总目标、子目标相互链接的目标体系,从而增强高校思想政治教育的针对性和有效性。

二是在实现方向性和主体性、超越性和实操性相结合的基础上,明确新时代高校思想政治教育的前进方向。具体而言,就是要做到"三培养"和"四为"教育方针,培养"全面发展、德才兼备"的学生;主体性是要"围绕学生、关照学生、服务学生",培养学生的自由个性。坚持方向性和主体性相结合的原则,其实质就是坚持思想政治教育的社会发展和个体发展相统一的原则,这是促成高校思想政治教育内在亲和力生成与提升的最根本的保证。超越性是思想政治教育目标的基本特性,体现的是思想政治教育的未来愿景及其所培养人才的思想政治素养的理想状态。它立足当前现实又高于当前现实,具有强烈的未来指向性。实操性指思想政治教育目标的可实现性。超越性与实操性结合,是高校思想政治教育目标的基本特性,也是提升其亲和力的具体路径。总体而言,当前高校思想政治教育对方向性、超越性原则把握较好,且大部分思想政治工作者已经认识到发挥学生主体性的重要意义并付诸实践中。教育部出台了一系列加强高校思想政治理论课建设标准的相关文件,也出台了"三全育人"相关措施。但从全国范围来看,高校思想政治教育目标的具体实现程度仍存在较大的校际差异。究其缘由,除各校师资队伍素养不一、各校领导重视程度不一、社会家庭等因素影响外,还亟待党和国家出台高校思想政治教育教学的具体实施大纲。

二、因时而进:优化课程设置

明者因时而变,智者随事而制。习近平总书记要求思想政治教育要因时而进,就是希望高校思想政治教育工作能抓住时机,锐意进取,创新发展。中国特色社会主义发展的新时代要求高校思想政治教育全方位创新,而课程设置则应放在首位。因为思想政治理论课是落实立德树人根本任务的关键课程,课程设置科学与否,直接影响高校思想政治教育亲和力程度和思想政治教育的效果。回望历史,我国思想政治教育课程设置历经了初步探索、规范形成、曲折发展、稳步调整、加强改进的发展过程,把握我国高校思想政治理论课程设置的演进历程与规律,把握习近平总书记关于新时代思想政治理论课建设的逻辑理路,是洞悉高校思想政治教育亲和力提升轨迹的必要前提。

(一)把握课程设置的演进历程

从1949年到2012年,我国高校思想政治教育课程演进大致分为六个阶段:一是探索阶段(1949—1956年)。新中国最早关于高校思想政治教育类课程设置的文件是1949年10月颁布的《华北专科以上学校一九四九年度公共必修课过渡时期实施暂行办法》。该文件规定开设辩证唯物论和历史唯物论、新民主主义论、政治经济学三门课。到1954年,教育部规定高校思想政治教育课程共开设五门,但因学校层次不同开设数量有所区别。五门思政课分别为中国革命史、马列主义基础、政治经济学、辩证唯物论和历史唯物论、社会主义经济建设。部分学校还开设了时事政策教育。1954 年冬天,对大学生进行了集中性的共产主义思想品德教育。此阶段是高校思想政治教育课程的初步形成时期。二是规范形成阶段(1956—1966 年)。这一阶段,国家先后制定了多个关于高校思想政治理论课程设置的文件,如《关于高等学校政治理论课程的规定(试行方案)》《关于在全国高等学校开设社会主义教育课程的指示》《对高等学校政治教育的几点意见》《改进高等学校共同政治理论课程的意见》《关于高等学校共同政治理论课程教学安排的几点意见》《关于改进高等学校、中等学校政治理论课的意见》等,要求开设形势与任务课、马克思列宁主义基础、政治经济学、哲学、中国党史课程。除全部开设形势与任务课外,其余课程分别根据学制、专业不同,而对本、专科学生政治理论课的设置做了不同的明确规定。此阶段为高校思想政治教育课程开始走向科学化、规范化的阶段。三是曲折发展阶段(1966—1976 年)。"文化大革命"对高校教育秩序的冲击很大,因而原来开设的思想政治教育课程基本上被取缔,代之而设的是以毛泽东著作为主要内容的政治课程。但这一阶段的高校思想政治教育课程开辟了一个新方向,那就是思想政治教育与生产劳动、社会实践相结合。学生被号召并投入到火热的学工、学农、学军的大运动中。尽管与实践结合的力度过猛,但在客观上也为高校思想政治教育课程体系的完善起了一定的促进作用。四是稳步调整阶段(1978—1986 年)。此阶段影响高校思想政治教育课程设置的两个关键文件是教育部 1978 年颁布的《关于加强高等学校马列主义理论教育的意见》和中共中央颁布的《关于改革学校思想品德和政治理论课程教学的通知》,在这两份文件指导下,形成了高校思想政治教育课程设置的"78"方案和"85"方案。两方案强调在高校除开设形势教育课程外,均开设共产主义思想品德教育课程和马列主义理论教育课程,之后多年一直被称为"两课"。随着共产主义思想品德教育课程的设置,高校思想政治教育课程体系框架基本形成。五是加强改进阶段(1987—2002 年)。此阶段中共中央宣传部、教育部分别颁布了《关于高校马克思主义理论课和思想品德课教学改革的若干意见》《关于普通高等学校"两课"课程设置的规定及其实施工作的意见》等,在这些文件精神指导下,形成了高校思想政治教育课程设置的"98"方案。学界认为,此阶段逐步形成了"体系细化、方法多元""结构合理、功能互补"的课程体系,影响重大,为高校思想政治理论课建设的深化改革打下了坚实基础。① 六是深化改革阶段(2002—2012 年)。随着西方和平演变渗透及大学生价值取向、思想多元化趋势日剧,党中央对思想政治工作、宣传工作等意识形态工作的重视程度也不断升级。2004 年中共中央、国务院下发了《关于进一步加强和改进大学生思想政治教育的意见》,即通称的"16"号文件。以此文件为指导,我国高校思想政治教育课程设置得以全新调整,并形成了"05"方案,最终形成了五门理论课:马克思主义基本原理,毛泽东思想、邓小平理论和"三个代表"重要思想概论,中国近现代史纲要,思想道德修养与法律基础,形势与政策,根据专科、本科、研究生层次不同,开设的课程及内容也有所区别,并要求各高校要给予 1 学分的思想政治教育实践课时。

至此,高校思想政治教育课程形成了理论与实践结合的双层课程体系,为新时代思想政治教育课程体系的进一步发展奠定了厚实的基础。

(二)遵循新时代课程建设的逻辑理路

进入新时代,国内外形势发生重大变化,出现了"百年未有之大变局"。党中央对高校思想政治教育工作的重视达到前所未有的高度。2015 年 7 月,中宣部、教育部颁布了《普通高校思想政治理论课建设体系创新计划》。2016年 12 月至 2019 年 3 月仅两年多时间内,党中央、国务院主持召开两次全国性的思想政治教育工作会议,习近平总书记在这两次会议上均作了重要讲话。为贯彻习近平总书记关于思政课建设的重要思想,中共中央、国务院、教育部

---

① 胡华、卢诚:《新中国 70 年来高校思想政治理论课建设的历史演进与现代审视》,《理论导刊》2019 年第 12 期。

先后印发了《高等学校思想政治理论课建设标准》《2017年高校思想政治理论课教学质量年专项工作总体方案》《关于深化新时代学校思想政治理论课改革创新的若干意见》等文件,更为具体清晰地勾勒出党和国家对高校思想政治理论课建设的基本逻辑理路:以问题为导向,以学生为中心,以铸魂育人为主题,以守正创新为主线。

以问题为导向,加强问题意识,是马克思主义鲜明的理论品格,也是自党的十八大以来以习近平同志为核心的中央领导集体治国理政的鲜明特色。"问题是创新的起点,也是创新的动力源。"①要创新必须坚持问题导向,有问题思维,着眼于发现问题、研究问题、解决问题。中国特色社会主义进入新时代,需要高校思想政治教育进入全方位创新,这就需要直面高校思想政治教育自身存在的问题,"抓住制约思政课建设的突出问题"②,在解决其自身问题中求突破、求创新。

以学生为中心,是新一代中央领导集体以人民为中心执政理念在教育领域的体现。习近平总书记多次强调,要"围绕学生、关照学生、服务学生"③"青少年阶段是人生的'拔节孕穗期',最需要精心引导和栽培"④,并从课程设置上提出要"落实教学目标、课程设置、教材使用、教学管理等方面的统一要求,又因地制宜、因时制宜、因材施教"⑤。

以铸魂育人为主题。理想信念作为固本培元、凝魂聚气的战略工程,一直受到习近平总书记的高度重视,他特别强调,"我们办中国特色社会主义教育,

---

① 习近平:《在哲学社会科学工作座谈会上的讲话》,人民出版社2016年版,第14页。
② 《用新时代中国特色社会主义思想铸魂育人 贯彻党的教育方针落实立德树人根本任务》,《人民日报》2019年3月19日。
③ 《把思想政治工作贯穿教学全过程 开创我国高等教育事业发展新局面》,《人民日报》2016年12月9日。
④ 《用新时代中国特色社会主义思想铸魂育人 贯彻党的教育方针落实立德树人根本任务》,《人民日报》2019年3月19日。
⑤ 《用新时代中国特色社会主义思想铸魂育人 贯彻党的教育方针落实立德树人根本任务》,《人民日报》2019年3月19日。

就是要理直气壮开好思政课,用新时代中国特色社会主义思想铸魂育人"①。

以守正创新为主线。创新的前提是遵循一定的目标导向,按照事物发展的客观规律对整个事物或者事物的某些方面进行革新,以便深入推动其发展。守正和创新相辅相成。守正是创新的前提,创新要依据事物的客观情况进行相应的变革,并顺应趋势,明确问题定位,与时俱进进行改革、创新和发展。创新是改革的一种手段,是改革的生命力所在,但创新必须以守正为目标和前提,要始终坚持立足于事物的内在根源,否则就会变得空虚无味,没有灵魂。思政课的守正创新最经典的阐述就是习近平总书记在"3·18"讲话中提出的"八个相统一"思想。

(三)探索课程设置的优化路径

课程是提升思想政治教育亲和力的重要载体,而科学化设置课程体系是提升高校思想政治教育课程对学生亲近感与喜爱度的重要源头之一。中共中央、国务院颁布的《关于深化新时代学校思想政治理论课改革创新的若干意见》中,要求从三条路径上优化课程设置,调整创新思政课课程体系,提升高校思想政治理论课对大学生的亲和力。

第一,构建思政"大课堂""小课堂"一体化的思政课程体系。"思政大课堂"指的是社会实践这一大课堂,它以社会为平台,让学生从社会实践中获得对于客观事物发展过程中的本质认识,从社会劳动中强化对思想政治教育的认知认同。2020年新春,新冠疫情来势汹汹,在病毒肆虐的过程中涌现出一大批仁人志士,他们以防护服为武器,与病毒"共舞",投身于这场没有硝烟的战役。他们是"最美逆行者",他们拥有中华民族生生不息的顽强斗志,也给全国人民上了一堂深刻、真实、生动的"思政课"。"思政小课堂"是指高校思

---

① 《用新时代中国特色社会主义思想铸魂育人　贯彻党的教育方针落实立德树人根本任务》,《人民日报》2019年3月19日。

想政治教育的主渠道——思想政治理论课堂。思想政治理论课是思想政治教育的前沿阵地,也是学生获取马克思主义理论、思想政治观点、道德规范、价值观念的主要途径。思政大小课堂如车之两轮,鸟之两翼,是助推大学生实现个人梦与中国梦齐飞的必备平台。有效构建思政"大课堂"与"小课堂"双向互动、多维共架、内容延伸、方法拓展、协同发展的一体化课程体系,可以大大增强学生参与的主观能动性,强化学生对党的理论、路线、方针、政策的接受心理和亲近感,提升高校思想政治教育的针对性和实效性。

第二,构建课程思政与思政课程协同育人的课程体系。思政课程与课程思政的地位、作用、内容、优势各有不同。思政课程是课程德育中系统进行思想政治教育的课程,是课程德育的主渠道,也是大学生思想政治教育的前沿阵地。而课程思政的实质是一种课程观,不是增开一门课程,也不是增设一个项目,而是将思政的育人理念融入各门课程教学和改革的各个环节,使学生在非思政课程学习中树立正确价值观。思政课程的内容设置偏向于理想信念和政治意识、政治知识的同向掌握,而课程思政专注于基本价值观的引领,它是指一种将教育理念和课程观渗透到普通课堂的方式。相比而言,思政课程具有政治"工具"的意义,而课程思政作为一种理念和观点,在课程的各个环节中发挥着不同的立德树人作用,而思政课程在课程思政各个领域和课程设置的各个方面发挥着主导作用。此外,思政课程与课程思政在其优势方面也有所不同,思政课是大学生的必修课,它具有鲜明的意识形态性,有着灌输与渗透相结合的特点和性质,而且对学生进行全覆盖。课程思政的支撑点为其他各类专业课与通识课,其灌输性较少,属于隐性德育,目的在于使学生潜移默化地正确接受党的政治思想和意识形态,不同的课程思政覆盖不同的学生群体。因此,思政课程与课程思政两者不能相互替代,但通过构建思政课程与课程思政一体化体系,可充分发挥两者优势,使两者有机互补,形成协同效应,促使各类课程与思政课程深度融合,丰富和发展思政课程的内容和形式,产生课程育人合力,在潜移默化中提升高校思想政治教育的亲近感和有效性。

第三,构建大中小学思政课一体化的课程体系。立德树人、课程育人应贯穿教育过程的始终。思政课程作为思想政治教育的主阵地,对大中小学生的主体性人格素养的培育具有鲜明的导向作用,构建协同育人的大中小学思政课程体系是大中小学思政课一体化建设的必由之路。为此,一是在大中小学思政课的课程内容选择上,要坚持整体规划和重点突出的原则,一方面以马克思主义理论和中国化的马克思主义理论最新成果作为高校思想政治理论课的教育内容,所灌输的思想、理论、观点等符合马克思主义的基本原理和党的路线方针政策,符合实际变化着的客观实践,具有真理性,并按照科学的精神、原则和方法来实施高校思想政治教育,坚持马克思主义理论特别是中国化的马克思主义的最新理论成果进课堂、进教材、进头脑,充分发挥马克思主义科学理论在解决大学生思想认识问题中的基础性作用,深化中国特色社会主义道路自信、理论自信、制度自信、文化自信,引领大学生牢固树立科学的世界观、人生观和价值观,让大学生感受理论的强大号召力。另一方面,在大中小学思政课课程体系内容的设置上,要遵循学生成长规律和教育梯次原则,分阶段、有重点地循序渐进,逐步深化。二是在大中小学思政课的课程编排上,结合大中小学各学段特点,构建必修课加选修课的课程体系。一方面,大中小学思政必修课程应注重课程的知识传授和价值引领。思政课必修课程应该让大中小学生在正确认知世情、国情、党情、社情、民情、舆情的基础上,在必修课程体系中融入博大精深的中华优秀传统文化来强化民族情感,融入革命文化来铭记历史,融入社会主义先进文化来启迪心智,增强民族凝聚力,树立民族自尊心和自豪感,分阶段培养学生的家国情怀,发挥大中小学思政课立德树人的功能。另一方面,大中小学思政课选修课应注重课程的延伸性和开放性,为适应社会发展的要求和学生成才发展的需要,要把理论课程和实践课程相结合,按照不同阶段学生的发展特点和兴趣爱好,组织和指导学生开展课外活动,运用适合学生身心发展的新载体、新形式、新方法开拓思政课新场域,延伸教学内容,巩固课堂教学成果。

三、因事而化：优化教材内容

理者，物之固然，事之所以然也。把握"事"和"化"的辩证关系，才能把握事物的内在规律。习近平总书记在谈到加强高校思想政治工作时所倡导的"因事而化"，是指掌握思想政治教育的三大规律，准确分析大学生的思想政治状况，精准把脉学生的需求点、兴奋点，有的放矢地精选思想政治教育教材和内容，增强学生的共鸣感、认同感和获得感，从而提升思想政治教育的亲和力和针对性。

（一）掌握教材的发展历程

伴随着高校思想政治理论课程设置的不断变更和发展，其教材也与之相适应地"经历了一个从无到有、从分散到统一、从零散到系统、从单一媒介形态到多媒体形态的演变过程"①。黄蓉生等学者认为，70年来高校思想政治理论课教材经历了"三阶段"，丁国浩等学者认为其经历了"四阶段"，石云霞等学者认为其经历了"五阶段"，张红红等学者认为其经历了"六阶段"。与上文课程设置发展阶段一致，本书认为高校思想政治理论课教材发展经历了六阶段。第一阶段为"52体系"时期（1949—1956年），教材分别是艾思奇的《历史唯物论、社会发展史讲义》、胡华的《苏联政治经济学习》《中国新民主主义革命史》《马恩列斯语录》、毛泽东的《新民主主义论》。第二阶段为"61体系"时期，没有统一教材，主要是学习毛泽东同志的著作。第三阶段为"78方案"时期，教育部推荐了相关教材，也允许各校根据教育部制定的教学大纲，参照本校的实际情况自编教材。第四阶段为"85方案"时期，此时的"两课"教材涵盖了马克思主义基本理论、中国化马克思主义理论、中国革命史、中国社会

---

① 孙旭红、夏叶：《新中国70年高校思想政治理论课教材建设研究述评》，《云梦学刊》2019年第11期。

主义建设、当代世界经济与政治、共产主义思想品德内容等。这一时期是高校思想政治理论课教材发展走向规范化科学化的重要阶段，重要标志是中央成立了全国马克思主义理论课教材编审委员会。可以说，这是我国高校思想政治理论课走向统编教材的关键阶段。第五阶段为"98方案"时期，与课程对应的教材分别是《中共党史》《毛泽东思想概论》《邓小平理论概论》《法律基础》《思想道德修养》《马克思主义哲学》《马克思主义政治经济学》《当代世界政治与经济》等。这一阶段教材由教育部组织统一编写每门课程的示范教材，向全国推荐使用。各省、自治区、直辖市等可以编写一本推荐教材，但教材的编写计划与大纲要报教育部"两课"教学改革领导小组备案。其他高校或地方不得再编写"两课"教材。第六阶段为"05方案"时期，与课程对应的教材分别为《马克思主义基本原理概论》《毛泽东思想、邓小平理论和"三个代表"重要思想概论》《中国近现代史纲要》《思想道德修养与法律基础》《当代世界经济与政治》，而形势与政策课的教材一般为时事报告（大学生版）或各校自编教材。此阶段将高校思想政治理论课教材编写与审定提升到一个新高度，由中宣部、教育部负责教学大纲和教材编写工作，中共中央政治局常委亲自审定教材编写大纲，教材内容要广泛听取相关专家和一线师生的意见与建议，由中央马克思主义理论研究和建设工程咨询委员会审议，最终由中央政治局常委审定后出版发行。全国统一使用统编教材，不得自行编写教材，以确保其严肃性、科学性、权威性。

（二）把握新时代教材建设的优势

党的十八大以来，以习近平同志为核心的党中央更加重视高校思想政治理论课的教材编写工作。高校思想政治理论课教材先后经历了2013年、2015年和2018年三次大的修订与完善，尤其是2018年进行了全方位的修订。新时代对高校思想政治教育课程教材的建设具有明显的优势：一是教材建设由中央统管，确保了教材的权威地位，做到"三个充分反映"。由中央政治局亲自审定教材大纲和教材,由中央、教育部组织全国优秀专家统一编写教材,确保了教材的科学性、权威性及其与党中央理论、路线、方针、政策的高度一致性,做到了充分反映马克思主义中国化的最新成果,充分反映中国特色社会主义的最新经验,充分反映本学科领域研究的最新进展。二是教材编写人员是来自全国各地的优秀专家,确保了教材的全面性,做到"三个贴近"。集中全国优势力量与各地优秀专家组成的编写团队可以更全面地把准学生思想政治素质发展规律、思想政治教育发展规律、教书育人规律,选择的内容更贴近实际、贴近生活、贴近群众。三是教材修订不断更新,做到与时俱进,确保了教材内容的时代性。高校思想政治理论课教材基本上保持两年更新一次的频率,这就确保了将党和国家新的方针政策、理论路线及时补充进教材,紧握时代脉搏,跟上青年学生信息获取的节奏。

(三)探索教材建设的优化路径

要提升高校思想政治教育亲和力,教材体系建设也是其重要源头。中共中央、国务院颁布的《关于深化新时代学校思想政治理论课改革创新的若干意见》中要求"统筹推进思政课课程内容建设"和"加强思政课教材体系建设",为此,应从三个方面加强高校思想政治教育教材与内容的亲和力建设。

第一,统整大中小学思政课一体化的教材体系。教材作为教学内容的重要载体,是连接教师教学和课程体系的桥梁。现在全国大中小学思政课教材全部由国家教材委员会组织统编统审统用,这能有效避免不同阶段教材内容的重复性,而呈现层层递进、步步升高的教材内容发展路径,增强对学生的吸引力和关注度。循序渐进、螺旋上升地设计大中小学思政教材体系要将顶层指导、因地制宜与示范引领结合起来。一是国家教材委员会组织统编统审统用全国大中小学思政课教材和教材指导纲要,科学制定教材建设规划,注重提升大中小学思政课教材的科学性,在教材中体现思政课的价值取向和政治导向,分阶段融入习近平新时代中国特色社会主义思想的内容,小学教材可用一些漫画言简意赅地表达,初中阶段可用具体案例展示,高中阶段运用国内外现实交汇体现,大学阶段运用系统的理论阐述,加强各级学校思政课教材的可读性。二是各地方教材委员会应组织统编统审统用本地大中小学思政课选修教材和教材指导纲要,因地制宜挖掘各地区具有思想政治教育价值的自然和文化生态资源,研究编制本地区红色文化资源、历史文化人物、特色民风民俗、历史名胜古迹、当地优秀道德模范等精品课程教材指南,增强各级学校思政课教材的时代性。三是应组织专家分课程编写深度解读教材体系的示范教案,积极发挥大中小学思政教学名师、教学能手等优秀教师的示范引领作用,在示范教学、交流经验、一对一帮扶、集体备课的过程中,打造大中小学优秀思政课教学团队。四是应与时俱进地探索编写大中小学融媒体思政网络公开课教材,推动大中小学优质思政课网络教学资源开放共享。

第二,开发立体化教材体系,确保教学内容的政治性、科学性与时代性、可读性相结合。立体化教材体系从内容与形式上看,应包括三个层次。第一层次是主干教材资源,是基础环节,包括五门思想政治理论课教材和相应的实践课教材、教学参考书、学习指导书、电子教案、CAI 课件、网络课程等;第二层次是教学资源,是关键环节,包括电子图书、漫画系列、试题库(或试卷库)、案例库、各种媒体素材(如文字、图像、动画、音频、视频、流媒体等),这个层次应借助新兴的网络平台和自媒体平台等教育介体才能实现;第三层次是学科系统资源,利用现代化互联网技术和互联网交互平台,运用现代教育技术中的各种开发和制作工具软件,建设能体现马克思主义学科特点和思想政治理论课教学特色,内容具有层次性的综合型网站资源。分层开发教材体系,形成能体现思想性、科学性、可读性相统一,有利于全方位满足学生对立体化高校思想政治理论课教材体系的需求。

第三,整合形成思政课程与课程思政一体化的教材体系。要实现上文所说的课程思政与思政课程一体化,先得实现课程思政与思政课程教材一体化。

中央、教育部除统编大中小学思政课教材外,还统编了大中小学语文、历史教材,这一做法应进一步拓展到统编其他课程的教材大纲中的育人部分内容,从而确保其他课程的思政功能发挥到位,真正形成所有课程协同育人的大合力。

第五章　打造充满亲和力的高校
思想政治教育主体

办好思政课,关键在教师。邓小平同志曾经指出:"一个学校能不能为社会主义建设培养合格的人才,培养德智体全面发展、有社会主义觉悟的有文化的劳动者,关键在教师。"①教师工作是塑造灵魂、塑造生命、塑造人的工作。习近平总书记指出:"国家繁荣、民族振兴、教育发展,需要我们大力培养造就一支师德高尚、业务精湛、结构合理、充满活力的高素质专业化教师队伍,需要涌现一大批好老师。"②思想政治理论课是落实立德树人根本任务的关键课程,思想政治理论课教师是铸魂育人的中坚力量。打造充满亲和力的高校思想政治教育主体,是新时期思想政治教育的必然要求。

一、增强人格魅力

"办好思想政治理论课关键在教师,关键在发挥教师的积极性、主动性、创造性。思政课教师,要给学生心灵埋下真善美的种子,引导学生扣好人生第

---

① 《邓小平文选》第二卷,人民出版社 1994 年版,第 108 页。

② 习近平:《做党和人民满意的好老师——同北京师范大学师生代表座谈时的讲话》,《人民日报》2014 年 9 月 10 日。

一粒扣子。"①教师是人类灵魂的工程师,承担着传道授业解惑、教书育人的神圣使命。传道者自己首先要明道、信道。教师的人格力量和人格魅力是成功教育的重要条件。教师对学生的影响,离不开教师的学识和能力,更离不开教师为人处世、于国于民、于公于私所持的价值观。人格魅力指一个人在性格、气质、能力、道德品质等方面具有的很能吸引人的力量。教师的人格魅力来源于他的人格品位、学识深度、道德修养、行为风采,以及教育理念、教育宗旨、教育手段。②

俄国教育家乌申斯基说:"在教育工作中,一切都应以教师的人格为依据,因为教育力量只能从人格的活的源泉中产生出来,任何规章制度,都不能代替教师人格的作用。"③思想政治教育主体的人格魅力如同一缕阳光映照学生的心灵,对大学生有着天然的示范效应。2014 年 9 月,习近平总书记在同北京师范大学师生代表座谈时,提出了"要有理想信念,要有道德情操,要有扎实学识,要有仁爱之心"的"四有"好老师标准。2019 年 3 月,习近平总书记在全国学校思想政治理论课教师座谈会上对所有思政课教师提出了具体要求:第一,政治要强;第二,情怀要深;第三,思维要新;第四,视野要广;第五,自律要严;第六,人格要正。④ 这些重要论述,为新时代高校思想政治教育工作者做党和人民满意的好老师指明了方向。高尚的德行操守、精湛的学识素养和亲善的形象气质应该是新时代充满亲和力的高校思想政治教育工作者应该具有的主要素养。

(一)高尚的德行操守

师者,人之模范也。教师的职业特性决定了教师必须是道德高尚的人。

---

① 《用新时代中国特色社会主义思想铸魂育人 贯彻党的教育方针落实立德树人根本任务》,《人民日报》2019 年 3 月 19 日。

② 崔青青:《试论高校"两课"教师的人格魅力》,《中国特色社会主义研究》2005 年第 5 期。

③ 崔青青:《试论高校"两课"教师的人格魅力》,《中国特色社会主义研究》2005 年第 5 期。

④ 《用新时代中国特色社会主义思想铸魂育人 贯彻党的教育方针落实立德树人根本任务》,《人民日报》2019 年 3 月 19 日。

没有高尚的人格做底子,为师就容易跌跤子,高尚的人格可以弥补才能不足,而天大的才能却填补不了人格的缺陷。正可谓经师易得,人师难求。一个优秀的老师,应该是"经师"和"人师"的统一,既要精于"授业""解惑",更要以"传道"为责任和使命。高校思想政治理论课教师最主要的任务不完全是向学生灌输理论,而是先教学生学会做人。师者为师亦为范,学高为师,德高为范。作为新时代高校思想政治理论课教师,必须理想坚定、德行高尚、敬业爱岗,成为师表榜样。

1. 坚定的理想信念

理想信念教育是思想政治教育的核心。教育引导大学生树立远大理想、坚定必胜信心是思想政治教育的重要任务。习近平总书记指出:"理想信念就是共产党人精神上的'钙',没有理想信念,理想信念不坚定,精神上就会'缺钙',就会得'软骨病'。"[1]"正确理想信念是教书育人、播种未来的指路明灯。不能想象一个没有正确理想信念的人能够成为好老师。"[2]作为高校思想政治教育工作教师,自己必须坚定理想信念,方可传授这一内容,实现这一任务。只有自己补足"钙",才能帮助教育对象补钙;只有自己富有理想、信念坚定,才能引导教育对象树立高远的理想追求,成为"有理想、有道德、有文化、有纪律"的社会主义新人;只有自己一心一意为着全体人民的共同理想奋斗,才能以自己坚定的理想信念去感召人、鼓舞人,因为有理想的人讲理想才有感召力。[3] 思想政治理论课是落实立德树人根本任务的关键课程,对此,思政课教师更要有坚定信念和强烈的责任感,要明确意识到肩负的国家使命和社会责任,要充分认识自己所从事工作的意义,悦纳自己的身份,把培养担当民族

---

① 《习近平谈治国理政》第一卷,外文出版社 2018 年版,第 15 页。

② 习近平:《做党和人民满意的好老师——同北京师范大学师生代表座谈时的讲话》,《人民日报》2014 年 9 月 10 日。

③ 《思想政治教育学原理》编写组编:《思想政治教育学原理》(第二版),高等教育出版社 2018 年版,第 332 页。

复兴大任的时代新人,培养德智体美劳全面发展的社会主义建设者和接班人作为自己远大的职业抱负和追求。

当前,意识形态领域形势复杂,斗争尖锐。西化、分化,道德滑坡现象在某些领域比较严重,一些党员干部对共产主义心存怀疑,有的不信马列信鬼神,有的盲目崇拜西方社会制度和价值观念,对社会主义前途命运丧失信心。甚至国内有些舆论还提出中国现在搞的究竟是不是社会主义的疑问,有人说是"资本社会主义",还有人干脆说是"国家资本主义""新官僚资本主义"等等。① 针对各种思潮和种种错误声音,思想政治教育教师必须坚定共产主义的远大理想和中国特色社会主义的理想信念,坚定"四个自信",通过自己的坚定信仰去感染学生,用真理力量感召学生,让学生清醒认识坚持中国特色社会主义道路的历史必然性,充分认识党领导人民在改革开放、中国特色社会主义现代化建设中取得的辉煌成就,正确认识和正确对待我国面临的发展机遇与严峻挑战,做到不管风吹浪打,坚定不移坚持中国特色社会主义共同理想。

2. 良好的道德品质

"精神的力量是无穷的,道德的力量也是无穷的。"②高尚的师德,是对学生最生动、最具体、最深远的教育。教育者必须言行一致、表里如一,能够为教育对象提供思想道德上的示范,教育才会起作用。言教与身教相结合、身教重于言教,既是我们党思想政治教育的优良传统,又是一条重要的原则。良好的道德品质,是对思想政治教育工作者的基本素质要求。

要为人师表。学为人师,行为世范。"老师对学生的影响,离不开老师的学识和能力,更离不开老师为人处世、于国于民、于公于私所持的价值观。"③

---

① 《习近平新时代中国特色社会主义思想学习纲要》,学习出版社、人民出版社2019年版,第27页。

② 《习近平谈治国理政》第一卷,外文出版社2018年版,第158页。

③ 习近平:《做党和人民满意的好老师——同北京师范大学师生代表座谈时的讲话》,《人民日报》2014年9月10日。

教师的工作就是通过言传身教,为人师表,把做人的真谛传递给学生。思想政治教育工作者的一举一动、一言一行都比其他课程更直接、更强有力地影响着学生。对此,思想政治教育教师要模范践行社会主义核心价值观,做社会主义道德的示范者,在社会公德、职业道德、家庭美德、个人品德等方面都应当成为教育对象的楷模。

要有磊落正直的胸襟、表里如一的人格。亲其师,才能信其道。教师首先人格要正,堂堂正正做人,光明正大做事,有人格,才有吸引力。高校思想政治教育教师要不断提高师德修养,追求慎独的崇高境界,严于律己,以身作则,做到课上课下一致、网上网下一致,言行一致,始终如一,树立优良学风教风,自觉抵制有损教师职业声誉的行为,维护社会正义,引领社会风尚。

要真诚友爱、关爱他人。以己度人,乐于助人,爱生如子。以自己的真诚去换取学生的真诚,以自己的友善去构筑学生的友善,以自己的纯洁去塑造学生的纯洁,以自己人性的美好去描绘学生人性的美好,以自己高尚的品德去培养学生高尚的品德。用高尚的人格感染学生、赢得学生,用真理的力量感召学生,以深厚的理论功底赢得学生,自觉做为学为人的表率,做让学生喜爱的人。

3.强烈的敬业精神

对职业的坚守与执着是做好工作的前提。强烈的事业心和对教育工作的深深热爱,是教师人格魅力极为重要的体现。作为思想政治教育工作者,要热爱本职工作,对思想政治教育信念坚定,具有在思想政治教育中做出成绩的愿望,对做好思想政治工作充满信心,甘愿为思想政治教育事业无私奉献。

要热爱教育。以从事教育事业为荣,强化教师意识,时刻意识到"我是人民教师""教师是太阳底下最崇高的职业"。基于对教师职业神圣职责的理解而迸发出来的强烈自豪感和责任感,能在工作中激发强大的精神力量,不断激励和鞭策教师忠诚于党的教育事业,培养自己高尚的师德。要充分认识思想政治理论课、思想政治工作的重要意义,强化历史使命和责任担当,并将其化作为对职业的热爱。不断提高对教育职业的认同,教书不应成为谋生手段,而应毫无私心杂念地投身其中,以教书育人为崇高的职责,并能从中感受到人生的乐趣。做到"衣带渐宽终不悔",心甘情愿"为伊消得人憔悴"。要有爱岗担当精神,以"功成不必有我"的胸襟,"功成必定有我"的担当,只争朝夕、不负韶华,永葆不懈奋斗的干事创业精气神,把自己的事业发展融入民族振兴、社会进步、中华民族伟大复兴的历史长河之中。

要敬业奉献。敬业精神和奉献精神是一个统一体,有了对教育事业的献身精神,才会在工作中执着追求、呕心沥血、不计得失。马克思说过:"在科学上没有平坦的大道,只有不畏劳苦沿着陡峭山路攀登的人,才有希望达到光辉的顶点。"①马克思主义是随着时代、实践、科学发展而不断发展的开放的理论体系,它并没有结束真理,而是开辟了通向真理的道路,思想政治教育工作者要孜孜不倦地追求和探索马克思主义真理。新时代是一个需要理论而且一定能够产生理论的时代,是一个需要思想而且一定能够产生思想的时代。思想政治教育教师作为马克思主义研究者、传播者,必须与时代同步伐,与人民共命运,关注并回答时代和实践提出的重大问题,永葆马克思主义的生机活力。以科学的态度对待科学,以真理的精神追求真理,把论文写进祖国的美好山河里,写进中国共产党领导中国人民的伟大成就中,写进中国人民的勤劳智慧里,写进中华民族伟大复兴的征程上。

4.高尚的职业情操

职业操守在教书育人过程中有着无法替代的作用。我国《高等学校教师职业道德规范》中明确规定,高校教师必须具备爱国守法、敬业爱生、教书育人、严谨治学、服务社会等各方面的职业道德规范。新时代的高校思想政治教育教师,更应该模范践行高等学校教师师德规范,用更加高尚的职业情感、更

---

① 《马克思恩格斯文集》第5卷,人民出版社2009年版,第24页。

为厚重真挚的职业情操去感染学生。

要真心热爱学生。苏霍姆林斯基认为："爱是教师艺术的基础，没有对学生的热爱就没有教育。"那些发自肺腑热爱学生的教师，更容易得到学生的信赖与亲近，更能激发起学生探求真理的求知欲。作为思想政治教育教师，要关爱每一名学生，关心每一名学生的成长进步，以真情、真心、真诚教育和影响学生，努力成为学生的良师益友，构建一种和谐的师生关系，成为学生健康成长的指导者和引路人。

要充满激情，坚定对美好生活的热情和向往。教育因激情而精彩。教育是心灵间的碰撞产生的共鸣，只有充满激情的对话才能生成超越平凡的力量。思想政治教育教师应该充满热情，对未来饱含憧憬和向往，善于欣赏周围一切美好的事物，能够辩证地看待暂时的困难和障碍，积极乐观地对待生活。热爱生活的教师一定是神采奕奕的，也是最有魅力、最能打动人心的。

要有刻苦钻研、严谨笃学精神。教师是知识的重要传播者和创造者。在当今时代，知识更新速度惊人，要成为合格的教育者，高校思想政治教育教师就必须崇尚科学精神，树立终身学习理念，如饥似渴地学习新知识、新技能、新技术，拓宽知识视野，更新知识结构，不断提高教学质量和教书育人本领。要养成求真务实和严谨自律的治学态度，恪守学术道德，发扬优良学风。

总之，思想政治理论课能否赢得学生的喜欢和接受，能否收到理想的教学效果，不但取决于教师的业务素质，更取决于教师的道德人格魅力。正如习近平指出，高校思政课教师应该坚持以德立身、以德立学、以德施教、以德育德，坚持教书与育人相统一、言传与身教相统一、潜心问道与关注社会相统一、学术自由与学术规范相统一，争做"四有"好教师，全心全意做学生锤炼品格、学习知识、创新思维、奉献祖国的引路人。

（二）精湛的学识素养

我国自古以来就有"学高为师"的古训，老师被称为"智者"。这说明，教师应在学识上高人一筹,而"学为人师,行为世范"的话语,也鲜明体现了深厚学识是好老师的必备素质之一。面对当前的信息化时代,经济快速发展、社会日益多元、各种新知识不断涌现,只有具有博学知识和创新智慧的教师才能真正得到学生的认可。做一名好老师,必须具备扎实的学识,努力提升自身的学识水平,增强学术的魅力,才能满足学生绵延不绝的求知欲,促进学生的学习发展和自身的专业成长。

1. 精深的专业知识

本职业务素质是顺利展开思想政治教育工作必不可少的主观条件,是思想政治教育工作者履职尽责的基本本领。掌握精深的学科知识,是"传道"的基本前提。思想政治课教师只有对所教学科有着系统的、深刻的、准确的理解,才能教会学生正确的知识。以深厚的理论功底赢得学生的信赖和尊敬,是思想政治理论课教学的基础。新时代的思想政治理论课教师必须是高素质的。

一是要有较强的马克思主义理论修养。"认真学习马克思主义理论,这是我们做好一切工作的看家本领。"[1]思想政治教育教师要用深厚的理论功底赢得学生,必须深入学习和理解马克思主义理论的本质和精髓,熟稔马克思列宁主义、毛泽东思想、邓小平理论、"三个代表"重要思想和科学发展观,深入学习领会习近平新时代中国特色社会主义思想,同时也要熟悉相关专业、学科知识。思想政治教育一方面以传播马克思主义理论为己任,另一方面以马克思主义指导思想政治教育实践,按照马克思主义的世界观、方法论分析思想动态,探寻教育规律,进行思想创新。在新时代,面对各种思想观点、社会思潮,面对国内国外错综复杂的形势,思想政治教育教师要能够在讲台上真正地"站"起来,赢得大学生的青睐和掌声,就必须使自己在理论上"强大"起来。

---

① 《习近平谈治国理政》第一卷,外文出版社2018年版,第404页。

只有不断地、深入地研究实践中的问题,才能以理性的思辨能力、较高的理论素养,以理性的宏观视野、较高的理论站位,赢得学生对马克思主义的信仰。

二是要有扎实的思想政治教育学专业知识。思想政治教育学是以思想政治教育现象为研究对象,研究探讨思想政治教育规律的学问,对做好现实的思想政治教育工作具有指导作用,同时又是进行探索创新的起点,思想政治教育工作者理所当然必须掌握。此外,教育学、心理学、政治学、伦理学、社会学、法学、管理学等方面的知识,与思想政治教育紧密相连,掌握这些知识,可以更好地理解和把握思想政治教育学理论,提高教育者的素质,增强思想政治教育的科学性。

2. 广泛涉猎科学文化知识

为了使学生获得一点知识的亮光,教师应吸进整个光的海洋。思想政治教育是一种文化传承、育人和创新活动,加大文化熏陶的分量,实现以文化人、以文育人,是思想政治教育发展的一个重要方面。在全民文化素质提高、信息越来越开放的今天,思想政治教育不能只限于上传下达、喊口号、提要求。思想政治教育工作者要自觉学习科学文化知识,增强提高文化水平和文化修养的自觉性,尽可能掌握广博的人文社科知识,具有文化思想意识和文化自觉,才能够准确理解思想政治教育的文化价值,充分把握思想政治教育内容的文化含义,与受教育者进行"有文化"的交流沟通,赋予思想政治教育以文化感召力和征服力。① 政治教育要"坚持古为今用、推陈出新,有鉴别地加以对待,有扬弃地予以继承,努力用中华民族创造的一切精神财富来以文化人、以文育人"②。为此,思想政治教育工作者应力求多学一些、多懂一些,如学习文学、美学等有关知识,以提高审美品位;学习社会学、历史学、民族学等有关学科知

① 《思想政治教育学原理》编写组编:《思想政治教育学原理》(第二版),高等教育出版社2018年版,第335页。

② 《习近平谈治国理政》第一卷,外文出版社2018年版,第164页。

识,以提高观察、分析问题的能力,在复杂社会表象中找到问题症结和解决良方;学习逻辑学、传播学等的有关方法,提高表达能力,增强说服教育的效果。① 此外,思想政治教育工作者还应多读一些历史文化学类书籍,不断增强思想政治教育教学语言的历史文化底蕴。思想政治教育工作者只有广泛涉猎、博览群书,才能"腹有读书气自华、宣讲马列动人心",不断增强思想政治教育教学语言的文学色彩和历史底蕴,使自己的思想政治教育工作语言听起来让人如沐春风、心旷神怡。

理论来源于生活和实践。信息时代下,必须要有广博的文化知识和宽阔的胸怀视野,才能发现新问题,解决新问题。思想政治教育工作者只有掌握大量自然科学、社会科学知识,并加以深入的说明和论证,才能使学生发自肺腑地产生崇敬羡慕之情。思想政治教育工作者要不断拓展自己的知识面,广泛积累各领域的最新知识,要掌握心理学、教育学、伦理学、政治学、社会学等相关科学知识。同时,还要熟悉与思想政治教育发生联系的一些辅助性知识,如经济学、法学、历史学、美学、语言学、逻辑学等。只有学识渊博,业务精良,既有精深的专业知识,又有广博的多学科知识;既有坚实的理论功底,又有较强的业务能力,讲起课来才能成竹在胸、深入浅出、旁征博引、得心应手,让学生充分感受到知识的冲击力,使学生产生敬重感,自觉地接受教育和指导。

3. 先进的教学知识技能

有效的教育教学知识是教师教学过程中不可或缺的知识基础。教师不仅是知识的传授者,而且是学生学习的指导者,教育教学知识可以帮助教师理解学生的认知特点,选择合适的教学方法,促进学生更快更好地学习。思想政治教育工作者要主动学习研究教学理论,潜心琢磨教学规律,深入开展教学改革,不断提升授课水平。同时要顺应信息时代的发展,及时学习先进的网络媒

① 《思想政治教育学原理》编写组编:《思想政治教育学原理》(第二版),高等教育出版社2018年版,第336页。

体技术,不断提升教学技能,创新教学方法,更好地为教学服务。

积极推动教学创新。习近平总书记在 2019 年 3 月召开的全国思想政治理论课教师座谈会上提出,思想政治理论课要坚持"八个相统一"的具体要求,为思政课的改革创新指明了方向。这"八个相统一"深刻总结了思政课建设长期以来形成的规律性认识和成功经验,构成了一个紧密联系、有机统一的整体。思想政治教育工作者应随着社会的发展,积极探索教书育人的新规律,不断用新知识充实教学内容,以激起学生广泛的兴趣爱好和强烈的求知欲望。推动思想政治理论课改革创新,要不断增强思政课的思想性、理论性和亲和力、针对性。

掌握现代教育技术。以信息网络技术为标志的现代教育技术为思想政治教育提供了现代化手段,极大地拓展了思想政治教育的空间和时间。思想政治教育工作者需要既精通思想政治教育业务,又熟练掌握先进教育技术。具体基本技能包括:一是能够熟练运用网络技术,利用网络浏览和搜索功能,下载所需要的信息,并对纷繁复杂的各种信息进行筛选、鉴别、处理,为思想政治教育所用。二是能够利用网络及软件工具发布各种有益信息,直接对受众施加积极影响。三是能够利用信息技术制作多媒体课件、电视节目、DV 教育短片以及开办教育网络等。四是能够流畅运用新媒体,通过新媒体提供人性化、个性化的信息交流形式,扩大思想政治教育的时空领域,增强教育效果。

4. 不断获取新知识

中国有句俗语,叫做"活到老学到老"。作为知识传播者的教师,更应该始终处于学习状态,站在知识发展前沿,勤学好问、不断学习。特别是随着信息技术高速发展、经济全球化进程加快,社会对教育质量的要求空前提高,对教师队伍的素质要求也越来越高。这就要求老师要始终刻苦钻研、严谨笃学,不断充实、拓展、提高自己。教师不能满足于装满自己的"一桶水",而要使自己时时是一潭有源头的"活水",与时俱进,不断汲取新知识,更新自己的知识结构,积极回应新的挑战,追求卓越。

不断推动马克思主义理论创新。时代是思想之母,实践是理论之源。"马克思主义不是书斋中的学问,而是来自于实践、归之于实践、用于指导实践",马克思主义基本原理只有结合时代背景、理论实践和前沿知识,才能形成符合社会发展要求的理论知识。思想政治教育工作者要用发展的眼光理解马克思主义,站在知识发展的前沿,保持理论知识的与时俱进,不断创新思维,而不是通过死抓抽象概念去理解马克思主义。通过掌握立场、观点和方法,准确地把握马克思主义的理论内涵,阐发理论的时代性、现实性,阐发理论发展的新样态,阐发理论及其新样态在实践运用中的价值性、有效性。不仅如此,还需要有广阔的历史视野和国际视野,能够将真理转化为强大的力量。

不断提升信息素养。进入信息时代,接受与传输、感知与鉴别、处理与利用信息成为思想政治教育的基本形态。一方面,信息传播技术的进步和媒体的发展,给思想政治教育带来了许多便捷,提供了丰富的资源;另一方面,海量的媒介信息充斥着人们的眼球,过量的信息以及不同传媒对同一信息传播的差异,使人们真假难辨,陷入选择困惑。时代发展越来越需要思想政治教育工作者在这纷繁复杂的信息社会中给以正确引导,在网络激烈的意识形态较量中,以社会主义核心价值观牢固占领意识形态阵地。一是要善于发现、获取、整理有益的信息资源为开展思想政治教育所用;二是要善于与教育对象进行平等的对话交流,在信息流动中加以引导;三是面对复杂多变、良莠混杂的信息,能够坚持正面引导,合理利用正面、积极信息,抑制消极、有害信息。

(三)亲善的形象气质

教师亲善的形象气质,是一种无形的精神力量,在思想政治教育中凸显出巨大的价值,像磁铁一样吸引着学生,使学生更加自愿走近、乐于接受、勇于践行、加深认同。人格魅力是教师亲和力的来源,亲善的形象气质,为教师增添了人格魅力的光环。教师的人格魅力在实践中产生的效应属于非权力性影响力,是一种以个人德行、学识和贡献产生的榜样作用而使大学生自愿地听从其教导的亲和力。①

对学生充满爱是思政课教师人格魅力源源不断的内生力。文雅庄重的举止、合乎规范的语言、亲切诚恳的态度、整洁大方的装束,是社会对教师外在形象的要求。要提升教师亲善的形象气质,必须要在"亲"和"善"上下功夫。"亲"即亲切、亲和、亲近、和气,"善"即善良、和善、和蔼。"亲"和"善"是互为条件、相互依存的,"善"是发自于内心的"善心""爱心",亲是表现出来的"亲和"行为。

1. 尊重理解和信任学生

先进的教育理念都要求教师要以学生为中心,尊重学生、理解学生、信任学生。万世师表孔子提出"学而不厌、诲人不倦",有教无类,因材施教,教也多术。习近平总书记要求教师做学生的"四个引路人",做"四有好教师"。做好教师的前提就是要求老师具有尊重、理解、信任学生的品质。这本身就是一种伟大的教育力量。

现在的大学生都是"95后""00后",一方面表现出强烈的自尊心和以自我为中心,不轻易吐露真情,不主动交流思想;另一方面又迫切地希望被人理解,被人亲近。学生健全人格的形成需要建立在平等尊重的基础上。作为思想政治教育教师,要把学生视为一个独立平等的精神个体来与之对话,使其能够在真实平等的对话中获得被尊重的满足,从而意识到自己的价值。要变"师道尊严"为"师生相互尊重",摘下"权威"的面具,放下"教师爷"的架子,抛开"说教"的形象,自觉地融入学生中间,敞开自己的心扉,以平等的姿态和学生互动,善于倾听学生的心声,理解他们的喜怒哀乐,给予他们最大的信任,增进彼此间的沟通与了解,努力营造出一种轻松、和谐的育人氛围。

---

① 高静:《浅析高校青年教师人格魅力的塑造维度与制约因素》,《教育观察》2015年第4期。

2. 欣赏鼓励和指引学生

教师要积极关注每个学生身上的正面成长力,因材施教,而不是随意褒贬。要帮助学生发掘出自身的潜在能力,引导他们走上成功之路。"世界上没有两片完全相同的树叶,老师面对的是一个个性格爱好、脾气秉性、兴趣特长、家庭情况、学习状况不一的学生,必须精心加以引导和培育,不能因为有的学生不讨自己喜欢、不对自己胃口就冷淡、排斥,更不能把学生分为三六九等。"①教师应是学生的良师益友,发扬民主作风,尊重每位学生,包容善待每位兴趣爱好不同、脾气秉性迥异的学生,关注他们学业的同时也关心他们的思想品行,关注每位学生喜怒哀乐的变化,尤其要及时赞赏特殊学生的闪光点,恰当而及时地运用赏识教育方式和方法,让每位学生感受到老师的欣赏和鼓励。

教师"就要像演员进入角色一样泛出微笑,在任何情况下都能自然地微笑着面对每一位学生,即使学生提出很偏激、尖锐甚至不友好的话题,教师都要尽可能地以平和的心态去和学生交流沟通。"②教师要通过爱的感化与陶冶作用,"使自卑者自尊,后进者上进,悲观者看到希望,冷漠者充满激情"③。要提高心理调节功能来不断开启受教育者的心灵,在师生之间建立起感情融洽的亲密关系,使得学生能够打开心扉向教师倾吐心声,使教师能清楚地了解学生的内心世界,不断调节自己的教育方式和方法,有的放矢地进行教育。

3. 包容接纳和关怀学生

包容和接纳是两个关系密切的词语。包容与接纳都不仅仅是一种形式,

---

① 习近平:《做党和人民满意的好老师——同北京师范大学师生代表座谈时的讲话》,《人民日报》2014 年 9 月 10 日。
② 崔青青:《试论高校"两课"教师的人格魅力》,《中国特色社会主义研究》2005 年第 5 期。
③ 李香善:《高校德育教师人格魅力对人才培养的影响力》,《教育理论与实践》2009 年第 9 期。

而应该是一段持续的状态。其中,包容是基础,接纳是在包容基础上的接纳,否则接纳就不能持续而会走向彼此的对立或矛盾爆发。包容和接纳不是毫无原则地全盘接收,而是以有利于学生健康成长为前提。

思想政治教育工作者要有宽广的纳物胸怀和宽厚的待人态度。教师要有教无类,从学生自身成长发展需要出发,包容学生的缺点,接纳学生的不完美,引导学生努力克服自身存在的不足。教师应容许学生提出质疑,即使学生提出很偏激、尖锐甚至不友好的话题,教师都要尽可能地以平和的心态与学生交流沟通,动之以情,晓之以理,通过以理服人解决学生的疑惑,而不是以永远正确、不容学生质疑的态度出现。应当善于捕捉大学生们微妙的情感,在他们取得成绩和进步时给予必要的肯定,在需求得不到满足和愿望难以实现时,给予积极充分的鼓励和安慰。

总之,思想政治教育工作者要有政治家的风度和胸襟,凡事能从大局和大处着眼,以政治家的胸怀包容学生认识上的偏颇和政治上的幼稚,循循善诱,以理服人,使学生能够"亲其师而信其道"。同时,又能在日常教态、言谈举止、衣着形象等方面,呈现出文明儒雅的风度,潜移默化地影响学生。增强人格魅力,将自己完整真实的人格展示给学生、感染学生,做到用真理的力量感召人,用人格的力量感染人,用真挚的情感打动人,用生动的形式吸引人。

二、增创话语魅力

古人说,"文以载道""言之无文,行而不远"。语言是人类的生命活动,是人类思维的外壳,是人类信息传递、思想交流、情感沟通的重要工具。思想政治教育是关于人的教育,思想政治话语是思想政治教育的载体,是感染、影响、鼓舞教育对象的重要武器。提高思想政治理论课的教学实效,必须关注教学话语创新,增创教学话语魅力。

作为一种影响学生心灵的工具,教学语言是高校思想政治理论课不可替代的重要组成部分。一方面教学语言是师生互动和思想交流的推动者,另一方面教学语言是课程产生亲和力的重要因素,以教学语言创新为切入点推动课程建设能起到事半功倍的效果。① 高校思想政治课教师要充分发挥教学语言艺术的生命力,创新语言表达,增强话语魅力,切实提高教学质量,发挥思政课在大学生思想政治教育中的主渠道作用。

(一) 恰适的对话定位

"教育者和教育对象是思想政治教育的两个基本要素,在思想政治教育中起着基础性和决定性的作用。"②思想政治教育者与教育对象在思想政治教育中各有特点和功能,对教育活动的进程和结果都起着重要的作用。但是一些教育者的思维定式是"以教育者为中心",忽视甚至否定教育对象的需求与作用。随着现代信息技术的发展,教育者和教育对象的关系发生了一些新的变化,尊重教育对象,激发教育对象的主动性和积极性,是现代思想政治教育的新要求。

1. 坚持教师在教学话语中的主导性

在思想政治教育实施活动中,"教育者居于主体地位,起着主要的、引导活动方向的作用,教育对象居于教育客体地位,起着自主参与和主动内化外化作用"③。掌握意识形态的话语权,是对高校思想政治教育主体的必然要求。作为国家主流意识形态传播的主渠道,思想政治理论课同其他课程具有本质上的区别,不仅需要强调话语沟通中内容的传播,更要引导学生准确把握课程

---

① 周洲:《试论新时代高校思想政治理论课教学语言创新》,《思想理论教育导刊》2019 年第 11 期。

② 《思想政治教育学原理》编写组编:《思想政治教育学原理》(第二版),高等教育出版社2018 年版,第 183 页。

③ 《思想政治教育学原理》编写组编:《思想政治教育学原理》(第二版),高等教育出版社2018 年版,第 197 页。

内容中所蕴含的价值观。教师作为高校思想政治理论课教学的主导者,话语权的掌握关乎教学目标的实现,不能一味地迎合学生的话语习惯而丧失教师在教学中的话语主导权。[①]

要加强思想政治教育话语建设中的主导权。当前,思想政治理论课教学语言面临着一些生态危机:一是红色基因缺失,不"走心",没有生命力;二是脱离实际,只作"留声机",没有说服力;三是"配方"陈旧,"工艺"粗糙,没有吸引力。[②] 甚至一些教师对思想政治理论课不重视,把思想政治理论课娱乐化,取悦学生,照本宣科,对学生的思想情况不闻不问。因此,在高校思想政治理论课话语建设中,教师要牢牢掌握话语主导权,保障教学内容在教学过程中具有主导性,要在创设思想政治理论课教学语境上下功夫,构建思想政治理论课优良的教学语言生态。思想政治理论课教师在运用教学语言艺术进行教学时,要牢牢把握话语建设的主导权,要善于通过主动设问解扣、问题牵引、层层展开,把话说到学生心坎里去,把导向鲜明地立起来。对于一些重大的理论和现实问题,还要通过主动设置议题,引导学生不仅学会怎么看,还能务实回答怎么办,以理性眼光来看待挑战,以平和心态来面对困难,汇聚起深化改革、加快发展的磅礴力量,为巩固主流思想舆论、服务党和国家工作大局发挥思政课堂的主渠道作用。

要坚持政治性与思想性、政治性与时代性的统一。政治性和思想性都是思政课程不可或缺的一部分,"政治性对思想性的吞并将导致课程思想性的缺失和政治性的空泛化,思想政治理论课也就丧失了其存在的价值"[③]。时代性强是思想政治理论课非常突出的特点,思想政治理论课的教学必须遵循时代性。思政课切忌把教学内容模式化、教条化,而要直面党和国家各项建设发

[①]　覃事太、马俊、金鑫:《高校思想政治理论课教学话语建设的实践逻辑》,《思想理论教育导刊》2018 年第 5 期。

[②]　杨未:《锤炼思想政治理论课教学语言》,《思想理论教育导刊》2018 年第 6 期。

[③]　周洲:《试论新时代高校思想政治理论课教学语言创新》,《思想理论教育导刊》2019 年第 11 期。

展中的重大问题,及时进行科学回答和理论升华。只有抓住问题意识这个"牛鼻子",让思想政治教育课话语体系建设联系实际问题、直面重大问题、紧贴疑惑问题,思政课堂才会有的放矢、对症下药,达到解疑、解惑、解渴的教学效果,得到学生的喜欢和认可。

2.加强师生之间的交流互动性

师生互动是思想政治理论课得以顺利运行的前提条件。但是长期以来,思政课堂存在说教及控制性的话语表达,在这种近乎"独白"的话语表达方式中,教师处于政治和道德制高点的位置讲授权威性知识,不仅使学生的话语权被全面压制,而且很容易导致思政课话语失效或负效。当代大学生主体意识强,独立性和差异性明显,具有更多的自主思考与彰显个性的要求,不容易接受直接的思想灌输和脱离现实的学习方式。如果教师的教学语言仍停留在旧有的独白话语方式上,必然给学生心理造成一种距离感。讲好互动话语,教师要赋予学生话语权,使用平等的互动对话式话语,使师生处于平等地位。

一是实现教学语言从单向到双向互动的转换。在思想政治理论课传统的授课方式中,教育者对教育对象的单向灌输是较为常见的,师生之间的交流互动则相对较少,这种单向的教学模式不利于教学语言充分发挥作用。如果教育者在授课中只注重单向度的语言表达,不注重学生的反应,就不会真正起到沟通师生的作用,从而使课堂教学成为一种"半成品"。只有在师生的双向互动的语言表达中,才能形成完整的教学话语环境。① 因此,教育者要打破单向灌输的授课方式,变单向的劝导为双向的交流,着力发挥教育对象的主体作用,增强师生之间交流的互动,还要提高教学语言的感召力。教育者应当将单向训导、劝告、填鸭式的话语表达方式,转换为平等地对待学生、尊重学生以唤醒学生的话语表达意愿,并引导他们结合理论和现实对自己的观点进行更加

① 周洲:《试论新时代高校思想政治理论课教学语言创新》,《思想理论教育导刊》2019年第11期。

深入和深刻的思考。在这种双方"你来我往"的思想碰撞和意见交换中,学生得以真正参加和融入课程。

二是积极设置课堂话题,构建与学生对话式语言平台,给予学生表达观点的机会。教学过程中,教师应通过相关问题的设置,引导学生参与到教学活动中来。在平等对话的平台上,真正实现老师和学生的双向交流。当然,这对思政课教师的话题设置能力、讨论引导能力、教学把控能力都提出了较高的要求。

三是告别控制者和支配者的角色。在教学话语中融入积极的情感因素,通过诚恳实在、情理相融的话语表达方式,加强学生对教学内容、思想的接受与理解,唤起学生内心的认同与共鸣。思想政治教育是一个内容输送和信息反馈的双向过程,有其自身的内在规律性。要在双向互动过程中建构一种"你说,我听"与"我说,你听"的话语轮次关系,在双向沟通中,了解学生真关切,提炼真问题,解决真疑惑,达到真实效。要在双向沟通中,碰撞思想,凝聚共识,最终达到理论和情感认同。说到底,就是要把思政话语说到学生的心坎上,把思想渗透进学生的头脑里。

3. 激发学生在学习中的主动性和创造性

中共中央、国务院出台的《关于进一步加强和改进大学生思想政治教育的意见》明确指出:"加强和改进大学生思想政治教育的基本原则是坚持教书与育人相结合;坚持教育与自我教育相结合;坚持政治理论教育与社会实践相结合;坚持解决思想问题与解决实际问题相结合;坚持教育与管理相结合;坚持继承优良传统与改进创新相结合。"[1]这就要求大学生思想政治教育既要发挥教师的引导作用,也要培养学生的自主学习能力。在教师指导下,大学生应根据其学习任务,并运用有效的学习方法、学习步骤和学习策略,对其学习过

---

[1] 《关于进一步加强和改进大学生思想政治教育的意见》,《中国高等教育》2004 年第 20 期。

程进行有效管理、调节和监控,从而实现思想政治理论课程的学习目标。近些年来,思想政治理论课教学模式进行了许多有益的实践探索和创新,活跃了课堂气氛,深刻地影响了学生们的思想和行为,思想政治教育的实效性大为加强。

要引导学生充分利用各种媒体资源,阅读和了解各种社会信息,就一些反映时代前沿的问题、社会热点,贴近学生实际的话题进行学习讨论,并独立进行分析、评价、运用,做到理论联系实际、学以致用,从而提高学生分析解决问题的能力。在这个过程中,教师要提出具有针对性的符合学生实际的学习目标,循序渐进地培养学生的学习兴趣,用研讨式、曲艺式、情景式、专题式等教学方式,使学生自觉主动接受和认同思想政治理论。要鼓励学生自动自学,教师做好课前、课中、课后指导,把讲课任务分发给学生,并指导他们拟好活动策划书,修改学生们的讲课方案和讲稿,深入学生中进行沟通交流,对学生的各种歌舞、小品、戏剧与各种多媒体平台建设等多种表现形式给予必要的指导,尽量让学生用自己的方式、自己的思维习惯和语言模式来组织学习与思考。还要将专业特色融合到思想政治理论课的授课中,使思想政治理论课的学习与学生的各种专业课程紧密结合起来,通过各种新媒体平台和各种表现形式来进行授课,如多媒体网络、Flash、动漫、视频以及歌舞、小品、各种互动等展示自主学习的成果,大大促进他们学习思想政治理论课的自觉性、主动性和积极性。

(二)亲切的语言态度

"良言一句三冬暖,恶语伤人六月寒。"语言传递人与人之间的态度,好的语言让人如沐春风,坏的语言让人仇恨难消,亲切的语言态度是提升语言魅力的基础。"思想政治理论也是有温度的理论"①,思想政治教育需要有温度的

——————————

① 阎占定:《思想政治理论课教学要讲出理论的温度》,《思想理论教育》2020年第2期。

语言态度。思想政治理论课教师要亲近时代、亲近学生、亲近现实、亲近生活，增加语言的温度，从而提升语言的魅力。

1. 亲近时代

习近平总书记强调："做好高校思想政治工作，要因事而化、因时而进、因势而新。"①思想政治教育活动不是游离于时代之外的空洞说教，而是紧密结合时代的一项系统工程。新时代是中国经济社会发展新的历史方位，高校思想政治教育的特殊性决定了思想政治理论课要把理论话语、意识形态话语和时代话语紧密结合起来，通过引入反映时代变迁的话语内容和表达形式，以达到思想政治教育与社会发展同频共振、同向而行的目的。

一要立足于时代。当前，中国特色社会主义进入了新时代，新时代有新矛盾、新目标、新部署，这些新内容都应该有机融入高校思想政治教育。高校思想政治教育要贴近时代，构建新时代高校思想政治教育的新格局，把思政教育的指导思想、内容载体、方式手段与时代的具体要求结合起来。只有与时俱进、彰显新时代特征的思想政治教育内容才能激发学生的内心共鸣，带动学生的情感认同，进而充分提升高校思想政治教育的实效性，为新时代做出新贡献。

二要积极回应时代的挑战。回应时代问题是思政课所固有的实践品质。马克思说过："问题是时代的格言，是表现时代自己内心状态的最实际的呼声。"②一切划时代的思想体系，都是为了回答和解决时代提出的重大问题。思想政治教育教学话语的建构必须对应于中国特色社会主义实践所架设的时空场域，契合当下的时代精神，回应当代的现实问题，因地制宜、因时制宜、有的放矢，才能增强学生对中国特色社会主义道路的政治认同，不至于导致"话语低

---

① 《把思想政治工作贯穿教育教学全过程　开创我国高等教育事业发展新局面》，《人民日报》2016 年 12 月 9 日。
② 《马克思恩格斯全集》第 1 卷，人民出版社 1995 年版，第 203 页。

效"。教学话语叙说着历史又解读时代问题,要讲清楚马克思主义的历史发展、精神内涵,更要对接现代社会的时代发展,避免引发"脱离实践"的责难。当前,我国进入社会体制深刻转型、改革全面推进的时期,制度建设问题、稳定发展问题、利益分配问题、生态文明建设问题、反腐倡廉问题等都是这一时期的焦点。思想政治教育要提升感染力、增强吸引力、呈现价值力,必须回应时代问题,积极宣传党和政府的方针政策,做好方针政策的解读工作。同时,要将反映时代变革的话语整合并嵌入教育教学话语体系之中,这不仅是思想政治教育教学话语由"固态化"向"动态化"转变的现实需要,更是彰显马克思主义与时俱进的理论本质,实现教学话语鲜活化、生活化、时代化的内在要求。

三要增强语言的时代感,创新教学语言。在信息化和网络化时代,思想政治教育主体要多学习当代网络文化知识,不断增强思想政治理论课教学语言的时代感,接网络生活地气。通过学习恰当运用话语,把马克思主义理论与大学生个体的网络虚拟生活关联起来,将"高、大、上"的理论与网民生活关联起来,实现大学生对马克思主义宣讲的方法认同,最终达到价值认同。一是要善于运用信息化时代的新型网络语言。以信息化、智能化为特征的工业革命正影响着整个世界,新时代的大学生是第一代网络原住民,无人不网、无时不网、无处不网正是新时代思想政治教育所置身的特定环境,因此高校思想政治理论课必须创新话语表达,善用鲜活的网络语言,把理论讲活、讲近,讲进大学生心里。要结合理论教学话语脱离它理应契合的话语环境的问题,从生活话语、网络话语、社会与经济发展,尤其是从新媒体中形成的"潮语"中汲取新的话语,从学生的校园生活中提炼新的话语,增强教学话语的时代气息和对现实社会的理论解释力,促进教学话语体系与时俱进。① 二是积极运用信息时代的新技术新手段。现代信息技术为新时代多样化教学语言的运用提供了可能。在传统的文字语言和语音语言基础上,新时代的教学语言可以结合 H5、短视

① 赖萱萱、郑长青:《高校思想政治理论课教学话语创新初探》,《教育评论》2017 年第6 期。

频、动漫、网络语音等手段的运用,增强视听化效果和宣传感染力,让理论讲授可视、可感,将教材语言中所蕴含的理论、价值、立场和观点传递给大学生。要将互联网逻辑与教书育人规律结合起来,让思想政治理论课在教学方法、教学组织等方面在新技术的背景下实现再造与新生。当然,在借助这些多样化的教学语言形式时,必须时刻牢记形式是服务于内容的,不能为了"取悦"学生而一味地强调教学语言形式的多元化却忽视了教学语言的内容传达。

总之,只有立足于时代,才能够真正理解我们所处的时代,才能够将时代赋予青年大学生的使命转化为教育的内容,才能够在与时俱进中使得思想政治教育能继承传统、开拓创新。只有不断创新教学语言,才能对学生产生吸引力,才能使思政课呈现出鲜活旺盛的生命力。

2.亲近学生

近年来,思想政治理论课教育教学的外部环境和教育对象都发生了一些新的变化,而思想政治理论课教学中由于课程本身的性质和功能决定了它往往严肃有余而趣味不足,再加上某些教师单一、枯燥的纯理论灌输,使得"教师讲得很辛苦,学生听得很痛苦"[①]的现象屡屡发生。要改变这种现状,激发学生的上课积极性,最为关键的是要改变以往传统的教学模式和语言表达风格,采用学生更乐意接受的话语,用语言艺术的美来教育、感化学生,走进学生心里,与学生形成良性互动,激发学生的学习积极性。

一要关心学生的学习和生活。卢梭在他的《爱弥儿》中说:"做老师的人经常在那里假装一副师长的尊严样子,企图让学生把他看作一个十全十美的完人,这种做法的效果适得其反,要打动别人的心,自己的行为就必须合乎人情。"[②]一位受学生尊敬和爱戴的老师,一定是一位富有人情味、具有亲和力的人。教师要主动走近学生、亲近学生、了解学生,关注他们学习、生活中的困

---

① 郑琼梅:《思想政治理论课的激趣艺术》,《学校党建与思想教育》2010年第1期。
② 崔青青:《试论高校"两课"教师的人格魅力》,《中国特色社会主义研究》2005年第5期。

惑,及时为他们排忧解难,取得大学生真心信任与喜爱。与大学生构建和谐的师生关系,才有可能走进大学生的心灵世界,成为他们人生的导师和心灵的朋友,做到知之所想、授之所想、导之所想。

二要结合学生的实际特点开展针对性教学。教师要深入学生的学习和生活之中,了解并研究学生的心理特点、思想状况,并针对不同专业学生的需求特点进行教学,做到因材施教。青年是社会环境的产物,时代的产物,一代成年人影响的产物。不同阶层、不同时代、不同环境下的青年群体都有其不同的思想特点和个性。高校思想政治教育归根究底是做人的工作。教育对象所处不同时代、不同处境、不同社会环境,从而具有不同的思想特点。而我们的高校思想政治教育,正是要针对教育对象思想特点上的差异性,找到最为合适的教育方式,体现出教育的针对性。了解学生的理论困惑,知晓外界社会思潮对他们有什么影响,就要有针对性地开展思政教育工作,量体裁衣,提升高校思想政治教育工作实效。要了解学生的特点,关注学生的现实困难,重点关注来自学业、家庭、人际关系、就业四个方面的压力,既解决他们的思想问题又解决他们的实际困难。

三要用大学生喜爱的语言。要将教学话语植根于学生的需要,教学话语创新要反映学生的诉求,充分体现人文关怀。要使教学语言通俗化,把深奥的理论通俗说,把陌生的话题鲜活说,把抽象的概念形象说,用大学生熟悉的语言把理论说透,讲好"通俗话"。要用大学生喜闻乐见的形式,用大学生想听爱听的语言,用大学生学习生活的素材,站在"时代新人"和"社会主义建设者和接班人"的高度,达成高校思想政治教育的目标。要亲近当代大学生的现实生活,了解大学生的思想行为特点,使用大学生的语言阐明自己的观点,让自己的教学语言接当代大学生的思想地气。教学话语创新必须关注学生生活实际,关注学生情感需求和心理状态,消除师生在教学话语上的隔阂,营造出充满人文关怀的话语环境。因此,教师要通过问卷调查、日常交流,以及借助微信、微博、QQ等新媒体平台走进学生的生活世界和精神世界,主动探索引导学生走出思想困境、提高学生成长的素质能力、在思想理论与现实生活交集点上能够走进学生内心的富有人本情怀的教学话语。

四要尊重大学生的主体地位。教育活动是双向互动的实践，在坚持发挥教师主导作用的同时，要尊重高校思政课教学活动中大学生主体地位的实现。要坚持以学生发展为本的理念，了解学生成长过程中的关切，重点解决学生在课程学习中感兴趣的问题，让具有表达诉求的话语主体将声音"言说"出来，有效调动学生的学习兴趣和积极性。对此，高校思政课教学话语必须讲好"平等话""关怀话""人本话"。要坚持以学生为主体，倡导话语权的主体复归，设置课堂平等对话平台，唤起主体的道德理性，激发学生的表达热情，助推话语激荡、话语启发、话语交往，让心灵的力量、人文的力量、思想的力量在课堂上飞扬，达成"春风化雨、润物无声"的思想化育，增强大学生对中国特色社会主义的自信。这不仅是思政课教学话语建构的内在要求，更有助于实现其"内化于心、外化于行、互化于境、固化于文"的旨归。

3. 亲近现实生活

高校思想政治教育者的话语要亲近当代中国社会现实，让自己的教学语言符合中国现实，接当代中国地气。习近平总书记指出："一种价值观要真正发挥作用，必须融入社会生活，让人们在实践中感知它、领悟它。要注意把我们所提倡的与人们日常生活紧密联系起来，在落细、落小、落实上下功夫。"①因此，思想政治理论课一定要结合现实生活，融入现实生活，用现实生活话语讲现实中国故事。这在一定意义上就是让"马克思说中国话"。

一要立足于生活。习近平总书记指出，人民对美好生活的向往，就是我们的奋斗目标。高校思想政治教育引导学生在正确的世界观、人生观、价值观的指引下追求美好生活并为之奋斗，是高校思政课的重要职责与担当。党的十

---

① 《习近平谈治国理政》第一卷，外文出版社 2018 年版，第 165 页。

九大做出了我国社会主要矛盾已经转化为人民日益增长的美好生活需要和不平衡不充分的发展之间的矛盾的重大政治论断。如何正确理解人民对美好生活的需要？如何客观认识我国经济社会发展的不平衡不充分？如何在当前良好的学习、生活环境条件下，提高自身本领，为未来施展自己才智的职业生涯打下良好基础？如何将小我发展与大国命运结合起来？这些问题的解决，都需要高校思想政治教育立足于丰富的社会现实，为大学生提供高尚的思想引领、正确的价值追求、科学的人生理想。思想政治教育主体只有立足生活，才能使高校思想政治教育充满生机和活力，才能使大学生从自己身边做起，从生活中的小事做起，感受思想政治教育的独特魅力，才能够将思想政治教育生活化，进而做到浸润心田。

二要直面现实问题。经过 40 多年的改革开放，我们取得了辉煌的成绩，也积累了大量的社会问题。例如，我国综合国力快速提升的同时，在一定时期和阶段忽略了经济社会发展的协调性，进而导致了环境污染、资源浪费、生态失衡等不良现象的出现；在推进我国整体经济快速发展的同时，由于政策导向和具体措施的不到位等，使我国东、中、西部经济发展不平衡现象没有得到有效遏制。贫富差距拉大、经济发展失衡、公平正义受到挑战等社会问题是客观存在、学生关心的问题，思政教育工作者只有直面问题不闪躲，用真心的话语、通俗的理论、丰富的事实去打动学生，为其释疑解惑，才能树立真诚的形象，只有真诚的形象才能产生感染人、吸引人的效果。习近平总书记在党的新闻舆论座谈会上说："要少一些结论和概念，多一些事实和分析；少一些空谈说教，多一些真情实感；少一些抽象道理，多一些鲜活事例。""特别是在出现负面事件时，早说比晚说好，自己说比别人说好。"①这就是要讲真话，以真服人，争取主动。思想政治教育者只有带头讲实话，认真做分析，提出新思路、新办法，才能达到为人释疑解惑的效果。

---

① 《习近平总书记重要讲话文章选编》，中央文献出版社 2016 年版，第 438—440 页。

三要解决现实问题。做事先做人，做人先立德。高校思想政治理论课首要任务就是解决学生社会主义核心价值观的培育问题。当前道德滑坡、社会问题频发，不少学生重物质追求，忽视了精神层面的提高。学生在现实面前，往往难以把握，容易形成一些错误的世界观、道德观和人生观。作为思政教育工作者，不仅要直面这些问题，还要回答这些问题，引导大学生不仅学会怎么看，还能务实回答怎么办，以理性眼光来看待挑战，以平和心态来面对困难，汇聚起奋发向上、建设祖国的磅礴力量，为巩固主流思想价值、培养合格的社会主义事业建设者和接班人服务。

总之，新形势下的高校思想政治教育既要贴近我国当前思想政治教育目标的现实要求，贴近学生思想政治品德形成的发展实际，坚持一切从实际出发；又要贴近学生的具体生活情境，贴近学生的生活特点和生活场景，了解学生学习生活现状，不断优化更新思想政治教育内容，把思想政治教育的内容融入学生的生活世界之中，融入学生的日常学习之中，融入师生交流互动的情境之中，融入学生的社会实践活动之中，让学生在内容丰富、形式多样的教育过程中潜移默化地接受思想政治教育。

（三）高超的话语艺术

"不是锤的打击，而是水的载歌载舞，使鹅卵石日臻完美。言语有声，育人无痕，具有亲和力的语言会使教学如鱼得水、游刃有余。"[1]教学语言艺术的生命力，体现在智慧的传播、思想的引导、情感的交流、能力的培养、认识的提高等诸多语言运用过程中。思想政治理论课教学是以语言为直接交流工具，调动学生听课积极性，达到传道、授业、解惑的目的。因此，思想政治理论课教师要掌握教学语言的要求，增强教学语言风格和语言艺术的生命力，以生动的语言感染人，从而激发学生学习思想政治理论课的积极性。

---

① 崔青青：《试论高校"两课"教师的人格魅力》，《中国特色社会主义研究》2005年第5期。

1. 注重语言的表达

一要注重语言的简洁性与朴实性。大道至简,大义微言,简洁性应是思想政治理论课教学语言遵循的基本原则。老师要提升语言的创造能力、语言的理解能力,具有高度的语言表达能力,在短时间内能够快速地组织起精练的语言,让学生一听就能够明白。要用一些精练的短语来表达晦涩的政治概念,运用深入浅出的朴实的语言来阐述深刻的理论。朴实性要求教师将教学内容用通俗易懂的语言表达出来,用来源于生活、来源于学生自己的语言,将教学内容讲授出来,将教育思想凝练出来。这种话语表达直白、简练和接地气,让学生一听就懂,一听就记,能讲进学生的心里,转化为外在的行动。朴实性还要求教师以真诚、平和、商量的语气,与学生平等交流、沟通,营造宽松和谐的学习氛围,使教学建立在心灵交流的基础上。

二要注重语言的幽默性。法国著名演讲家海兹·雷曼麦表示,用幽默的方式说出严肃的真理比直截了当的提出更容易让人接受。高校思政课教学过程中如果比较呆板、枯燥,易导致学生失去兴趣,教师讲得昏天黑地,学生睡得昏天黑地。语言艺术上的幽默性,则是激活思政课堂的一个有效办法,对提高思政课堂教学实效有着不错的作用。具有审美价值的幽默不仅能使教师课堂讲授变得生动有趣,学生兴趣盎然,寓教于乐,而且也可以开启学生心智,化解逻辑思维的障碍,促进思维敏捷。教学语言幽默风趣,时常妙语连珠,时事热点、流行音乐、网络熟语信手拈来,融入课堂教学,能把原本枯燥的内容翻转鲜活起来。但值得注意的是,思政课堂的教学语言不能为了幽默而幽默,形式要服从内容,要把形式上的幽默性和内容上的教育性结合起来,避免庸俗化的课堂讲授,让学生在开心之余在思想上有收获。那种单纯追求噱头与热闹,追求好玩与气氛,授课没有实质性内容的所谓幽默对思政课教学无益,应当坚决避免。

三要注重语言表达的节奏。语言节奏是影响语言效果的重要因素,高校思想政治主体除了要掌握普通话、消除口头禅、用语贴切等基本功以外,做到语言生动和注意语言节奏特别重要。同样的内容,同样的情景,从不同语言风格的人嘴里讲出来,效果往往大相径庭,其中很突出的一个原因就是语言是否生动、是否有恰当的节奏。不同的语言节奏有不同的话语效果,如畅快、舒缓、变速、重复、停顿、交叉等,各自会产生不同的教学效果。因此,语言节奏对于思想政治理论课教师十分重要。教师根据不同的教学对象和教学内容,恰当地处理讲授节奏,就容易使课堂产生吸引力。当陈述一个基本事实的时候,需要用畅快连贯的语言一气呵成,给人留下一个完整的印象;如果讲到一个重要的原理、规律或结论,就应该一字一句地慢速渐进,必要的时候还要予以重复强调,以使人理解、记录或标记;如果需要提问和征询,就需要运用停顿、提醒和加重语气的手段组织语言的节奏。有时不同间隔的停顿,具有多种不同的用途,例如极短的停顿表示尊重对方,取得共识;稍长的停顿表示提醒深思;有的停顿有助于加重慷慨激昂的情绪;等等。总之,思政课堂一定要注意控制节奏,切忌平淡匀速的平铺直叙。

2.善讲故事、善用俚语、善引经典

思想政治教育话语作为做人的思想工作的工具,就是要让大众想听、愿听、爱听,要让马克思主义理论能够被大众普遍认同并能够加以运用。习近平系列讲话所表现出的独特风格和魅力以及刚柔相济、情理交融的语言艺术,为新时代思想政治教育话语的体系构建、内容丰富、方式改进以及传播优化等提供了诸多启示。[①] 高校思想政治教育工作者应该学习习近平总书记的讲话风格和艺术魅力,善讲故事以阐述深刻道理,善用俚语以释疑解惑,善引经典以提纲挈领,并在平实和亲切中蕴含力量、直指人心。

善讲故事:娓娓道来,形象生动。讲故事、明道理能够将抽象、枯燥的理论

---

① 杨威、谢丹:《习近平语言艺术对新时代思想政治教育话语创新的启示》,《学术论坛》2019 年第 42 期。

具体化、生动化,进而打破主体间的话语间隔,拨开表象之下的种种隐匿,引导受众敞开心扉体察况味。譬如,习近平总书记在中法建交50周年纪念大会上曾谈道:"拿破仑说过,中国是一头沉睡的狮子,当这头睡狮醒来时,世界都会为之发抖。中国这头狮子已经醒了,但这是一只和平的、可亲的、文明的狮子。"①习近平总书记借用拿破仑所讲"沉睡的狮子"的比喻,无疑拉近了与法国人民在文化上的距离,用"和平""可亲""文明"三个词语重新塑造了当代中国的形象,不仅巧妙地反驳了"中国威胁论",而且生动地传递出中国梦的世界价值,既富张力又有深意。②

善用俚语:平实简洁,通俗易懂。毛泽东指出:"我们的政策,不光要使领导者知道,干部知道,还要使广大的群众知道……群众知道了真理,有了共同的目的,就会齐心来做。"③要让群众知道真理与相信真理,就必须贴近人民的实践,符合人民的利益,善用人民的语言来传播真理与阐释真理。譬如,习近平总书记在谈及农村工作时说道:"小康不小康,关键看老乡。"这句俗语既是对"三步走"战略思想的历史性继承,又针对现实把握住了实现全面建成小康社会的重点和难点,更体现了我党对"小康社会"认识的不断深化以及始终坚持"以人民为中心"的政治立场,内涵丰富而意义深远。

善引经典:旁征博引,蕴意深厚。新时代的思想政治教育要发挥凝聚价值共识、振奋精神状态、培育和谐心理的作用,就必须重视中华优秀传统文化的积极影响。要善于用中国语言阐述马克思主义思想。正如毛泽东指出的:"洋八股必须废止,空洞抽象的调头必须少唱,教条主义必须休息,而代之以新鲜活泼的、为中国老百姓喜闻乐见的中国作风和中国气派。"④用生活中的成语、俗语、歇后语、口语、诗词曲赋等,以增强语言的丰富多彩,使受教育者产

---

① 习近平:《在中法建交50周年纪念大会上的讲话》,《人民日报》2014年3月29日。
② 杨威、谢丹:《习近平语言艺术对新时代思想政治教育话语创新的启示》,《学术论坛》2019年第42期。
③ 《毛泽东选集》第四卷,人民出版社1991年版,第1318页。
④ 《毛泽东选集》第二卷,人民出版社1991年版,第844页。

生共鸣。这样把马克思主义思想与国学语言交融的形式广泛应用于大学生思想政治教育中,不仅能够雅俗共赏,而且能够达到事半功倍的效果。

3. 形成良好的语言个性

语言个性就是在一定的生活和工作环境中,结合自己的实际特点形成的语言风格。实践经验表明,一个优秀的富有魅力的思政课教师,往往在教学语言上具有强大的感染力,有着自身鲜明的语言个性。这种个性的形成,来自于长期的教学生活实践,是由自己的思维特点、心理特点等综合因素促成的。要注重在平时教学过程中对不同语言个性的审视和比较,在吸收和扬弃中不断提升语言表达能力,从而提升自身思政课教学语言的感染力,成为一名有魅力的思政课教师。

要投入真情实感。"语言生动的本质是演讲者投入真情实感"[1],亲其师则信其道,教学语言上的真情实感是打动学生的重要途径。干巴巴的教学语言背后往往是贫瘠的教学情感,一堂生动的思政课往往能通过情真意切的语言让学生内心产生共鸣、思想产生共振。那些具有真正的理想信念的学者,一般都是语言生动的模范。因为,那不仅仅是语言的技巧,更是整个心灵在吸引人、感染人,其语言不会不生动。教师如果情绪饱满,言语铿锵,就会向学生传达出一种发自肺腑的积极情感,并以这种情感感染和影响学生。

加强非言语的交往。现代心理学研究表明,信息的表达中只有45%靠口头语言,剩下的55%靠体态语言。[2] 体态语言是一种副语言,包括肢体动作、面部表情、眼神目光、人际距离、外貌服饰等,它能够辅助有声语言更清晰明了、更直观真实地表达一个人的真实情绪和态度,有时候起的作用比口头表达效果更好。良好的教态,是一名合格的思政课教师必备的素质。思政课教师在授课过程中,正确的手势、恰当的眼神、良好的体姿,既能体现思政课教师良

---

① 刘书林:《探索思想政治理论课教学的新境界》,《思想理论教育》2017 年第 10 期。
② 徐峰:《高校思政课教学语言艺术探微》,《湖北成人教育学院学报》2019 年第 25 期。

好的个人涵养、文化气质,也能让思政课更加灵动、富有魅力,让学生能更加积极地参与到思政课的教学中来。思政教育工作者需要在实践中摸索、提炼、沉淀,生成一套符合自身特点及实际情况的非语言艺术,从而更好地与语言艺术一起完成整个教学环节,达到立德树人的预期效果。

总之,艺术最本质的东西是以情感人,作为老师,与学生交流沟通时更应注意自身的教学语言艺术。思想政治理论课教师要灵活运用教学语言艺术,要加强培训和学习,不断吸收相关的心理学、伦理学、法学、社会学等专业知识,不断收集最新的社会热点等材料信息,使语言艺术常新。

三、增进实践魅力

孔子说:"其身正,不令而行;其身不正,虽令不从。"高校思想政治教育工作者要在教育教学实践中以自身的模范言行增进个人魅力。首先,教师要以身作则、率先垂范,带头实践自己提倡的道德标准和价值观念。其次,要确保所传授的思想政治教育内容是反映客观规律,能解决实际问题的,让学生觉得马克思主义理论是科学的、有用的、有价值的,是学生内心真正需要的,让其产生认同感和悦纳感,从而促成大学生对思想政治教育内容积极获取的内部动机需求。毛泽东曾经指出:"任何思想,如果不和客观的实际的事物相联系,如果没有客观存在的需要,如果不为人民群众所掌握,即使是最好的东西,即使是马克思列宁主义,也是不起作用的。"[1]习近平总书记提出学习的根本目的是"增强工作本领、提高解决实际问题的水平"[2],指出"实践是提高本领的途径"[3],"道不可坐论,德不能空谈。于实处用力,从知行合一上下功夫"。[4]

---

① 《毛泽东选集》第四卷,人民出版社 1991 年版,第 1515 页。
② 《习近平谈治国理政》第一卷,外文出版社 2018 年版,第 406 页。
③ 《习近平谈治国理政》第一卷,外文出版社 2018 年版,第 51 页。
④ 《习近平谈治国理政》第一卷,外文出版社 2018 年版,第 173 页。

我国高校要扎根中国大地办好社会主义大学,必须坚持以马克思主义实践观为指导,解决好理论教育与实践教育相统一的问题。坚持教育与生产劳动和社会实践相结合,是我国高等教育人才培养的基本原则,也是高校思想政治工作发展的一条主线。① 学高为师,身正为范,身教重于言教。"桃李不言,下自成蹊",教师要具有言行一致、表里如一的人格风范,身体力行,为学生树立师表形象,在动之以情、施之以爱的教育实践中,让学生耳濡目染,"功夫在诗外"。

(一) 思想上的价值引领

作家柳青说过,人生的道路虽然漫长,但紧要处常常只有几步,特别是当人年轻的时候。大学生正处在人生的"紧要处",特别是在信息化时代,青年学生的价值观确立会受到多方面的影响,他们怎样才能确立起正确的价值观,走对人生之路? 师者,所以传道授业解惑也。古往今来,教师都是学生前行的引导人、栽培者。高校思政课教师肩负着塑造灵魂、塑造生命、塑造人的时代责任,要为青年学生"传道""解疑""释惑",做青年学生的"锤炼品格的引路人",点亮理想之灯,照亮前行之路。

1.加强理想信念教育引导

中共中央、国务院 2017 年 2 月印发的《关于加强和改进新形势下高校思想政治工作的意见》明确提出,"要把理想信念教育放在首位;要培育和践行社会主义核心价值观,把社会主义核心价值观体现到教书育人全过程,引导师生树立正确的世界观、人生观、价值观,加强国家意识、法治意识、社会责任意识教育;要弘扬中华优秀传统文化和革命文化;要办好高校思想政治理论课"②。这些

---

① 刘宏达、万美容等:《高校思想政治工作前沿问题研究》,人民出版社 2019 年版,第 189 页。

② 《中共中央国务院印发〈关于加强和改进新形势下高校思想政治工作的意见〉》,《社会主义论坛》2017 年第 3 期。

明确要求非常具有针对性、现实性和紧迫性。

当今社会环境日益复杂化,意识形态呈现多元化,各种世界观、人生观、价值观相互碰撞,传播媒介趋于多样,使得大学生接触信息的渠道日益增多,这些海量信息良莠不齐、鱼龙混杂,在一定程度上成为学生不良思想生长的土壤,甚至某些是错误腐朽文化的土壤。不正确的价值观必然导致错误的人生之路,对此,高校思想政治教育工作者要聚焦新时代,立足新方位,引导学生增强"四个自信",帮助学生在科学的方向指引下实现人生价值,做到2020年2月教育部印发的《新时代高等学校思想政治理论课教师队伍建设规定》中提出的"引导学生立德成人、立志成才,树立正确世界观、人生观、价值观,坚定对马克思主义的信仰,坚定对社会主义和共产主义的信念,增强中国特色社会主义道路自信、理论自信、制度自信、文化自信,厚植爱国主义情怀,把爱国情、强国志、报国行自觉融入坚持和发展中国特色社会主义事业、建设社会主义现代化强国、实现中华民族伟大复兴的奋斗之中,使青年学生真正从思想上提高自觉抵御各种落后和反动思想文化侵蚀的觉悟"①。

2. 强化意识形态阵地意识

高校意识形态工作必须强化阵地意识。阵地是意识形态工作的基本依托。"宣传思想阵地,我们不去占领,人家就会去占领"②,而"要办好人民满意的教育、培育好能担当民族复兴大业的时代新人,要完成好高校意识形态工作所承担的重大任务,就必须强化高校意识形态工作阵地意识,加强阵地建设与管理"③。

当前,西方发达国家凭借其经济实力和垄断传媒的优势,图谋通过经济、

---

① 《新时代高等学校思想政治理论课教师队伍建设规定》,《西藏教育》2020年第5期。
② 《习近平关于网络强国论述摘编》,中央文献出版社2021年版,第52页。
③ 彭庆红、耿品:《高校意识形态阵地建设的根本原则和重要方针》,《思想教育研究》2018年第7期。

外交、文化、学术活动等向我国加大"西化""分化"力度,从而使我国意识形态领域一定程度上存在马克思主义被边缘化、空泛化、标签化,在一些学科中"失语"、教材中"失踪"、论坛上"失声"的现象。

作为高校思想政治教育工作者,一定要有高度的政治警惕和政治责任,决不能有幻想,决不能畏惧舆论斗争。当意识形态直接斗争不可避免时,就要清醒地认识到,在意识形态战场上没有退缩的余地、放弃的可能,只能是迎难而上、攻坚克难,要胸怀必胜信念,千方百计去应对千变万化、排除千难万险。

要构筑自己的阵地和堡垒。高校思想政治教育工作者要占领高校意识形态的主阵地——思政课堂,构建第一课堂(思政理论课堂)、第二课堂(校园思政和社会思政课堂)和网络思政课堂三个课程平台,部署课程育人、教学育人、管理育人、文化育人、心理育人、科研育人、组织育人等十大育人体系,全方位地严守马克思主义意识形态的政治底线。

3. 敢于亮剑,善于斗争,增强斗争本领

面对复杂尖锐的意识形态斗争,高校思想政治教育工作者要敢于担当,面对大是大非要敢于亮剑、敢于论战。同时还要讲究方法,做到"破"与"立"相结合。既要将正确的思想教授给学生,也要与各种错误思潮作斗争,引领社会思潮,维护意识形态的安全。要加强对各种错误思潮的剖析和解读,让大学生明白诸如"普世价值"、民主社会主义、历史虚无主义等各种社会思潮的本来面目,提高对各种思潮和网络信息的甄别能力。让大学生明确"普世价值"只不过是特定制度的代名词,民主社会主义实际上是资本主义的新马甲,历史虚无主义也只是抹黑社会主义制度及其领导人和革命历史的新手段等。此外,在高校部分学生中有所抬头的享乐主义、极端个人主义等不良思想,也要引起教育者的重视,强化对学生爱国主义、集体主义、社会主义的思想教育也显得特别重要。高校思想政治教育既要强化正面教育,也要敢于亮剑,敢于与各种错误思潮、不良思想进行坚决的斗争,才能形成真正的思想引领力。

（二）学习上的授业解惑

加大力度培养一批信念执着、品德优良、知识丰富、本领过硬的高素质专门人才和拔尖创新人才，是人才强国建设的重要内容。《国家中长期教育改革和发展规划纲要（2010—2020 年）》中指出，"促进德育、智育、体育、美育有机融合，提高学生综合素质，使学生成为德智体美全面发展的社会主义建设者和接班人"。"坚持文化知识学习与思想品德修养的统一、理论学习与社会实践的统一、全面发展与个性发展的统一。"①作为高校思想政治教育工作者，应该注重学生的全面综合发展，提高对学生学习上的授业解惑的能力，充分用好思政课教育主渠道和其他课程的思政教育资源，促进良好校园文化建设，走进社会实践，帮助学生划清是非界限、澄清模糊认识，让答疑解惑触及学生灵魂，帮助学生树立正确的世界观、人生观、价值观。

1. 提高"授业""解惑"的本领

打铁必须自身硬，绣花要得手绵巧。传道、授业、解惑，做学生学习知识的引路人，做学生创新思维的引路人，是思想政治教育工作者义不容辞的使命。为了推动教育事业又好又快发展，培养高素质人才，思想政治教育工作者应不断提高授业解惑的本领。

提高授业的本领。授业是传授技能、方法和本领的统一，目的在于培养学生的职业本领、职业方法和职业能力。现代教育要求在科学教育与人文教育过程中实现科学人文思维的互补、科学人文方法的融合，实现复合型人才的培养。"亲其师"才能"信其道"，作为高校思想政治教育工作者，既要给学生展现良师的形象，努力以高尚的人格赢得学生敬仰，以模范的言行举止为学生树立榜样，把真善美的种子播进学生心里，也要坚持"六要"和"四个相统一"标

---

① 《国家中长期教育改革和发展规划纲要（2010—2020 年）》，《实验室研究与探索》2018 年第 37 期。

准,自觉发挥积极性、主动性、创造性,用真理的力量感召学生,以深厚的理论功底赢得学生。

增强解惑的能力。学起于思,思源于疑。现代的教育理念是启发式教育,教师要成为学生学习的引导者、合作者、开发者,成为"平等中的首席"。启发式教育的核心就是释疑解惑,培养学生独立思考和创新思维的能力。思想政治教育工作者要摆脱那些生硬的、死板的、教条的方法,代之以生动的、活泼的、耐心的、细致的方法,根据当前形势的新变化新发展,通过贴近需要、聚焦问题,通过讲故事、解析案例等多种形式,把精妙的理论变成浅显易懂的道理,培养学生观察、分析和解决问题的实际能力,引导学生树立正确的理想信念、学会正确的思维方法。思想政治教育过程具有全程性,要把思想政治教育渗透到大学生工作、学习、生活的各个方面。对此,高校思想政治教育工作者尤其是思政课教师,不仅要解答课本上的疑问,还要着眼形势、关注现实,析事明理,帮助学生解决现实中遇到的问题,引导学生划清是非界限、澄清模糊认识,让答疑解惑触及学生灵魂,使学生真正将思想政治教育所带来的影响内化于心、外化于行,让学生终身受用不尽。

2.深化课堂革命,抓好立德树人主渠道

课堂是进行教学活动的主要场所,是做好思想政治教育的主阵地。习近平总书记在全国高校思想政治工作会议讲话中强调"要用好课堂教学这个主渠道","其他各门课都要守好一段渠、种好责任田,使各类课程与思想政治理论课同向同行,形成协同效应"。① 高校思想政治教育工作者应当充分用好思政课教育主渠道和其他课程的思政教育教学资源,深化大学生对理想信念的理性认识。要针对当代大学生人生目标更加多样、价值观更加多元、信息渠道更加广阔的特点,统筹推进课程育人工作,发挥每一门课程、每一个课堂、每一位

---

① 《把思想政治工作贯穿教育教学全过程 开创我国高等教育事业发展新局面》,《人民日报》2016 年 12 月 9 日。

教师的育人作用,形成思政课程和课程思政的协同育人格局。

一是优化教学内容,建强思想政治理论课。要加强高校的《马克思主义哲学原理》《马克思政治经济学原理》《毛泽东思想和中国特色社会主义理论体系概论》《中国近现代史纲》《思想道德修养与法律基础》《形势与政策》等思想政治理论基础课的建设。习近平总书记强调:"思想政治理论课要坚持在改进中加强,提升思想政治教育亲和力和针对性,满足学生成长发展需求和期待。"①当前,一些教师存在教学理念、教学方法、实践教学、评价方式等方面不适应,对学生思想政治理论需求引导不够、满足不够,在理论运用的时代性方面针对性不强等问题。对此,要进一步推进教学改革,优化教学内容,创新教学方式,规范课程和教材建设,强化课堂教学实践,推动建立融合不同学科的课程体系。高校思想政治课教师要准确吃透教材,把握教材的精髓和要义,并及时更新教学内容,积极推进习近平新时代中国特色社会主义思想"三进入",坚定大学生的"四个自信",引导大学生将理想梦与中国梦有机融合、同向同行、同频共振。

二是拓展特色资源,深入挖掘优秀文化传统和教育传统。把中华传统优秀文化中的爱国主义、集体主义、道德修养等文化精髓,以及革命文化、社会主义先进文化等融入课堂,融入课程思政当中。还可以结合地方和学校的独特文化与教育传统资源,开设校本特色思政课程,以身边事教育身边人。如湖南第一师范学院大力发掘以毛泽东为代表的红色文化和百年师范的教育传统资源,培养学生扎根农村、献身基层教育的情怀,取得了很好的效果。

三是创新教育方法手段。要深入探索艺术化、生活化、协同化等多样化的思政教育教学方法,增强思政课程教学和课程思政教学的针对性、亲和力和实效性。构建理论灌输与问题答疑、理论学习与实践体验、自主学习与互动讨论、课程学习与网络宣讲等多种方式相结合、交叉并进,课堂内外、线上线下、

---

① 《把思想政治工作贯穿教育教学全过程　开创我国高等教育事业发展新局面》,《人民日报》2016 年 12 月 9 日。

师生互动的立体教学模式,充分调动学生的理论学习兴趣,使其通过对马克思主义理论及其中国化最新成果的学习,确立正确的发展目标,选择正确的发展道路,掌握正确的思维方法。

四是教学科研相互促进。加强科研育人,突出科研工作的根本任务在于立德树人,提高人才培养质量,以育人质量引领科研水平提升,推动成果应用转化,促进科研育人。高校思想政治教育工作者要以提升思政教育亲和力、铸就大学生理想信念之魂为主题,深入开展科学研究,并将研究成果运用于课堂教学,促成教学科研相辅相成、同步提升。

3.加强校园文化建设,以文育人

高校是社会主义文化建设的重要阵地,文化育人是高校人才培养的基本特点。习近平总书记指出:"要更加注重以文化人以文育人,广泛开展文明校园创建,开展形式多样、健康向上、格调高雅的校园文化活动。"①高校思想政治教育工作者除了通过课堂教学以外,还应该加强校园文化建设,开展课外思政活动,通过文化熏陶和感染学生。

一是积极开展课外思政教学。结合思政课程特点,开设寓教于乐、寓教于理、寓教于境等校园课外思政品牌活动。如湖南第一师范学院马克思主义学院,坚持课程与生活相结合、与校园相结合,根据思想政治课程的特点,加强思政课艺术化建设,由思政课教师与学生一起创办了具有一定影响力的校园文化活动品牌。《思想道德修养与法律基础》课开设了"德·法·梦"剧场,《马克思主义基本原理》课开设了"我思我辩辩论赛",《毛泽东思想和中国特色社会主义理论体系概论》课开设了"社会主义好声音群口演说"等校园品牌活动,让这些充满正能量的校园思政活动成为校园文化建设的重要组成部分,进而引领校园文化活动的开展。在开展这些活动的同时,在师生之间营造良好

---

① 《把思想政治工作贯穿教育教学全过程　开创我国高等教育事业发展新局面》,《人民日报》2016 年 12 月 9 日。

的导学文化、在学生之间营造相互关心的和谐文化。

二是精心指导党团学群活动。思政课教学机构与校团委、宣传部、学工处等部门齐心协力,在校园文化建设方面形成合力与协同效应,强化价值引领。一是开坛设讲,聘请校内外专家学者及时宣传马克思主义理论和习近平新时代中国特色社会主义思想;二是组织学生理论性学习社团,精心指导学生自主开展理论学习宣传,成为学生身边人传播红色文化、思政理论的重要阵地;三是精心组织党史知识竞赛、党课、团课、志愿服务等活动,让学生在情境体验中潜移默化地受熏陶、促成长。

三是深入开展网络思政教学。建立智慧思政课堂、数字马院,开放系列在线思政课程,供学生随时随地开展网上网下学习;开通学校微信公众号、手机客户端,推送"学习强国"等 App,定期向学生发送思政理论、教育思想资讯,使思政教育线上线下紧密联动,实现校园全覆盖,从而实现以文育人与以文化人的高度统一。

4.促进"小""大"课堂相结合,实践育人

实现知行统一是思想政治教育的基本要求,注重学以致用、理论联系实际是中国共产党思想政治教育的优良传统。思想政治教育要走进实践,关怀时代,观照现实,使教育从"天边"回到"身边"。要把握马克思主义理论遇到的时代挑战和实践诘难,在实践中丰富和发展马克思主义,实现马克思主义与现实生活世界的息息相通。在思想政治教育中实现教育场域的拓展,既抓好课堂教学主渠道,又走进学生日常生活教育的主阵地,打通从课堂教学到大学生日常生活的教育通道,真正实现思想政治教育与现实生活的积极融合。

一要广泛开展各类社会实践,让学生在社会活动、社会实践中历练孕育仁德爱心,升华对理想信念的执着坚守。如湖南第一师范学院广泛利用社会资源,与社会上的爱国主义教育基地、德育基地、纪念馆、博物馆、社会主义新农村示范点、敬老院、孤儿院等建立友好合作关系,大大拓宽了学生锻铸理想信

念之魂的实践平台。

二要指导和体验社会实践。指导学生将内化的理论认知外化为实践行动，积极投身社会实践。如湖南第一师范学院每年暑假均组织学生开展社会主义核心价值观进乡村艺术化宣讲活动等，在潜移默化中引导村民扶贫先扶志，塑造良好乡风，惠及贫困山区的多个偏远乡镇，引起老百姓的强烈共鸣，受到热烈欢迎，人民网、新华网、中国教育网、中国乡村发现网、中国扶贫网等近30家主流媒体争相报道。这一项目获评全国大学生社会实践活动"最具影响好项目"，大学生社会主义核心价值观艺术化宣讲团荣获"全国优秀实践团队"。

三要产学研企协同育人。学校要充分发挥思想引领、政治引领与专业引领作用，积极寻求政、产、学、研合作，带领学生广泛开展实践交流、提供智力服务，实现共享共赢、协同育人，共同推进高校与地方政府、行业企业、学校院所等共建，共同促进大学生综合素质和实践能力的提升。如中国农业大学把思政课上到田间地头，通过产学研一体化带动农民增产增收；湖南第一师范学院与湘西多个企业合作，带领学生开展企业文化及价值观教育研究等。

四要重视创新创业。理论课堂上要加强对学生创新思维的引导、训练；校园实践中引导学生动手动脑，多思考，多创作；校外实践中，给学生安排创业导师，积极帮助大学生进行创新创业的咨询和指导，激发大学生创新创业的热情，指导学生参加社会调查、劳动创造、科技发明等社会实践活动，提高大学生创新创业能力素质，增强他们服务国家服务人民的社会责任感、勇于探索的创新精神、善于解决问题的实践能力。

（三）生活上的帮扶关照

习近平总书记指出："教育是一门'仁而爱人'的事业，爱是教育的灵魂，没有爱就没有教育。"[1]教师的爱，是一种巨大的教育力量，是教师人格的集中

---

[1]　习近平：《做党和人民满意的好老师——同北京师范大学师生代表座谈时的讲话》，《人民日报》2014年9月10日。

表现,它能激发学生的学习激情,打开学生智慧的心扉,实现教育的根本功能。思想政治教育要关照人的生活世界,就是要关照人的当下生活与未来生活、人的可能生活与现实生活、人的自我生活与他者生活。思想政治教育工作者只有用爱心架起与学生心灵沟通的桥梁,学生才会以其特有的敏感、观察和体验,感受到教师的善意和真诚,才会与教师产生情感上的共鸣、心理上的共振、行为上的亲近,才能"安其学而亲其师,乐其友而信其道",思想政治教育的实效性才能真正提高。作为一个具有亲和力的思想政治教育工作者,还需要在生活上对学生帮扶关照。

1. 帮助解决学生的现实问题

高校大学生正处于知识增长的关键阶段,他们思维活跃,对新事物充满好奇心,容易接受新事物新知识。但是,大学生在学习和生活中也会遇到学习困难、人际交往不适、恋爱挫折,乃至人生迷惘等一系列现实问题,如果得不到思想政治教育主体的及时帮助和引导,势必会对大学生的身心健康产生消极影响。特别是在互联网快速发展的今天,大学生由于人生阅历尚浅,在互联网信息没有得到有效监管的情况下,一些带有意识形态倾向性的不良信息会对大学生良好思想政治品德的形成产生负面的影响,这就需要思想政治教育主体进行有效引导。高校思想政治教育工作者要走近学生,了解学生的需要,使思想政治教育从"大水漫灌"变成"精准滴灌"。坚持从学生中来,到学生中去,关心学生的身心发展状况,发现他们的兴趣爱好,了解现阶段他们的思想困惑,才能增强教育的针对性和导向性,促使学生认同和喜欢思想政治教育。

2. 关心学生的心理健康

心理健康素质是大学生成才的基本要素,也是促进大学生全面发展的重要途径。对于高校思想政治教育主体而言,应该认识到人的思想发展和心理发展是不可分割的。高校思想政治工作是育德与育心的统一,心理健康教育是高校思想政治工作的重要任务。① 新时代加强和改进高校思想政治教育工作，必须大力促进心理育人，通过培养大学生健康的心理素质，促进他们的人格完善、身心健康与和谐发展。

近年来，大学生群体中"空心病""丧文化""佛系""道系"等现象层出不穷，折射出当前大学生群体在一定程度上存在消极心理、精神空虚的思想状况。高校思想政治教育主体要把握大学生的心理发展新态势，加强对大学生的心理健康教育和指导，重视与大学生的心灵交流，提升其心理健康素质。一方面要加强对隐藏于大学生各种文化现象中的心理问题的分析，另一方面要从引导和满足大学生的心理需求入手，尊重他们的心理特点及活动规律，加强人文关怀和心理疏导，将解决思想问题、心理问题与解决实际问题相结合，在关心呵护和暖心帮扶中开展教育引导，实现育心与育德的统一。

3. 做学生的知心人

教育是受教育者和教育者相互合作共同完成的行为，在这个双边互动中，学生信任、尊敬和爱戴老师，老师尊重、关心和爱护学生，彼此情感和谐、顺畅，才能取得最佳的教学效果。然而，长期以来，部分高校师生关系是淡漠而疏远的，尤其是某些高校传统的"两课"课堂，师生关系就是讲课与听课的关系，教师上课"来也匆匆"，下课"去也匆匆"，与学生之间呈现出"上课是老师，下课如路人"的现象。

思想政治教育主体要牢固确立学生在教育、教学中的主体地位，了解、尊重、关爱学生，了解、尊重学生的个性、思想、兴趣、追求、自尊等，无论思想还是教学工作，都要注意人文化、个性化地进行。思想政治教育工作者应该耐心倾听学生成长过程中遇到的思想、情感及生活问题，尊重他们的选择，真心实意帮他们排忧解难，自觉成为他们的知心朋友。课后要主动找学生谈心，聆听学

---

① 刘宏达、万美容等：《高校思想政治工作前沿问题研究》，人民出版社 2019 年版，第264 页。

生的心声,倾听学生心中的快乐、烦恼、哀愁,并极尽所能为学生排忧解难、出谋划策,努力当学生可信赖的亲人和朋友,当学生个人情感上的知心人,排解学生心理上的障碍。做学生活动方面的支持者,在校园文化建设和校园活动中,如大学生辩论赛、学科竞赛、课题申报、集体活动等,为他们出谋划策,与他们共同成长。总之,一个具有亲和力的老师,对学生的爱不仅要渗透在课堂上,而且应延伸至课外。

4.帮扶家庭经济困难学生

李克强总理在第十三届全国人民代表大会第三次会议闭幕后的记者会上披露,"中国是一个人口众多的发展中国家,我们人均年可支配收入是3万元人民币,但是有6亿中低收入及以下人群,他们平均每个月的收入也就1000元左右"①。我国高校贫困生仍然占很大比例。高校学生经济困难问题不仅仅是一个因经济贫困而"上不起学"的单纯性问题,而是一个因多种因素带来的"上不好学"的综合性问题。

作为高校思想政治教育工作者,应当想方设法为经济困难的大学生提供必需的资金及其他物质帮助,使他们能够不再为经济困难而忧愁,能够专心于学习。当然,作为高校思想政治教育工作者,个人之力无法解决广大经济困难学生之忧,但是,可以帮助学生在获取国家资助、高校资助、社会捐助等方面申请资格。更重要的是,要将"经济帮困"与"思想解困"相结合,增强资助育人功效,使每一个受助大学生都成为社会主义核心价值观的坚定信仰者、积极传播者和模范践行者,从而享有公平发展和人生出彩的机会。通过建立辅导员、班主任与家长的日常密切沟通机制,深入经济困难学生家庭开展家访活动,力所能及地为经济困难大学生家庭提供帮助,从而给予大学生及其家庭更大的精神鼓励,使他们得到更多的温情温暖,同时也强化高校思想政治教育工作者

---

① 《李克强总理出席记者会并回答中外记者提问》,新华网:http://www.xinhuanet.com//mrdx/2020-05/29/c_139097549.htm。

育人的责任感和使命感。一方面,思想政治教育主体与教育管理者要在不断满足经济困难大学生的经济需求中,教育引导他们树立感恩意识、诚信意识和回馈社会的责任意识;另一方面,要针对经济困难大学生存在的思想认识、学习发展、心理素质、社会适应、就业创业等方面的问题,深入开展思想政治教育,引导他们自立、自强、自尊、自信,不断增强其克服各种困难和问题的素质能力。①

---

① 刘宏达、万美容等:《高校思想政治工作前沿问题研究》,人民出版社 2019 年版,第 348 页。

第六章　提升客体对高校思想
政治教育的亲和力

　　高校思想政治教育亲和力的关键因素是其教育双主体——教育者与受教育者。作为教育者的教育主体应不断增强其人格魅力、话语魅力和实践魅力。既是教育主体又是教育客体的受教育者自身的认知、情感、素养,是制约高校提升思想政治教育亲和力的重要因素。因而高校思想政治教育主导者和工作者应在不断深化教育客体的思想认知、涵养客体的德性情操、增强客体的学识素养上下功夫。

一、深化客体的思想认知

　　教育的本质在于自我教育。高校思想政治教育力量从外在到内在的转化过程,从某种意义上来说,就是教育客体亲和力实现质的飞跃的一个过程。因此,提升客体对高校思想政治教育的亲和力,核心在于客体自我教育、自我认知的深化。而要实现教育客体对思想政治教育的深化认知,核心在于理论本身。"理论只要说服人,就能掌握群众;而理论只要彻底,就能说服人。所谓彻底,就是抓住事物的根本。"思想政治理论之根本在于其需要解决什么时代问题,而教育客体在时代场域中具体扮演什么角色,以及如何应对错误思想的干扰。

（一）深化对时代需求的认知

人的活动是历史的活动，人活动于特定的历史场域之中。要深化高校思想政治教育客体对所生活时代的总体认知、对理论生长土壤的现实认知，提高其理论理解的透彻性，增强行为意志的力量。

1. 从政治自觉走向政治自信。"不讲政治，就等于没有灵魂。""政治上的坚定源于理论上的清醒。"教育客体要通过系统的思想政治理论学习，提高自身政治鉴别力与政治敏锐性，保持清醒的政治头脑，认清"我是谁"，做政治上的明白人，让政治自觉成为一种习惯。政治自信不只在于要认清"我是谁"，更在于要认清"从何处来，往何处去"，在于对自我道路选择的坚定与信心。

2. 从工具理性人走向价值理性人。工具理性即通过精确计算功利最有效达至目的之理性，是工业社会演变的结果。在极度追求效率与技术控制的过程中，工具理性霸权出现，理性由此蜕变成为奴役人的工具。价值理性关怀人性世界，价值世界是以"合目的性"形式存在的意义世界。工具理性是价值理性的现实支撑，但归根究底，作为教育客体的人并非实现预设社会功能的工具，而是以每个人本身的自由而全面发展为目的。

（二）深化对自身角色的认知

高校思想政治教育客体既是活动的"剧中人"，同时亦为"剧作者"。深化对自身角色的实际体悟，有利于充分调动教育客体的积极性、主动性、创造性，由传统上被动的信息"输入"者转换成为信息"输入"与"输出"的双向主导者。

1. 做"剧中人"。由于高校思想政治教育客体总体尚处于思想发展阶段，对于时代认知存在一定程度的碎片化景观的意象积累，但尚未完成相对完整的总体图景的构造；对于自我的认知水平相对于中学时代而言有所提高，但尚未完成较为系统的观念世界的构造;对生活世界具备了初步的反思意识,但仍旧容易受到颇具迷惑性的各类思潮的干扰,因而决定了其"剧中人"的角色,决定了其仍旧需要以一种相对的客体身份、参与者的身份主动亲近、乐于接受教育者的引导。

2. 做"剧作者"。虽然高校思想政治教育客体总体尚处于思想发展阶段,但同时呈现出极具敏感性与爆发性的生长特点,呈现出尝试突破他者思想笼罩、构筑自我独立人格的样态,这就为其获得"剧作者"角色创造了前提条件。不愿创造的人是不可能创造的,而有创造意愿的人的人生剧本存在无数可能。

(三)强化对错误思想的批判

正确思想的巩固除了正向积极积累,同时必然还伴随着一个不断反思、批判、剔除成长过程中出现的种种错误思想的深化认知、分析辨别与批判的过程。

1. 要明白错误思想从哪里来。人的认知总是经历着一个由存在到思想、由思想到存在的无限发展过程。"人的思维是否具有客观的真理性,这不是一个理论的问题,而是一个实践的问题。"一种思想正确与否,只有将之放到社会实践中才能验证。通常而言,倘若获得预期成功,则为正确思想;倘若失败,则为错误思想。人的知识包括两种基本类型:直接知识与间接知识。对于错误思想的产生可以从两个方面进行反思:一方面,由于家庭条件、成长经历、知识结构、主观努力等因素作用,造成不同教育客体对同一事物的认知与反应呈现出明显的个体差异性,甚至出现迥然不同的结果;另一方面,一种在过去某个历史时代被验证是正确的思想,但因斗转星移、时代更迭,这种思想的适用性开始显现出历史的局限。譬如,自由主义思潮在近代尝试冲破令人窒息的绝对王权统治斗争中扮演着急先锋的角色,发挥了石破天惊的作用,但在全球化的世界历史语境里,在构筑人类命运共同体的时代语境里,则成为引爆当代纷繁复杂矛盾争端的深刻思想根源。

2.要学会剔除错误思想。其一,要勤于学业。作为高校思想政治教育客体,要更多地通过阅读、课堂、交流等间接经验方式获取知识。站在巨人的肩膀上,站在他者的位置上,才有可能突破因个人位置限制而造成的认知缺陷。其二,要善于反思。只有将所学的政治思想理论知识与自己现实的生活世界关联起来,所有的概念、范畴、命题等才会鲜活,才会充满生气,才不会黯然失色,才不会苍白无力。只有将所学的政治思想理论知识在反思中进行运用条件还原,而不是当作世界通用法则,才能有效降低出丑、犯错的可能,才能有效降低成长成本,才能有效提高成长的积极体验。其三,要勇于奋斗。不只敢于同他人的错误思想作斗争,而且敢于同自我的错误思想作斗争。在同他人错误思想的斗争中,深化对自己的认识。个人思想成长的最大阻力往往来自自己,而在同自我错误思想的斗争中,个人往往能涅槃再生。具备高度自我纠错能力的人,才能成就一次次的自我成长。

二、涵养客体的德性情操

提升客体对高校思想政治教育的亲和力,还需要涵养客体的德性情操,形成积极健康的道德心理,树立理性平和的情绪心态,培育符合角色的审美情趣,诉求勇于担当的人文情怀。

(一)培养积极健康的道德心理

新时代我国思想政治教育客体的道德心理主流是昂扬向上的,但他们受到诸多因素的影响,其道德心理呈现出叶影参差的状态。要涵养客体的德性情操,首先要形成积极健康的道德心理。

1.明晰健康的道德心理的标准

教育部提出的中国学生发展六大核心素养中包括健康生活素养。那么什么是健康呢？世界卫生组织(WHO)于1948年指出，健康(health)不仅仅是没有疾病和衰弱的表现，而是生理上、心理上和社会适应方面的一种完好状态；1989年又指出，健康包括躯体健康、心理健康、社会适应良好和道德健康四个方面。健康需要有四个转变：从被动的治疗疾病转变为积极的预防疾病和提升素质；从单纯的生理标准扩展到心理社会标准；从生物医学模式转变为"生物—心理—社会医学"模式；从个体诊断延伸到群体乃至整个社会的健康评价。在心理学看来，心理健康(mental health)是指个人在身体、智能以及情感上，在与他人的心理健康不相矛盾的范围内，将个人心境发展成最佳状态。世界心理卫生联合会认为心理健康是"身体、智力、情绪十分调和；适应环境，人际关系中彼此能谦让；有幸福感；在工作和职业中能充分发挥自己的能力，过着有效率的生活"①。我国心理学家郭念峰等人认为："心理健康，最概括、最一般地说，是指人的心理，即知、情、意活动的内在关系协调，心理的内容与客观世界保持统一，并据此能促使人体内、外环境平衡和促使个体与社会环境相适应的状态，并由此不断发展健全的人格，提高生活质量，保持旺盛的精力和愉快的情绪。"②美国心理学家马斯洛和米特尔曼提出"心理健康"有如下标准：有足够的自我安全感；能充分地了解自己，并能对自己的能力做出适度的评价；生活理想切合实际；不脱离周围现实环境；能保持人格的完整与和谐；善于从经验中学习；能保持良好的人际关系；能适度地发泄情绪和控制情绪；在符合集体要求的前提下，能有限度地发挥个性；在不违背社会规范的前提下，能恰当地满足个人的基本要求。③ 在实际生活中，即使是心理健康的人也有健康水平高低的问题，心理健康水平的高低或心理健康素质的好坏，直接决定着个体对心理疾病的"免疫"能力。判断一个人的心理状况，不能简单地根据

---

① 樊蓓蓓、张春华：《大学生心理健康的标准及评估(英文)》，《中国临床康复》2006年第46期。

② 《心理学词典》，江西人民出版社1986年版。

③ 钱铭怡主编：《变态心理学》，北京大学出版社2006年版。

一时一事下结论。心理健康是较长一段时间内持续的心理状态,一个人偶尔出现一些不健康的心理和行为,并不意味着这人就一定是心理不健康。事实上,不健康的心理和行为持续多长时间才是心理不健康,需要根据具体情况而定。

严格意义上的道德心理是道德行为发生的心理结构、心理状态和心理过程的综合。道德心理既受社会道德状况、文化的影响,也与个人的道德教育、道德修养息息相关,它的形成是诸多因素共同作用的结果。道德作为重要的价值概念,与心理存在密不可分的内在联系。第一,个人道德的发生与心理有内在的关联;第二,任何社会道德要求的内化都依赖于道德心理的形成;第三,道德行为通常是由某种道德动机所激发的,而道德动机是人的心理活动。道德心理既是道德发生的内在机制,也是道德行为的原始起点。道德与心理有不可分割的内在关系。"知、情、意"是道德的心理结构中不可或缺的三要素。道德需求、道德意识和道德信念构成了道德心理的层次结构。在这一结构中,道德心理首先源于道德需求。

"人们健康的道德生活及正确道德行为的养成需要外在道德规范内化为个人品德,从而作出正确的道德选择,以形成稳定的行为习惯。这种道德内化的程度主要依赖于道德心理的形成和作用。"[①]道德心理受人们现实利益的影响。个人道德心理的形成是社会稳定发展需要和个人道德需求、道德教育和社会环境影响,以及个人自我道德实践和修养相互作用的结果。个人道德心理的形成与个人的成长过程密切相关。道德心理学家对人的道德心理发展过程进行了深入研究后,将人的道德发展划分为不同的阶段。从伦理学的角度看,从道德意愿的产生到道德行为的实施,个人的道德心理形成主要经历四个阶段:第一个阶段是对于情境的道德解释;第二个阶段是道德判断;第三个阶段是道德选择;第四个阶段是道德行为实施。道德心理所揭示的是道德产

---

①　王璐颖:《道德心理视域下道德创伤的症状解析》,《中国医学伦理学》2019 年第 4 期。

生和发展的心理机制,展现的是个体道德活动的心理过程和内在图式。

2. 提升健康道德心理的路径

与一般心理相比较,道德心理具有明显的特征:第一,道德心理具有很强的社会性;第二,道德心理内含道德理性;第三,道德心理具有道德价值意义;第四,道德心理具有独特的结构。根据道德心理的特点与形成规律,大学生健康道德心理的培养路径主要有以下两条。

一是晓之以理,教师提供单面论据与双面论据,提高学生对道德心理之认识。从单面论据角度来看,教师只提供正面论据,这有助于形成肯定态度。如果教师提出自己的关于道德心理的观点之后,学生不产生相反的观点,则教师只提出正面观点和材料有助于形成肯定态度。从双面论据角度来看,教师提供正反两面的论据,如果在提供了正面论据的情况下再提出反面观点和材料,则会引起学生对正面材料的怀疑,不利于形成积极的思想观点与态度。师生可以共同讨论,参与群体决定。教师引导学生集体讨论和集体决定的过程包括七个阶段,分别是清晰而客观地介绍问题的性质,帮助班集体唤起对问题的意识,认识到只有改变态度才能更令人满意,清楚而客观地说明要求形成的新态度,引导全体学生讨论改变态度的具体方法,使全体学生一致同意把计划付诸行动,每位学生都承担执行计划的义务、在学生执行计划的过程中改变态度、引导群体成员对改变后的态度做出评价,使态度进一步概括化和稳定化。教师要根据学生的实际情况,分别采用以上两种论据提供方法,或单独用之,或综合用之。

二是动之以情,积极培养学生的道德心理情感。首先,我们采取知情结合、以情育情的方式。道德情感在一定道德认识的基础上产生,并随着道德认识的发展而发展,主要的途径有:丰富学生的道德知识,提高其道德认识水平,是促进道德情感不断升华的一个重要途径;加强师生之间的情感交流,师生之间具有良好的情感基础是教育成功的前提。其次,我们采取训练移情、以情促情的方式。做移情关心榜样:教师自身的情感对学生具有潜移默化的作用,一个情绪极度紧张的教师,很可能会干扰其学生的情绪,而一个情绪稳定的教师,也会使他的学生情绪趋于稳定;情感定向:那些在做移情榜样时采用更积极的面部表情和明确表达自己移情感受的父母,其孩子也往往更有同情心。情绪追忆与情感换位:情绪追忆是运用言语指示唤醒被试者过去生活经历中亲身感受到的最强烈的情绪体验,加强情绪体验与特定社会情境之间建立的联结;情感换位是提供一些假定的社会情境,要求被试者转换到他人的位置去体验情境。教师的爱与期待:教师对学生的期待主要体现在对学生道德心理发展的推测。

(二)养成理性平和的情绪心态

心态即心理状态。心理过程是持续变动的、临时性的,而个性心理特征是相对稳定的,心理状态是二者中间的缓冲地带,既有临时性,又有相对稳定性,是二者融合的体现。心态有以下五大特点:一是直接现实性。人的心理活动之诸类表象通过心态的模式表现,所以,体察人的心理生活只要观察一个人的心态,就能管中窥豹、可见一斑,心态具有直接现实性。二是综合性。心态是个体于某些氛围中诸类心理活动之综合体现,它既有心理过程之因素,又有个性差异之细胞,或有二者的杂合成分,它是心理活动的整体体现。三是相对稳定性。当一个人的心态稳定后,若外界无特定原因影响,则不会轻易改变。四是流动性。心态也有一定的变动性,受到各种现实因素的影响,整体的心态诸类构成因素之间的关系也在变化,心态中的"李代桃僵"也是司空见惯的事。五是情境性。心态总是和某类情境对接,心态是情境中的心态。依据心理过程与个性心理特点在心态上的表现为分类准绳,可以把心态分为认知的心理状态、情绪的心理状态、意志的心理状态和动机的心理状态四种,这里主要考察情绪的心理状态。新时代我国思想政治教育客体的情绪心态主流是理性平和的,但他们受到诸多因素的影响。所以,要涵养客体的德性情操,也要树立理性平和的情绪心态。

1. 厘清理性平和情绪心态的内涵

情绪是人的内心感受和主观体验,是人对客观事物所持的态度体验及相应行为。它包含以下三种成分:一是主观体验,即个体对周围世界的自我感受。二是生理唤醒。情绪的生理唤醒是情绪和情感产生的生理反应,例如:愤怒——心跳加速,肾上腺素激增;恐惧——脸部惨白,心跳加快,身体处于警戒状态;惊讶——眉毛上扬,视觉范围扩大。三是外部表情:言语表情、面部表情和姿态表情。情绪与情感的联系:情绪离不开情感,情绪的变化反映情感的深度,情绪中蕴含着情感;稳定的情感是在情绪的基础上形成的,又通过情绪来表达。情绪是情感的外在表现,情感是情绪的本质内容,前者是生理性需要,具有情境性、暂时性、外显性、冲动性等特点,是人和动物共有的属性;后者是社会性需要,具有稳定性、内隐性、深沉性等特点,是人类特有的属性。情绪具有适应功能,即它是有机体生存、发展和适应环境的重要方式;情绪具有动机功能,即它可以对内驱力提供的信号产生放大和增强的作用,从而能更有力地激发有机体的行动;情绪具有组织功能,即它对活动起着促进或破坏的作用,中等强度的愉快情绪有利于人的认识活动和操作效果;情绪具有信号功能,即它具有传递信息、沟通思想的功能。保持理性平和的情绪心态就是要善于管理自己的情绪,始终"不以物喜,不以己悲",这是"心理情商"高的表现。

2. 培养理性平和的情绪心态

理性平和的情绪心态是健康生活的前提。如何培育理性平和的情绪心态?首先,要接纳自己。接纳自己包含对自我的身体形象以及知、情、意等方面之接纳,它是个人自尊的前提条件。自尊包含三个层面:一是个人之自我认同与自我意义感;二是自己爱自己的程度;三是个人之自信感。其次,转移自己的注意力。当自己难过时,想快乐事情;身体是革命的本钱,加强锻炼,使注意力转移;

休闲娱乐,比如旅游等,把工作学习上的注意力转移到休闲中;好好睡一觉……再次,换个角度看问题。爱迪生在研究了8000多种不适合做灯丝的材料后,有人问他:你已经失败了8000多次,还继续研究有什么用? 爱迪生说,他从来都没有失败过;相反,他发现了8000多种不适合做灯丝的材料。这就是换个角度看问题可以培育乐观心态。最后,脱离情境。实践是认识的来源,实践是一种情境,脱离情境就是离开实践,它阉割了认识,当然也瓦解了不好的心态。当然,我们也可以通过理性情绪疗法训练自己。美国心理学家艾利斯提出了情绪ABC理论,A:诱发事件(某人拒绝了你的晚餐邀请)+B:信念(没人喜欢我)=C:结果(心情不好,被排斥的感觉)。这一理论可以指导我们按如下步骤行动:将引发不良情绪的事件和认识一一列出;找出引发不良情绪的非理性观念,包括绝对化要求、过分概括化、灾难化表现等等;通过对非理性观念的认识和纠正,找出合理的观念;通过建立合理的信念,最后达到情绪感受的改变。

3. 学会调适不健康情绪心态

心态有多重要? 曾有一位学者做过九个人过桥的实验:当实验者分别说桥下只有一点点水、桥下有鳄鱼、桥下有防护网遮住了鳄鱼等三种不同情况时,被实验者的心态和行为能力表现完全不同。这个实验结果充分体现了心态对能力的影响。一个人能力再强,如若心态不好,表现出来的动作也会变形,能力就不能正常发挥出来。可见,培养学生的阳光心态尤其重要。高校学生常见情绪心态之困惑主要有如下几类:一是抑郁及调适。抑郁困扰是大学生常见的情绪困扰,但它只是一般性的抑郁,不同于抑郁症,它来自痛苦和失落。如何消除抑郁困扰? 马丁·塞利格曼(Martin E.P.Seligman)认为,悲观的解释风格是抑郁的核心。马丁·塞利格曼告诉我们,悲观的解释风格和反刍的习惯都是可以改变的,而且这个改变是永久性的,认知疗法可以创造出乐观的解释风格并且能治疗反刍。二是焦虑及调适。心理学家研究了人们所感受到焦虑的情境,发现人们对情境的认知与控制可以使人避免焦虑。可以尝试以下方式化解焦虑:客观地分析使自己感到焦虑的事情是什么,并把它们一一记在纸上;逐一分析使自己感到焦虑的事情可能出现的后果有哪些,同样把它们记在纸上;冷静地分析在可能出现的所有后果中,可能出现的最坏后果是什么;尝试着从心理上慢慢接受可能出现的最坏后果;当心理上已能接受可能出现的最坏后果后,在现实生活中尝试着将时间和精力用来改善在心理上已经接受的那种最坏的后果。三是愤怒及调适。愤怒的背后是一种被人伤害的感觉,是一种受伤的情绪,充斥着悲伤、挫折、无助与无力。它是一种负性情绪,但无好坏之分。在愤怒的时候,人们常以两种方式处理:对外发怒,对内抑制。可以尝试通过下列方式宣泄愤怒:第一步,认清自己的怒气。第二步,找出生气的根源。第三步,不要涉及他人的家庭、种族、社会地位、外貌和说话方式。第四步,不要限制别人发火。发火时,对方有回敬的权利。互相发火能消除紧张和猜疑的气氛。第五步,勇敢地在同样的情境下,为自己的过火言行向对方道歉。第六步,在发火之前,一定要找到对方过错的确凿证据。第七步,让别人明确地知道你为什么生气。第八步,不把事情做绝,在冷静下来之后,可以重新考虑或做出让步。第九步,如果可能的话,给对方留一条退路。四是嫉妒及调适:首先,要接纳嫉妒的情绪;其次,寻找克服嫉妒的方法,正确认识和评价自己,扬长避短,经常将心比心,转移注意力,学会自我宣泄。

(三) 形成符合角色的审美情趣

新时代我国思想政治教育客体的审美情趣主流是符合角色的,但他们受到诸多因素的影响,其审美情趣呈现出角色混淆的状态。要涵养客体的德性情操,需要培育符合角色的审美情趣。

1. 把握思想政治教育过程的整体审美情趣。"审美情感是审美意识里的情感。""审美趣味指享受审美对象、判断其价值的能力。"[①] 审美情趣是审美情

---

① [日]竹内敏雄主编:《美学百科辞典》,池学镇译,黑龙江人民出版社1987年版,第144—149页。

感和审美趣味二者的综合。从整体来看,审美情趣包含如下一些因素:一是审美注意。在进行思想政治教育活动时,离不开"注意"的心理功能。当这种心理功能开始发挥作用时,审美注意就产生了。审美注意能够把鉴赏主体从日常生活中的意识状态带领到思想政治教育的心理状态之中。二是审美期待。在思想政治教育活动中,审美期待的深度、广度和水平的高低,是由思想政治教育客体的核心素养或者说"前理解"所决定的,其结果便形成了"期待视野"。每个思想政治教育客体总是从自己特定的"前理解"和期待视野出发,进入接受教育的过程。期待视野不同,可以形成不同的接受角度,形成不同的理解,赋予学习不同的意义。三是审美感知。有了审美期待,思想政治教育过程便可谓准备就绪,接受活动就要进入审美感知阶段,开始其初步的历程。审美感知是以直觉的方式进行的,而直觉是作为思想政治教育接受主体的审美判断力发挥作用的。思想政治教育直觉能使人暂时忘却一切,聚精会神地从事思想政治教育活动,全身心地沉浸在审美愉悦之中。四是审美体验。在思想政治教育过程中,有了对学习的审美感知,更深的审美体验就接踵而至了。思想政治教育活动中的审美体验首先是一种情感活动,但也需要想象和联想的参与。借助于想象,思想政治教育客体才能进入质的学习境界,才能发挥出再创造性。五是审美理解。思想政治教育活动不仅是感知的活动,更是理解的活动。其实,在思想政治教育进程中,审美理解早在感知阶段,便依靠审美直觉开始进行了。因为审美直觉——或者说审美判断力——是一种感觉力与知解力协调的活动。以此为起点,审美理解广泛地伴随着想象、联想、情感等心理活动,渗透于思想政治教育的所有活动环节,正如情感始终渗透于思想政治教育的全部进程一样。一边是感受,一边是理解,这才是思想政治教育的真实状态。

2. 提升思想政治教育客体的审美情趣途径。审美情趣的问题就是关于人类审美的学问,它的终极目标是帮助人们领会审美活动之规律,树立崇高之审美理想,进而打造人们充裕富厚、完美无瑕的人格个性,提高人之欣赏能力。提升思想政治教育客体的审美情趣有如下途径:一是审美理论学习。审美理论学习主要包括三方面的内容,即美学基础理论、艺术理论与艺术史、其他审美常识。其中,美学基础理论是对人类审美现象的整体分析,展现了美的世界的全部内容;艺术理论与艺术史是对艺术的介绍和分析;其他审美常识是指人们的衣食住行中所涉及的审美常识,它们常常是文化史记载的内容。这些理论的学习为思想政治教育理论的学习做好了辅助性准备。二是艺术陶冶。陶冶审美情趣是践履性极强的活动,艺术陶冶便是最主要的一种,对艺术作品的欣赏可以对人进行全方位的美育,例如19世纪俄罗斯风景画家列维坦的画作《弗拉基米尔之路》的画面使人感到悲凉与沉重,同时又感到力量与坚韧。三是自然欣赏。自然美是指千差万别的自然景象、自然风光,是指作为人的审美对象的对人来说具有审美价值的自然。在自然中游历,会生成我们对大自然的感激与敬畏。从现象上看,千差万别、多姿多彩的自然景象,构成了自然美。从内涵上看,自然蕴含着的宇宙真谛、人生哲理、历史文化意义,赋予自然美以深邃的意义。四是人际交往。在人际交往中,对人的形体容貌等人体的关注是不可避免的,美好的形体容貌能使人在人际交往中获得第一印象的好感,健美的形体与姿态动作是联系在一起的。美的姿态动作使人充满着朝气和活力,但它不是人生来就能具有的,而是通过训练习得的,是人的文化修养和审美情趣的一种体现。人际交往还有对交往对象更高的要求,那就是有没有对生活、对工作、对他人、对周围一切的关心与注意,有没有探求与交流的愿望。而这些在人外形上的反映,就只能是表情了。在交往中,服饰装扮即仪表也有着重要的作用,因为人总是在着装修饰之后才出现在他人面前,他人的第一印象与自身的仪表不可分开。礼节作为人们社会活动中的行为规范,是文化的一个组成部分,是社会文明的标志。人的言谈举止能否合乎礼仪,显示出其内在的文化修养的高低,当然也是组成风度的重要因素。言谈是人际交往中最不可缺少的核心环节,也综合体现着人际交往之中的美。言谈首先要符合礼仪规范,但更重要的是言谈的内容,这与人的学识智慧有着更紧密的联系。审美情趣的陶冶,这种以审美活动(包括艺术活动)为主要方式与手段的教育活动,使得思想政治教育客体的成长"如鱼得水",成为人的全面发展不可缺少的关键环节。

(四) 增强勇于担当的人文情怀

教育部提出的发展中国学生六大核心素养中的"人文底蕴、责任担当"素养离不开浓烈的人文情怀。涵养客体的德性情操,应使其具有勇于担当的人文情怀。

1. 厘清培养思想政治教育客体人文情怀之依据。从理论上来看,马克思主义人学理论是涵养客体人文情怀最厚实的理论基础。人的本质具有社会性,现实的人都有着不同的社会需要,人具有主体性,人需要自由而全面发展的目标是促使思想政治教育客体具有深厚人文情怀的内在动力与皈依,客体人文情怀的培养与思想政治教育效果之间有着很强的内在的逻辑关联性。从实践上来看,当前高校思想政治教育在促进客体的全面发展方面存在一些困境。从教育主体对人文情怀培养的困境来看,存在以下四个问题:一是思想政治教育的目标价值定位错位;二是思想政治教育的方法僵化;三是思想政治教育对受教育者需求的淡化;四是思想政治教育对受教育者主体性的轻视。从教育客体来看,其人文素养存在以下三个问题:一是部分学生政治素质不够,政治价值观念模糊;二是部分学生理想信念动摇,人生目标认识模糊;三是部分学生道德修养弱化,社会文明认识模糊。因而提升客体的人文情怀是提高思想政治教育实效性的基本途径之一,思想政治教育的现状迫切要求注重对客体的人文情怀的培养。从历史发展来看,人文情怀贯穿于我党历届中央领导集体的思想政治教育工作之中,这是中国共产党全心全意为人民服务的宗旨性质决定的。以毛泽东同志为核心的党的第一代中央领导集体的思想政治教育人文情怀思想,以邓小平同志为核心的党的第二代中央领导集体的思想政治教育人文情怀理念,以江泽民同志为核心的党的第三代中央领导集体的思想政治教育人文情怀,都体现了人文情怀在思想政治教育中的重要性。党的十六大以来,尤其是党的十八大以来,党中央领导集体尤其注重思想政治教育中人文情怀的养成。如2020年两会的《政府工作报告》处处体现出"以人民为中心""人民至上""生命至上""保民生"的思想,"基本民生的底线要坚决兜牢,群众关切的事情要努力办好""基本民生支出只增不减""就业优先政策要全面强化""巩固脱贫成果""要打好蓝天、碧水、净土保卫战""保障就业和民生,必须稳住上亿市场主体""促进农业丰收、农民增收""压实'米袋子'省长负责制和'菜篮子'市长负责制""2万亿特别国债"……一条条暖心的举措,无不体现了中国共产党不忘初心、牢记使命的责任担当,无不体现了浸入中国共产党人骨髓的爱民护民的人文情怀。

2. 提升思想政治教育客体人文情怀的路径。首先,思想政治教育客体要尊重人的人格尊严,这是思想政治教育的内在应有之义。一方面,尊重受教育者的人格尊严是打开其心灵之门的钥匙;另一方面,尊重受教育者的人格尊严,是教育者与受教育者进行双向交流、形成共识的一个基本途径。其次,思想政治教育客体要肯定人的主体地位。马克思主义的人格理论体现了对广大人民的热爱,它在中国特色社会主义现代化建设中为个体的人格塑造指明了方向,具有重要的指导意义。领会马克思主义的人格理论,激活人的潜能,在理论和现实上都有重要价值。马克思主义彰显了对"人的主体性"的高度关注。从文艺复兴时代之人文主义到近代之认识论,哲学始终关注人、关注人的主体性,但它们未能脱离用唯心主义来阐明人的主体性的泥泞。只有马克思主义才真正阐明了人之主体性的实质,立足实践论和唯物论,科学解释了人的主体性。思想政治教育注重人文情怀必然要求肯定人的主体地位。一方面,教育是以促进主体的人的发展为核心的,受教育者必然是教育活动的主体;另一方面,思想政治教育本质上是一种交往实践,受教育者的主体地位贯穿全过程。最后,思想政治教育客体要关注人的生存状况。马克思主义关于"人的存在——人的实际生活过程"的论述中,一方面认为,人的社会存在是一种在人与物、人与人、人与现存社会关系等之间矛盾的客观过程,人们也就在这种不以自己意志为转移的客观存在中形成了各自的社会性质——阶级性,其存在本身就体现着肯定或否定现存社会关系的政治倾向;另一方面,马克思认为,人们是在自己生活过程中形成社会意识的,这种社会意识离不开人们的现实生活。思想政治教育注重人文情怀必然要求关注人的生存状况。一方面要关注受教育者的心理困惑问题;另一方面要关注受教育者的民生问题,要关注人的需求。按照马克思主义的人的需要理论和马斯洛的人的需要层次理论,要提升思想政治教育客体的人文情怀,必然要求满足其生存与发展的需求,不仅要不断关注和满足人的物质生活需要,也要不断关注和满足客体的精神生活需要,从而最大限度地引导其社会价值与自我价值的不断实现。

三、增强客体的学识素养

为落实党的十八大关于"立德树人"的要求,教育部提出建立各学段学生核心素养体系的研究任务。一方面,从国家教育层面上将"立德树人"的要求具体化,通过对核心素养的提炼来关联国家的整体教学理念和具体的教学环节,以达成将教育政策落实到各级各类教育的目的,实现理论与实践的有机结合;另一方面,从教学客体层面上,以全方位地培育新时代的接班人为宗旨,通过将核心素养细化来凸显教学目标的各个维度,培育客体适应社会需要和促进自身终身发展的重要技能和完整人格。

(一)认清学识素养的地位

"教育的绝对目的就是为了人的解放。""教育学是使人们合乎伦理的一种艺术。它把人看做是自然的,使人从原来天性转变为另一种天性,即精神的天性……使这种精神的东西成为他的习惯。"①黑格尔将自由视为教育的根本

---

① ［德］黑格尔:《法哲学原理》,范扬、张企泰译,商务印书馆 1982 年版,第 170—171 页。

价值和最高目标,并揭示教育的本质是实现人类由自然状态向自由状态的过渡。从人的内外解放来区分自由和自然,体现在依赖科学知识,改善人们生活的外部条件,内在解放人的思想从而实现精神超越上。马克思主义观点认为,自由并不在于想象中的脱离自然规律,而在于认识这些规律,并能够把它们用到实践活动中去。自然界的必然性、规律性是第一性的,而人的意志和意识是第二性的。只有在认识必然性的基础上才能有自由的活动。自由是被认识了的必然性。因此,教育是链接人的内在自由和外在自然的纽带。如何将自然之理、人生之理、社会之理融合于一体,教育提供了人们获得对世界最完备、最宽泛、最深刻的理解途径。人类通过科学、逻辑等教育获得了解和理解外部世界的能力,从而更好地适应自然规律进行生产生活;人类通过人文、哲学等教育获得深刻认识和参悟内部世界的能力,从而塑造具备完整人格的高级生存者。

因此,教育主要培养人的两种能力,一种是为了适应自然世界的劳动能力,另一种是为了适应内在世界的理性能力。前者是知识和技能,后者是精神与意志。为保证对自然世界理解之上的创造不违背人性的自由发展,需要理性地批判性地继承;为保证对主观内在世界探究的合理合法性,需要科学的逻辑性验证。二者在教育体系中互为补充、互为促进,缺一不可。

"我是谁?我来自哪里?……"等哲学问题的追问,表达了人类不断探索对世界的认知、对自身的认知,求证人类存在的合理性。同时,也促进了人类认识论的发展,成为认识事物的先天经验和后天积累。抛开康德所讲的存在先于一切现实世界的本体,人类对事物的认识常常依靠对现实的经验积累。这些经验积累一般有两种途径,一种是通过风俗、习惯或者环境习得的经验,另一种是通过接受学校或其他机构等的教育而获得的经验。

显然,教育承担的将以往对于自然世界的认知和理解进行传播的功能更为凸显。包含认识与理解自然、培养适应自然的劳动能力等方面的学识素养教育成为教育的首要任务,成为整个教育体系不可或缺的一部分。通过学识素养教育,人类逐步增强对自然世界的理解,掌握从外部自然世界中获得解放的劳动能力,获得理性思维、逻辑思考的能力,习得创新、务实的行为习惯。

(二)缕析学识素养的构成

在《牛津词典》或谷歌在线翻译中,scholastic learning 或 accomplishment attainment 译为"学识素养"或"学识修养"。在中文典籍中,往往以"学识"来囊括学习对象。随着科学技术给人类带来的巨变,教育由以人文教育为主转变为多学科的教学体系,教育内容包含专业理论、个人学习逻辑思维能力和理论实践运用能力等知识性范畴的修养达成,这些常用"学识素养"来统称,其主要内容包括如下几个部分。

1. 专业基础

综合各类文献和辞典来看,"专业"一词原有两层含义:一是指专门从事某种学业或职业;二是指专门的学问。随着近现代科技的兴起和教育学的发展,"专业"逐渐衍生出另三种含义:一是指高等院校所分的学业门类;二是指产业部门的各业务部分;三是指一种物质或某种作业的作用范围。从"专业"一词的含义,可以清晰地了解"专业"知识是涵盖人文、科学等领域的知识和技能的把握,是从事学业、行业或事业的基础。因此,基于教育的目标的实现,夯实专业能力的学习与运用是成人成才的基础和保障。按照学科类型和研究方法,一般将专业知识分为人文社会科学和自然科学两大门类。

其一为人文社会科学。人文社会科学包含人文科学和社会科学,任务是研究并阐述各种社会现象及其发展规律,强调建立在人类优秀文明智慧成果、基于真善美之上的文化传承,可概括为"真知教养""道德涵养"和"审美素养"。

自人类诞生以来,一直都在探求更好的生活的确切性,从弱肉强食的原始时代到追求美好生活的小康时代,人类生活翻天覆地的变化离不开知识带来的巨变。古今中外各个领域的庞大的知识体系和文明成果使得人类俨然成为世界的主宰,这一切离不开代代接续的文化传承。

人类通过各种教育手段和方法,学习和传承历史优秀成果,并运用其中所蕴含的认识方法和实践方法不断地改变人类世界。无论是世界各国的教育方针,还是具体的课程设置,始终秉持文化传承这一重要使命。中小学阶段的语文、政治和道德与法治等学科蕴含了丰富的人文内容,高等教育阶段的大学语文、哲学、马克思主义基本原理等课程进一步挖掘了人类文明底蕴并提炼精要。通过不间断地积累、理解和运用,使学生逐渐将知识内化为自身的"真知教养"。

如何培养自由的人? 康德认为,真正的自由是指人不受束缚地自在地摆脱自然和人性欲望控制的意志。要摆脱自然对人的限制和使人类摒弃更多地占取资源的本性,需要共享理论来调节不平衡性。同时,人类要获得内在的自恰,需要理性批判来进行不断地自省与调和。随着科技给人类带来的距离感的缩短,需要人类和谐地"共处一室",这对于人的德性要求越来越高。如何保证所有不同肤色、不同地域、不同性别的人实现其"幸福"的目标,需要"善"的调剂。在公共领域和谐生活的首要条件就是对整体的关切,以"公共利益保障""尊重个人权利""正义"等道德理念来教育民众,无疑是人类和谐相处的最佳方式。因此,道德教育应被置于各阶段、各学科的重要位置。为寻得能与自然、他人平衡相处的和谐状态,教育体系应培养学生基于德性、尊重他人、以人为本的"道德涵养"。

在感知美和理解美的进程中,不仅能体会生活中万事万物的外在形态,还能领悟超出物质外在状态的内在蕴含,从而提升"审美素养"。审美能力的教育,应包含以下四个方面:第一,美的知识和技能的积累,大学生虽然已经进入专业化的学习阶段,但仍需要学习相关课程,一方面基于刚成年人群的美识教育,因为此阶段应不同于小学或中学阶段;另一方面,应允许学生选择第二专业作为未来可以丰富人生或者开展第二事业的基础。第二,通过美识教育,理解不同美文化的差异,从而获得对美的认知能力和鉴赏能力。第三,在理解美文化的过程中,塑造正确的审美观,逐渐掌握客观看待美的各种表现形式的能力。第四,在认知和理解美的基础上,发扬创新精神,再造美的更高更完善的境界,为人类的生活增添美的感受。

其二为自然科学。自然科学作为科学三大领域之一,应该与思维科学合并起来论述。在认识自然界的现象和本质、把握其形成和发展规律的进程中,天文学、化学、物理学、生物学等自然科学学科无一不是运用"理性批判""逻辑思维"等方法来展开研究的。

理性(rationality),源自亚里士多德的哲学传统,是人在概括、解释和预测中表达自己的抽象推理的能力。"无论在什么阶段的文化或精神发展里,总可以在人心中发现理性。所以自古以来,人就被称为理性的存在。"①人们通过理性思考,在经验世界中不断寻求确定性,在多样复杂的现象中获取有效信息。源于苏格拉底"助产术"的批判性思维方式,在人们澄清思考、厘清目的和检验信息可靠性等方面,提供了一种有效的思维方式。基于一些大学生对于客观世界和主观世界的理解与分析能力欠缺的现状,教师在教学过程中加入理性批判能力的训练,可培养学生从多角度、多立场辩证地分析问题、解决问题的能力,继而形成基于理性批判思维之上的客观、公正的判断。

理性判断离不开逻辑思维。源自古希腊语的"逻辑"一词,最初的意思是"词语"或"言语",后经哲学的发展,常常引申为"思维"或"推理"。逻辑一般指研究思维的规律,称其为逻辑学,但也常常包括对客观规律的研究,其类别是形式逻辑与辩证逻辑。逻辑推理通过对事物或现象进行归纳或演绎等方式,形成对事物的认识,引导做出基于合理性之上的选择和决定。教师在课堂上,应培育大学生运用逻辑思维的方式思考问题,培养他们独立思考的习惯,

---

① ［德］黑格尔:《小逻辑》,贺麟译,商务印书馆1981年版,第182页。

挖掘他们的好奇心,通过引导他们大胆而有效地论证与推理,最终寻得问题解决方案,增强逻辑思维能力。

2. 自主学习能力

从认知建构主义理论来讲,自主学习是基于元认知学习的方式,涵盖认知、动机和行动三方面。学习主体通过对学习内容掌握程度和目标达成程度的分析,通过自主学习不断调整学习策略和提高努力程度。从行为主义理论来讲,自主学习包含自我监督、自我指导和自我深化的过程。两者均表明,自主学习在学生自我管理的进程中,能提高自身的导向、管束和提升的能力,具体表现为"会学习"和"会生活"两方面。

"会学习"是指能解决学生在学习过程中面对的知识、思维和创新能力等难题。要培养学生良好的学习能力,需解决学生在学习意识培养、学习方法运用和时间管理等方面产生的问题。首先,兴趣是第一老师,孔子云:"知之者不如好之者,好之者不如乐之者。"培养学生乐学、爱学的好习惯是自主学习的首要任务。其次,当今学术流派众多、学科分类精专,如何在纷繁芜杂的信息中萃取,需要善于对知识进行反思理解的学习精神。学生要通过对学习方法和习惯的审思,提炼和形成适合自己的学习策略。

"会生活"是因为自主发展的目的是让学生能够在复杂多变的环境中,成长为具有健康体魄、独立人格、能成就完满人生的人。首先,生命健康与生命价值教育应是教育的首要任务。马克思认为:"全部人类历史的第一个前提无疑是有生命的个人的存在。"①对于生命的理解和如何保证生命的安全等内容应该分布于教育的各个阶段。虽然大学生对于基本安全知识已经掌握,但仍不乏选择轻生或自残等方式来逃避或处理生命中出现的难题的学生。因此,应该贯穿整个教育过程的生命教育不能在高等教育中缺失。其次,健全的

---

① 《马克思恩格斯选集》第 1 卷,人民出版社 2012 年版,第 146 页。

人格是生命健康的重要表现。在哲学话语体系中,人格是作为主体精神现实和价值的融合的体现。为使学生形成独立的人格,既要培养其积极的品质,使之自尊自信;又要锻造其坚忍而强大的内心世界,使之乐观自强。最后,为使学生将学习与生活达成平衡,需要对其进行自我管理能力的训练。比如,如何分配学习与生活娱乐时间,如何处理学业与友谊的关系,如何制订强而有力的学习计划,如何挖掘个人除学习课本知识以外其他专长的潜质等。

3. 实践创新能力

实践的价值在于作为客体的实践活动对主体生存和发展的意义。知识的学习完成对主体的认知,如何使其得以生存与发展,需要学习者促进主体创新式的发展,即实践。实践作为链接现实世界与个人能动性的中介,对实践主体的道德规范和创新能力提出了要求。

人类的进步从来都与人的创新精神和实践能力分不开。工业革命后的200多年的发展速度早已远远超越了人类前面几千年的沉淀,科学力量发挥着巨大的推动作用。然而,科技给人类带来巨变的同时也有毁灭性的伤害,如忽视环境保护导致的雾霾笼罩苍穹、全球气温升高、生态环境破坏等。更有甚者,科学被一些野心家所控制,为满足一己私欲无限度无边界地使用科技手段,比如第二次世界大战期间惨绝人寰的生化武器运用、人体试验等。如何保障科技的发展创新不违背人类的共同利益,必须强调责任担当、科技伦理。在从事创新研究和实践的进程中,应强调责任伦理的输入,即基于对行为后果承担相对应的责任的行为要求。从个体层面上讲,于己自尊自爱、自律文明、明辨是非,于人诚信友善、公平正义、团结互助,于自然以绿色方式、持续发展、和谐为本。从国家层面上讲,于国维护主权、尊严和利益,于传统继承并发扬优秀文明成果和先进文化。从国际层面上讲,了解和理解多元文化,培养人类命运共同体意识,团结全球人类共同面对挑战。

不断提高实践能力的最佳途径是创新。在高科技发展时代,国家的国民素质、知识水平、人才数量,特别是知识创新、技术创新及制度创新的能力,将决定一个国家、一个民族在国际竞争和世界格局中的地位。这个时代要求知识的不断创新,知识创新需要有创新意识和能力的人才,创新人才的培养离不开教育的改革与创新。因此,高校思想政治教育工作者应注重培养学生以下几种素养:一是注重劳动意识的培养,在劳动过程中,熟练掌握劳动技能,发挥吃苦耐劳的精神,提高劳动效率,可为获得创新成果提供可能性;二是注重培养以问题为中心的思维模式,在寻找解决方案的过程中掌握创新方法,可为塑造创新精神,培养创新能力提供动力;三是注重将创新理念转化到技术的运用和产品的生产中,实现无形的创意成为有形价值的转变。

(三)提升学识素养"三性"

学识素养作为高等教育培养目标的中心,不但要求学生对学科知识的传承,而且更注重在此基础上的创新能力的培养;既指向学生内在个人学识修为的涵养,也强调为社会发展服务。提升高等教育客体的学识素养可从以下三方面落实。

1.提升学识的向上历史性

人类自诞生以来,一直行走在不断地积淀智慧和发现真理的路途中。每一个时代的教育都应以巨大的历史尺度去批判地考查全部历史,吸收历史上的全部积极成果,揭示基本矛盾,发现先贤们所遇到的理论困难,据此探究解决之道,以推动各领域的发展。"望今制奇,参古定法",历史是最好的镜子,学习古典文化、圣贤精粹,用古人的智慧来创造现代的制胜、制奇、制迹之道,无疑是发展和开拓当代文明的最佳方式之一。

基于当代高等教育的任务和目标,应将历史的传承和凝练融入各学科教学中,或者专门开展历史通识教育。一方面着重强调中华优秀传统文化的传承与发展,把学识素养植根于中华民族的文化历史土壤;另一方面,注重吸纳西方文明经典,丰富学识素养的世界维度。立足于古今中外优秀历史传统,怀抱质朴的炎黄子孙情怀,树立社会主义核心价值观,铸造一部不断向上的中华发展史,是新时代大学生的重要任务。

2.提升学识的时代科学性

科学时代的诞生再次引起人类的认知变革,以数学和观察为中心的知识体系使人类世界发生前所未有的变化。人类在 16 世纪前从未绕地球一周,而时至今日,任何人乘坐现代交通工具在 48 小时之内即可轻松完成环球大业。科技给人类带来的巨变不仅体现在改变历史进程的能力上,还体现在结束历史进程的能力上,比如第一颗原子弹的引爆。"知识就是力量"确立了科学知识实用性的奠基性地位,科技时代需要科技精神,科技精神的培育应被推至教育前列。

世界各国展开的一系列以科技为主导的综合国力较量,已突出显示教育体系中科学知识所作出的突出贡献。科技推动产业、军事、信息等领域的进展,给人类生产和生活带来了极大的便利。人类争前恐后地创新、改良各项已有成果,比如通信行业从 2G 时代渐渐步入 5G 时代。科技高速发展的新时代要求当代高等教育要一如既往地进行科学知识和科学精神的教育,依据科学实证研究结果,致力于推动人类文明与时俱进地发展创新。

3.提升学识的未来生态性

科学技术给人类带来便利的同时,也给人类带来负面影响。如何保障人类可持续的、健康的发展,顺应自然的人性的生态教育应作为通识教育的重要内容。

从代际伦理的角度讲,生为父母的人类对子孙后代的普遍关怀要求生态伦理教育进入课堂,以此来抵制当今教育的功利性偏差。从社会经济发展的角度讲,持续有利的生存环境是人类的基本诉求。从哲学的角度讲,生态地制止人类反科学的发展路径,是保持人类同一性、完整性的有力证据。因此,基于未来持续发展的生态教育,应涵盖高等教育的各个学科、各个层面,使其成为大学生对待大自然的人生态度。同时,生态教育覆盖全社会应成为当代教育应秉持的终身教育观。

第七章　遴选更具亲和力的高校
思想政治教育介体

思想政治教育过程是教育主体、客体、环体、介体相互联系、相互作用的矛盾运动过程。教育介体即教育内容、方法与手段,是思想政治教育工作者用来影响受教育者的各种内容、方式方法和手段。高校思想政治教育亲和力是由多个要素构成的一个整体系统,主要包括思想政治教育目标亲和力、教育内容亲和力、教育主体亲和力、教育客体亲和力、教育方法亲和力、教育载体亲和力和教育环境亲和力七种。其中,教育内容的适用、教育方法的选择、教育载体的利用问题是影响高校思想政治教育介体亲和力提升的重点。

一、思想政治教育内容的适用性

思想政治教育内容的适用性是关系思想政治教育整体亲和力的重要一环。当前,影响和制约思想政治教育内容适用性的因素包括教育内容缺乏时代感、生活感、针对性、趣味性。高校思想政治教育必须顺应时代潮流、学生日常实践、解答思想困惑、满足学生需求,从提高思想政治教育内容的时代感、生活感、针对性、趣味性着手,增强思想政治教育内容的亲和力。

（一）提升思想政治教育内容的时代感

时代是思想政治教育改进和完善的时间尺度,是社会运行发展规律特定时期的确证。恩格斯指出:"每一个时代的理论思维,从而我们时代的理论思维,都是一种历史的产物,它在不同的时代具有完全不同的形式,同时具有完全不同的内容。"①思想政治教育作为一项以培养担当民族复兴大任的时代新人为己任的教育实践活动,要赓续和弘扬人类先进的理论思维资源,涵盖和阐释国际国内政治经济发展趋势,体现和凝聚社会发展进步的特点和风貌。作为贯穿思想政治教育全过程的思想政治教育内容,要体现和反映时代特点和风貌,即彰显时代性。

提升思想政治教育的时代感是思想政治教育创新发展的基本要求,是顺应国情和时代发展的关键所在,也是提高思想政治教育亲和力的内在诉求。思想政治教育的内容既存在于中华文明五千年的传承之中,也体现在时代变革和社会发展之中,处在世界百年未有之大变局的历史方位之中。面对社会主义现代化建设过程中主要矛盾的转化,面对教育对象的思想状况、价值追寻、思维方式等随时代的转变,面对社会主义市场经济影响下的拜金主义、享乐主义、精致利己主义对人的思想道德观念的冲击和腐蚀,面对社会职业分工的多元化,不同社会阶层的生活方式和生产方式,挑战着思想政治教育内容的深度、广度、宽度,面对全面对外开放过程中非主流意识形态异质文化的冲击,要求增强思想政治教育内容的涵容性和阐释力,以应对时代流转变迁中思想政治教育亲和力弱化的问题和挑战。

时代性是思想政治教育的基本属性之一,也是思想政治教育内容保持生机活力的关键所在。思想政治教育要提高亲和力,就必须增强思想政治教育内容的时代性。首先,要解答时代课题。时代流转对思想政治教育内容的更

① 《马克思恩格斯选集》第4卷,人民出版社1995年版,第284页。

新提出了新的问题和挑战。随着生产力和融媒体技术的发展,要求教育者要坚持开拓创新的精神,运用融媒体技术收集、分析、整理思想政治教育对象的思想状况、价值取向、行为规范等。教育者要坚持定性分析与定量分析相结合的研究方法,提高运用网络信息技术研究教育对象思想行为的媒介涵养,采用新的研究方法和研究程序更新和传播思想政治教育内容。在采用信息化的方式拓展思想政治教育内容的时空边界,提高思想政治教育内容的利用率和转换效能的同时,也要防范西方非主流意识形态异质信息的干扰和侵袭,保障思想政治教育内容朝着科学、规范、有序、健康的方向发展。随着市场经济的发展,非理性主义思潮侵蚀着社会主义主流意识形态,为此,思想政治教育内容要规范和引导多元化社会思潮的影响,坚持凝聚社会正能量,弘扬爱国主义主旋律。伴随着社会分工的分化细化以及人们的生产方式和生活方式的多样化,人们的思想意识观念往往也会被影响和改变,思想政治教育内容要高度关注和集中阐释其价值理念和行为规范,对消极的思想意识加以疏导和分流,增强对思想政治教育正能量内容的宣传。

其次,要扩大容量。思想政治教育内容是实施"立德树人"教育实践活动的信息资源,教育内容的研究要与特定时代的社会文化资源相契合。思想政治教育需要不断研究新时代人们的思想政治取向和价值行为选择的新趋势、新特点、新问题,不断赋予时代所创造的思想政治教育文化精神素材,不断研究和探讨思想政治教育内容在时代发展中取得的新进展,从而促进思想政治教育内容的发展与完善。要增强思想政治教育内容的容量,就需要坚持以改革创新、与时俱进的时代精神,融合国际国内政治经济发展走势、网络科学技术的发展、突发重大公共事件等极具现实育人价值的内容,使思想政治教育内容脱离抽象理论思辨而为人们所感知。针对思想政治教育亲和力缺乏的问题,既要加强对传统的思想政治教育资源的时代性转换和创新,又要学习人类先进的思想理论观点,运用新思想、新理念、新思维,认识和解决思想政治教育实效性不佳的现实问题,并及时总结经验教训,充实和创新思想政治教育概念、理论、话语,使思想政治教育内容体现时代性和涵容性。对于为人们所熟知并广为认可的网络词条,要及时吸纳到思想政治教育的内容之中,提供鲜活的思想政治教育素材,从而拓展思想政治教育的时空范围,使思想政治教育充满时代生机和活力。

最后,凝聚思想共识。基于中国目前处于百年未有之大变局的历史方位,非传统安全挑战日益严峻,要实现中华民族伟大复兴的中国梦,需要凝聚起人们创造美好生活的强大伟力,而思想政治教育内容承载着凝聚最广大群众的价值共识、构筑同心圆的使命。随着生产力的不断发展和经济全球化的深入推进,社会分工日益细化,需要依据不同职业分工,全方位、多角度、分层次构建思想政治教育内容,提高思想政治教育内容的亲和力。

(二) 增强思想政治教育内容的生活感

思想政治教育内容能否贴近人们的日常生产、生活、交往、消费活动和人们的思想认识实际,关系到思想政治教育亲和力的强弱。思想政治教育内容的生活感是遵循人成长成才规律和思想政治教育规律的题中应有之义。以往思想政治教育亲和力不足及实效性不强的症结在于,思想政治教育内容以宏大叙事为主,而与人们的微观日常生活融合度不高,使思想政治教育内容陷于抽象理论思辨的空洞乏味,受众接受度不高。要提高思想政治教育亲和力,就要高度重视思想政治教育内容的生活性,只有关注生活、贴近生活、适用生活,才能保持思想政治教育理论的现实性和教育资源的鲜活性,提高思想政治教育的内在效能。

高度重视思想政治教育是我们党的优良传统,然而,以往的思想政治教育重理论轻实践,在一定程度上忽视了学生成长成才的规律,致使一些学生思想上的认知和认同理论,在实际行动中却与理论脱节,使教育实践活动效果不佳,思想政治教育亲和力难以提升。随着经济全球化的深入推进,以及新时代主要矛盾的转变,思想政治教育内容在新阶段必须增添具有现实生活气息的教育资源,使思想政治教育立足于学生的日常生活,满足学生的日常学习和成长发展需求,以增强思想政治教育的现实感和生活感。

首先,要转变教育理念。思想政治教育既需要对学生开展系统全面的理论教育,也需要积极引导学生在日常生活中践履实践,只有经由生活实践检验的思想政治教育活动,才能真正深入人心。思想政治理论课是开展思想政治教育实践活动的主渠道,思想政治理论课老师是思想政治教育实践活动发挥立德树人功效的引导者,应该牢记立德树人初心,履行为培养中华民族伟大复兴时代新人的教育使命,摒弃外在功利性的约束,将思政教育转换为内在自觉性的教育行为,遵循学生成长发展规律和品德养成规律,培养德智体美劳全面发展的社会主义建设者和接班人。一方面,以学生的日常学习、日常交往、日常消费、日常实践活动为基础,培养学生认同和践行社会主义核心价值观,坚定"四个自信",成为担当时代重任的建设者。要构建民主、平等、和谐、轻松的师生关系,教育学生不应避开日常生活实践,而要以日常生活中的事例作为切入点,开展与学生的对话交流,促进师生同频共振。生活化的思想政治教育内容有助于发挥学生的主观能动性,促进学生成长为政治觉悟高、思想品德好、社会适应能力强的社会主义现代化的建设者。另一方面,思想政治教育的内容要源于学生能感知到的日常生活。选取学生日常生活能接触到的思想政治教育资源,并对相关的思想政治教育素材进行整理、归纳、总结、分析,提炼出真正具有育人价值的思想政治教育资源,而不是陷于日常生活的琐屑事务之中。

其次,教育方式要多样化。教育者要收集丰富的思想政治教育素材,在日常生活中创设教育实践环境,激励学生主动参与日常生活教育实践活动,感悟实践活动中的教育因子,将理论化的思想政治教育知识转化为内在的思想观念和价值取向,增强道德的认知和认同,强化道德情感,坚定道德信念,固化道德行为,使思想政治教育者与受教育者同向同行,营造良好的思想政治教育氛围,增强思想政治教育内容的亲和力,促进生活化的思想政治教育资源取得深入人心的功效,提高思想政治教育效能。另一方面,思想政治教育实践活动要坚持理论教育与实践教育相结合。要提高思想政治教育的实效性,教育者既要加强课堂理论教育,更要重视思想政治教育生活化实践活动的开展。在全媒体时代,课堂教育要采用慕课、视频、微视频等一系列新兴的思想政治教育媒介工具,加速思想政治教育的改革创新。学校要鼓励和支持受教育者参观红色教育基地、参加社区服务活动和各类志愿者活动等,促进受教育者积极担当和主动奉献社会,在实现自我价值和社会价值的过程中升华思想道德境界。

最后,要回归生活。思想政治教育内容要把个人成长发展经历、思想发展状况、心智成熟程度、行为选择等作为教育素材之一。以往的思想政治理论课强调学生对相关的思想品德培养术语的熟练程度,往往通过考试、考察、课堂参与情况等方面评判思想政治教育的实际成效,思想政治教育与现实生活实践的衔接日益空心化,思想政治教育的亲和力减弱。为克服这些问题,教育者不仅要着重从学生的日常学习、交往、行为选择等方面的实际情况,并就影响学生思想政治品德的素材作为重点教育资源,抓住独特的思想品德养成的教育时机,提高学生的思想品德涵养,而且要与社会重大公共事件相结合来开展思想政治教育。2020年初发生的新冠疫情充分体现了我国的制度优势和治理效能,是促进思想政治教育内容生活化的重要教育资源,也是思想政治教育亲和力提升的重要契机。教育者要培育学生从这次疫情中养成正确的世界观、人生观、价值观,强化基于满足自身成长发展需求与自然生命客体的尊重和关怀,认识到个人的成长发展与国家社会的稳定繁荣密切相关,明晰个人与他人是相互关联的而不是相互孤立的。鼓励受教育者积极参加志愿抗疫活动,亲身体验社会生活实际,思想政治教育的落脚点和价值就会呈现。因此,思想政治教育应及时根据日常生活中发生的热点事件,更新思想政治教育内容,实现思想政治教育与日常生活对接。

（三）加强思想政治教育内容的针对性

思想政治教育内容的针对性是指立足教育对象的思想状况、价值取向、行为选择等实际，同时也包括针对国家形势与政策实际和思想政治教育实际。提高思想政治教育内容的针对性，就是要针对国家路线方针政策的调整和改变，把握时代发展的脉搏，研究新时代教育对象思想政治品德发展流变的梗概和特征，不断更新和完善思想政治教育内容，既要继承传统的思想政治教育重要内容、基础内容、一般内容，更要体现培养时代新人的思想政治教育新素材，调整和增加满足学生成长发展需求、解答学生思想困惑、化解矛盾冲突的有关内容，使思想政治教育真正能解决学生的现实问题，把准学生价值取向和行为选择的方向盘，引导学生朝着社会要求的正确方向发展，从而提高思想政治教育的解释力和涵容度，使思想政治教育的内容更加贴近学生的心理需求和日常生活，从而提高思想政治教育的亲和力。

一方面，要明确基本概念、基本要素、基本观点。提高思想政治教育内容的针对性不是整个颠覆或者改变全部的思想政治教育内容，而是要保证思想政治教育主导性的基本元素的稳定性。虽然思想政治教育内容的各要素会随着时代发展、社会变迁、对象改变等因素的变化而转变，但思想政治教育的主旨意涵在一定时空范围内是相对稳定的，从而规定着思想政治教育的性质和发展方向。因此，思想政治教育必须坚定马克思主义唯物史观和辩证法，用习近平新时代中国特色社会主义思想指导实践和解决问题，坚定社会主义和共产主义的理想信念。实践证明，只有马克思主义的科学世界观和方法论才是教育群众认识问题和解决问题的重要思想武器。思想政治教育内容的一些基本元素是经得起理论、实践、历史的检验的，其中一些基本的思想道德规范对于人的精神世界的完善、美好生活的追求、社会的和谐有序、国家的繁荣稳定等等都具有重要的理论意义和实践价值。例如，对于个人、社会、国家等层面的基本道德范式，都有着基本稳定、持续、紧密的思想政治教育内容。

另一方面,思想政治教育内容要针对学生的现实需求。莎士比亚说过,黄金是昂贵的,如果把它埋在辣椒根下面,除了妨碍辣椒生长以外别无他用。这启示我们,要做好思想政治教育工作必须坚持一切从实际出发,实事求是。思想政治教育内容要有针对性,不能完全依靠思想政治理论课教师随心所欲地教授自以为对学生成长发展有益或者必需的内容,而要在把握国家路线、方针、政策的意图和精神的基础上,紧密关注学生的学习情况、生活经历、发展需求,提高思想政治教育内容的针对性和适切性。

随着信息科学技术的变革和社会经济的迅速发展,社会分工的日益多元化导致社会阶层的细化,大学生的思想价值观念和内在需求也随之多样化。只有与大学生所关注的热点、难点、焦点内容,才能提高教育内容的亲和力和针对性,打开驱动大学生接受教育信息的"阀门"。每个大学生的生长环境、成长家庭、发展经历、内在需求等方面都可能存在差异,这就决定了思想政治教育内容选择要因人而异。马克思主义的辩证法认为,矛盾具有普遍性,矛盾存在于一切事物之中,矛盾依据其地位和作用分为主要矛盾和次要矛盾,主要矛盾决定着事物发展的方向和成败。在大学生众多的需求中,有影响大学生成长发展的主要需求,但这种需求往往因大部分学生囿于知识广度、思维能力、性格志趣等,而不能正确认识。例如在新时代,成为能担当起中华民族伟大复兴重任的时代新人应是当代大学生的主要需求。当然,主要需求的解决不是一蹴而就的,往往需要从当前的需求着眼,只有满足了当前的需求才能为主要需求的满足提供条件和基础。任何需求的满足都需要建立在贴近学生学习、贴近学生生活、贴近学生实际等方面,从而选择有针对性的思想政治教育内容,真正增强育人的成效。

(四)增创思想政治教育内容的趣味性

在思想政治教育内容的适用上,还应该努力做到增加和创新思想政治教育内容的趣味性,使思想政治教育的内容更有趣、更有味道,这样的思想政治教育内容才能更加吸引人、更加引人入胜，更能够增进理解和强化说服力。从美学的角度来审视，如果将思想政治教育的内容设计得更有美感、舒适感，其教育过程、教育效果也将是事半功倍。习近平总书记曾在给中央美术学院老教授的回信中提出要做好美育工作，还在全国教育工作会议上的讲话中强调，要全面加强和改进学校美育，坚持以美育人、以文化人，提高学生审美和人文素养。思想政治教育过程中也要实现以美育人、以文化人，其中主要的方面就是要通过内容层面的精巧设计来实现。在现实中，由于思想政治教育的政治性、意识形态属性，教材内容呈现多偏思想性、理论性，如果还是单纯地进行思想灌输、理论阐释，往往是比较枯燥乏味的，难以真正激发学生兴趣，甚至从心理上、情感上产生排斥，这将使思想政治教育的成效大打折扣，无法有效实现思想政治教育对广大青年学生的思想引领、理论武装、价值塑造等功能。因此，在思想政治教育内容的讲授过程中，还应该努力提升其趣味性，使广大青年大学生在学习思想政治教育内容的过程中更有兴致、更有动力。

需要说明和强调的是，增创思想政治教育内容的趣味性并不意味着要将思想政治教育的全部内容都想办法转化为生动形象、有滋有味的内容形式，这从难度上来说，不容易实现，即便能进行一定的转化，也很可能在趣味化过程中淡化其本质意义上的思想性和理论性。如果为了增强思想政治教育内容的吸引力、感染力，而淡化了其在思想性、理论性上的"原味"，这将改变思想政治教育的初衷。因此，在思想政治教育的过程中，不能为了增强思想政治教育的亲和力而盲目地将所有的思想政治教育内容都生硬或者强制性地转化为有趣味性的内容形式，许多思想政治教育内容体系在增创趣味性过程中，不能过度转化而使其失去本真"原味"，否则所呈现出的"色味俱全"的新品即便受到广大青年学生的喜好，但对于他们的身心来说却没有多大裨益，有时甚至可能产生副作用，走向"泛娱乐化"的极端。

在增创思想政治教育内容的趣味性的同时，不改变其本真"原味"，笔者认为，应该从以下几个方面进行着力。一是将一些深奥的思想理论内容阐释得易懂而不浅薄。思想政治教育理论课课程体系中蕴含着大量的马克思列宁主义、毛泽东思想、邓小平理论、"三个代表"重要思想、科学发展观和习近平新时代中国特色社会主义思想,这些都是思想政治教育的理论支撑,这里面的许多思想理论是比较深奥难懂的,这时候就需要对其进行具体阐释和解读,使深奥的理论生活化、通俗易懂,让普通群众都能够理解。这并不是一件轻松的事情,需要花费大量的功夫和精力,尤其是需要教育者本人花费大量的时间和精力对马克思主义经典著作进行真读、真懂、真信,然后还需要掌握一些阐释技巧,将那些深奥的理论用人民群众日常生活化的、"接地气"的语言进行解读,但不能以讲段子、搞笑化等形式来解读,防止将有深刻内蕴的思想理论浅薄化、娱乐化。段子式、搞笑式的讲授虽通俗易懂,但却失之于浅薄,往往不仅不能实现教书育人、以理服人的目的,反而会把学生引向歧途。

二是在教学话语上,尽量做到语言通俗而不低俗。话语是人与人进行思想交流、情感沟通的有效载体,是现实思想传导、理论武装的"桥梁"与"纽带"。在教育教学过程中,话语的重要性就更加不能忽视了。对于青年大学生来说,由于其知识储备、认知体系还不健全,对于那些深奥的思想理论还难以一下子理解、悟透,这就需要教师在进行思想政治教育的过程中,将那些深奥难懂的教材语言尽量通俗化,比如可以运用一些日常生活中生动形象的比喻、拟人等方式来解读,使学生更容易理解和接受,这样的教学课程也才能真正彰显一个教师的水平与能力,这样的课堂也才能真正赢得学生的喝彩与点赞。其实,我们都可以深刻地体会到,习近平总书记的系列重要讲话都很受广大人民群众的喜欢,其中一个重要的原因就是习近平总书记善于在讲话中用"典"和生动形象的比喻,像"空气论""两山论""鞋子论""石榴籽论"等,都十分形象,使广大人民群众都能很快领会和了解,而且这些比喻都是日常生活中常见的、常用的,并没有一丝低俗的成分。像这样通俗而不低俗的解读方式,才能够使教师在对学生的思想引领、理论武装上"不跑偏""不脱轨",这样的解读,教师上课才能够"有底气",学生在课堂上才能够"有生气",在日常生活中才能够"有朝气",才能够早日成长为具有担当精神的时代新人。

思想政治教育是一项系统性的教育实践活动,其完整的运作程序涉及主体、客体、介体、环体。其中,思想政治教育介体是思想政治教育主体联系和作用于思想政治教育客体的纽带,也是为实现思想政治教育育人目标,思想政治教育主体教育和引导思想政治教育客体所采用的方式、方法以及所传递的介质。随着教育对象的转变和信息科学技术的创新,思想政治教育的介体也需要随着时代潮流和社会的变迁在改进中发展、在创新中完善。充分了解思想政治教育介体的时代性、涵容性、开放性的内在特征,对于遴选更具亲和力的思想政治教育介体有重要的理论价值和实践意义。因此,这里主要着眼于从提高思想政治教育内容的适用性,选用思想政治教育方法,利用思想政治教育载体等方面提高思想政治教育的亲和力。

二、思想政治教育方法的选用

随着社会的发展和科学技术的进步,人们的生产方式和生活方式发生了深刻变革,教育对象的思想价值取向也日益多元化和复杂化,对于学校的思想政治教育形成了严峻挑战。因此,要做好思想政治教育工作,提高思想政治教育亲和力,就需要根据实际情况来选用和创新思想政治教育方法,这不仅是思想政治理论课教师要承担的教学职责,更是培养实现中华民族伟大复兴时代新人的重要途径。下面就从理论教育与实践锻炼相结合、价值引领与情感陶冶相结合、显性教育与隐性渗透相结合、传统方式与现代方式相结合等方面,研讨如何提高思想政治教育的实效性。

(一)理论教育与实践锻炼相结合

理论教育法又叫灌输教育法。虽然学界对灌输教育法的看法众多、莫衷一是,但灌输教育法确凿无疑地在思想品德培养过程中具有不可替代的价值,坚持以科学思维看待灌输教育,明晰其内在意涵至关重要。列宁指出,"工人本来也不可能有社会民主主义的意识。这种意识只能从外面灌输进去"①。这表明理论教育是教育者对受教育者开展有计划、有目的、有步骤的理论教育活动,理论教育法既是灌输马克思主义理论的一种方法,又是一种品德养成方法。理论教育法的形式不仅仅局限于课堂教授,还存在于各种形式的理论学习之中,不以时间地点为限定,包括理论学习、理论宣传、理论培训、理论讨论等等。理论教育法随着时代的进步和教育对象的改变以及学科创新发展而不断创新发展。

实践锻炼法是思想政治教育方法系统中的重要一环。国家高度重视实践锻炼法在思想政治教育中的育人作用。教育部思政司提出要推进实践育人法,推动实践锻炼法从理论思维层面转向实践应用维度,社会各界高度关注实践锻炼法的理论价值和实践意义。学界对实践锻炼法内涵的研究视角较为分散多元。纵观学界对实践锻炼法内涵的研究,实践锻炼法是指有目的、有计划地引导受教育者参加家庭、社会、学校的实践活动,使受教育者于实践活动中增强科学认同、把握思维方法、锻炼意志品德、规范实践行为,寓认识世界和改造世界于一体。

列宁指出,"没有革命的理论,就不会有革命的运动"②。这为理论教育法与实践锻炼法相结合指明了方向。目前,理论教育与实践锻炼在思想政治教育中所占比重不够平衡。在思想政治教育实践中,各高校对于理论教育法的重视程度和投入程度都高于实践锻炼法。从历史和实践维度看,实践锻炼法要比理论教育法更重要。我国传统文化中的众多名言名句,如"知者非真知也,力行而后知之真""事必躬行""纸上得来终觉浅,绝知此事要躬行",都说明了实践的重要性。实践锻炼是促进学生知行合一和品德完善的土壤,也是提高思想政治教育亲和力的重要方式。现阶段的实践锻炼的缺乏是使思想政

---

① 《列宁选集》第1卷,人民出版社2012年版,第317页。
② 《列宁选集》第1卷,人民出版社2012年版,第153页。

治教育实效性不高的重要原因。理论教育法与实践锻炼法是相辅相成的,实践锻炼没有理论教育的指导就失去了目标和方向,理论教育没有实践锻炼的助力则无用武之地,变成抽象空洞的经院哲学。实践锻炼是一个非限定领域,既可能是合规律的,又可能是不合规律的。合规律是指理论教育与实践锻炼耦合,能够促进学生思想品德的提高;不合规律是指思想教育与实践锻炼相疏离或相违背,忽视学生身心发展需要,忽视社会发展要求,从而降低思想政治教育的亲和力,减弱思想政治教育的效力,甚至阻碍学生的健康成长发展。为实现理论与实践相结合,应从以下两个方面入手。

一方面,思政课程与课程思政要同向同行。高校学生大部分时间都按照学校的培养计划学习相关课程,思想品德培养最直接的课程就是思想政治理论课。思想政治理论课具有鲜明的意识形态属性,其目的在于塑造学生的世界观、人生观、价值观。专业课教师的思想品德素养、专业技能养成、日常行为示范等都会对学生价值观的养成产生重要影响。自然科学课程通过专业知识学习和成功人物成长发展经历,可引导学生养成科学的人生体验、思维方法、奋斗精神,引导学生树立科学的人生态度和价值取向。要规范思想政治理论课老师和专业课教师的话语内容,符合课程教学内容和法律法规的教育内容要讲深讲实,不允许散布任何违背道德和法律法规的言论。

另一方面,理论教育要与实践锻炼相结合。家庭、学校、社会各方要充分认识到理论教育与实践锻炼相互联系、相互作用的辩证关系,只有加强理论教育,学生才能形成科学的思想价值观念和涵养良好的道德品质。当然,思想价值观念的升华离不开社会实践锻炼。只有经过社会实践锻炼,大学生才能将思想道德知识付诸行动并得到强化,从而将马克思主义的立场、观点、方法真正吃透悟透,坚定中国特色社会主义共同理想和共产主义的崇高理想,将爱国情、强国志、报国行统一于社会实践之中,勇于克服实践活动中遇到的各种阻碍,在提高自身实践能力的同时不断完善自己,培养乐观坚强的人生态度。在教育过程中,要经常引导学生参加社会劳动、志愿者活动、实践调研等,让学生结合所学理论于社会实践场域中锻炼,在实践中增长知识和才干,在实践锻炼中增强获得感和社会责任感。同时,使学生在实践锻炼中获得物质奖励和精神鼓励,实现自我价值和社会价值。要依据教育内容和方式,灵活安排社会实践活动,划出理论教育与实践锻炼试验活动区,总结成功经验,查找不足之处,为社会实践活动的推广提供安全保障。

(二) 价值引领与情感陶冶相结合

价值引领和情感陶冶在提高思想政治教育质量的进程中发挥着重要作用,也是提高思想政治教育亲和力的重要因素。2017 年 2 月,中共中央、国务院联合印发了《关于加强和改进新形势下高校思想政治工作的意见》,明确提出思想政治教育的"价值引领"作用。价值引领贯穿思想政治教育全过程,意味着其承担着与其他教育活动所不同的现实要求和价值使命。一方面,思想政治教育在于培育和改造大学生的思想价值观念,促进其坚定社会主义核心价值观;另一方面,思想政治教育要防范大学生成长发展过程中生发的价值迷雾。思想政治教育是一项系统性工程,若大学生只是熟知马克思主义经典理论和思想政治教育的相关概念,而没有爱国主义情感和共产主义信念,是不能成为一个合格的社会主义建设者和接班人的。

价值引领是指思想政治教育要培养担当民族复兴大任的时代新人,客观上要求顺应新时代发展潮流,回应社会发展要求,在新形势下强化时代价值引领,明确价值判断的现实依凭,以提高大学生的思想道德素养,增强其明辨是非的能力,引导大学生坚定正确的价值取向和价值判断。情感陶冶是指教育者通过创设教育情境,寓教育内容于情境之中,以此来熏陶和感染受教育者,而不是直接地、生硬地向受教育者灌输马克思主义理论。

实现价值引领与情感陶冶相结合,应做好以下工作:

第一,处理好一元与多元的关系。在新时代,思想政治价值引领必须坚持以习近平新时代中国特色社会主义思想为指导,弘扬主旋律,传播正能量,提高社会主义主流意识形态的凝聚力和引领力。要坚持培育和践行社会主义核心价值观,凝聚起全国各族人民价值共识的最大公约数,牢牢把握思想政治教育的话语权。社会主义的主流意识形态是社会大部分成员所认同、坚守、践行的价值观。当今我国社会主流价值取向就是坚持以社会主义核心价值观为主要内容的价值体系。随着我国改革开放向纵深推进,人们的生产方式和生活方式发生了深刻的变革,多元利益主体萌生了多元价值观念,致使一部人的思想价值观念陷入混沌或偏执。对此,要坚持以社会主义主流意识形态为主导,对于非主流价值观念,要把脉其历史溯源、生发机制、基本观点、理论谱系、传播机理等等,在明晰其与主流意识形态的价值取向不存在性质上的对抗或冲突的情况下,就要坚持求同存异的方针,借鉴其他价值取向中服务于社会主义建设和发展的先进部分,使主流价值和非主流价值辩证统一于实现中华民族伟大复兴的历史进程中。坚持以社会主义主流价值引领多元价值的发展,是思想政治教育保证其政治属性的基本要义。

第二,构建平等、和谐、健康的师生关系,驱动大学生品德养成。良好的师生关系能激发学生积极的情感体验。积极的情感是促进大学生将思想政治教育内容内化于心、外化于行的动力因素。教育者对受教育者的理解、尊重、信任和关爱是沟通学生情感的桥梁。在革命战争时期,毛泽东运用实践活动中的现实环境与人群中的情绪,用幽默风趣的语言将人们的消极情感转化为积极情感,以达到思想政治教育的目的。作为思想政治理论课教师,要准确了解学生的具体情况,明确其思想状况、政治立场、价值选择、思想困惑、成长阻碍等等,无微不至地关心学生的日常生活和学习交往活动,以师生间平等、和谐、健康的关系激励彼此进一步加深交流,从而激发受教育者认同外部信息,转化为自身的思想品德修养。

第三,选树榜样形象。大学生探寻自身未来职业的好奇心非常强烈,往往钦佩和崇拜榜样人物。大学生在特定发展阶段对榜样的心理需求,需要思想政治理论课教师选树榜样形象,以榜样人物高尚的思想品德、积极的人生态度、高雅的旨趣追求涵养大学生的良好德行。具体方式可以有宣传榜样事迹、阅读人物传记、记诵名人名句等。榜样人物本身承载着时代所要求和期望的思想道德体验,具有先进性、时代性、典型性,在思想情感上极易引起学生的共鸣,从而自觉向榜样形象看齐,并使之成为规范自身道德行为的标尺。选树榜样形象要贴近大学生实际,在大学生群体中选出榜样形象,是思想政治教育的有效方法。大学生对于身边的榜样人物往往感觉更加具体、亲切、可学。教育实践证明,大学生的思想意识和心理境况往往会随着个人的成长发展际遇而改变。因此,所选树的榜样形象必须贴合受教育主体的实际情况,不能陷于"高、大、上"。对于榜样形象要加强培养和管理,不能出现违背社会发展要求和违法犯罪的情况,否则会使大学生对榜样形象的思想道德素养产生否定和怀疑,不利于思想政治教育工作的开展。

第四,以艺育情。文学艺术作品的欣赏,是陶冶情感的重要途径之一。朱自清先生说过:"欣赏是情感的操练,可以增加情感的高度、深度。"文学艺术作品往往具有情节性、鲜活性、启发性,具有强烈的情感陶冶作用。以文学艺术作品促进学生品德养成,能使学生在不知不觉中被教育、被熏陶,从而塑造一个更加积极和健康的自我。大学生的世界观、人生观、价值观还未完全定型,并对社会各方面的认知情况不多,对于文艺作品选择和评判能力较弱。因此,文艺作品的选择不能完全凭学生的兴趣,需要相关部门和思想政治理论课教师共同把关,在推荐具有价值引领作用的优秀的、积极的、趣致高雅的作品的同时,要引导学生对所欣赏的文艺作品提炼出其要传递的主要思想观点及其对个人成长发展的重要启示,并就文艺作品中最感人之处的所思所想记录下来,悉心领会。利用文艺作品将价值引领与情感陶冶相结合,可有效增强思想政治教育的亲和力,提高思想政治教育的效能。

(三)显性教育与隐性渗透相结合

显性教育法是相对于隐性教育法而言的,显性教育法为教育界高度重视和采用,具有悠久的历史传统。鉴于学界专家从不同角度解读及了解程度不同,显性教育法的具体内涵并没有得到统一认识。综合学界相关研究者对显性教育法内涵的研究,可以认为,显性教育法是指通过直接、公开、明确的方式对受教育者开展有计划、有目的、有步骤的教育以达到符合社会发展要求和个人成长发展的教育目标。显性教育法因其有明确的教育目标、规范化的教育手段、丰富的教学师资、优越的教学条件等优势,成为思想政治教育的主导方式。隐性教育法是指通过间接、隐性、模糊的方式对受教育者进行思想品德教育,将思想政治教育内容寓于其他载体或者活动之中,使学生在不知不觉中受到熏陶。

2019年3月,习近平总书记在学校思想政治理论课教师座谈会上提出了坚持"显性教育和隐性教育相统一"的论断,这一论断为思想政治教育创新与发展指明了方向。在教学实践中,思想政治教育以显性教育方法为主,为提升学生的思想道德品质,培养能担当中华民族伟大复兴的时代新人做出了重要贡献。但毋庸讳言,大学生普遍比较排斥和反感纯理论说教式的思想政治理论课,在多元意识形态交融交锋更加激烈,改革开放和经济全球化进一步推进的形势下,显性教育凸显出其内在的短板和不足,而隐性教育因其内在的独特优势和运行机理对显性教育起到了协调和补充的作用,有利于提高思想品德教育的实效性。

显性教育与隐性教育相结合是提高思想政治教育亲和力的有效方式。要实现显性教育与隐性教育的协调统一,首先要转变教学理念。在思想政治理论课教学中,思想政治理论课教师应该在良好的行为示范和精湛的教学技巧的基础上,将思想政治教育内容通过融媒体的方式呈现,让学生在轻松愉悦的教学环境中受到熏染。在2019年3月学校思想政治理论课教师座谈会上,习近平总书记对广大思政工作者提出了"政治要强、情怀要深、思维要新、视野要广、自律要严、人格要正"的"六要"要求。① 只有坚定马克思主义信仰的

---

① 《用新时代中国特色社会主义思想铸魂育人　贯彻党的教育方针落实立德树人根本任务》,《人民日报》2019年3月19日。

教育者,才能培养出实现中华民族伟大复兴的建设者和接班人。思想政治理论课教师需要勤勤恳恳地阅读马克思主义经典著作,只有夯实马克思主义的理论素养,才能坚定正确的政治立场,才能引导学生明辨是非。此外,思想政治理论课教师要涵养自身人格魅力,用高尚的人格吸引和感染学生,引导学生提高思想觉悟,自觉学习教师的爱国奉献、乐业敬业、真诚待人、自强不息等优秀的思想道德品质。同时,教师也要利用好课堂教学这一主渠道,通过设置问题情境、头脑风暴、讨论交流等方式,转换课堂话语方式和改革课堂教学境况,规避显性教育方式的刻板、僵化问题。其次,要建立衔接机制。实际上,显性教育法与隐性教育法还处于比较疏离的境况,只有实现两种教育方法的有效衔接才能创新立德树人格局,但这种衔接不是此消彼长、各自为政的,而是需要凝心聚力、同向同行、百花齐放的机制安排。思想政治工作是一项涉及各部门单位协同育人的系统工程,党和政府部门、企事业单位、学校、家庭等都是思想政治教育的责任主体,多部门责任主体要明晰自身育人优势、规范权责界限、划分管理内容等等,协同推进思想政治教育。同时,要融通多学科的思想政治教育教学资源,"使各类课程与思想政治理论课同向同行,形成协同效应"①。多学科课程不仅涉及不同的学习时段,而且课程体系丰富,要上好思想政治理论课,需要挖掘和创新不同学科体系的教学内容和话语体系。最后,要灵活采用显性教育与隐性教育方法。在教育实践过程中,无论是采用显性教育还是隐性教育,都要依据教育对象、现实条件等因素确定,而不是随心所欲地采用某种教育方法。因材施教、因势利导地使用教育方法,是顺应思想政治教育规律,提高思想政治教育亲和力的重要前提。有一些大学生对于思政课学习、专业课学习、课外实践活动兴致不高,而对戏剧、音乐、游戏等娱乐活动兴趣浓厚,对此就要灵活运用戏剧、音乐、游戏等思想政治教育的隐性教育方法,而不是强制使用显性教育方法。对于一些学习兴趣浓厚、课外兴趣广

---

① 《用新时代中国特色社会主义思想铸魂育人　贯彻党的教育方针落实立德树人根本任务》,《人民日报》2019 年 3 月 19 日。

泛、实践活动丰富的大学生,就需要坚持思想政治理论课为主,以各种课外兴趣和实践活动为辅的隐性教育方法,激活隐性思想政治教育通道,如借助国家组织各种典礼仪式、中国传统节日活动、社会热点事件等开展伦理道德教育。此外,诸如学校建筑、教室的布置、校园环境等物质条件,管理体制、班级管理方式、学生评价体系等制度事实,校风、学风、学校教育理念、教学风格和教学指导思想等观念事实,以及学校人际关系状况和师生精神面貌等心理事实,虽然不是课程,但它们通过潜移默化的方式发挥着育人的作用[①],从而消解主渠道存在的效能不足的现实问题,在思政教育实践中应予充分重视。

(四)传统方式与现代方式相结合

中国共产党高度重视思想政治教育,为取得革命的胜利和促进社会主义建设,创新和发展了许多思想政治教育方法,一些传统的思想政治教育方法被传承延续,对于新时代的思想政治教育也有值得借鉴之处,比如实事求是、密切联系群众、批评与自我批评等,这些传统的思想政治教育方法彰显了马克思主义世界观和方法论的精髓,在思想政治教育方法体系中起着价值引领的作用,决定着其他思想政治教育方法的效能发挥。同时,这些思想政治教育方法又是党开展思想政治工作的优良传统,思想政治教育实践活动必须与群众实际生活密切结合,在解决群众生产生活困难的同时,促进群众认知和认同马克思主义理论,改造群众物质和精神世界的生产。

思想政治教育方法的继承与创新是遵循思想政治教育发展规律与品德养成规律的重要体现。思想政治教育传统方法与思想政治教育现代方法相结合,是传承优秀思想政治教育方法的重要方式,同时要依据科技进步和社会要求,及时创新思想政治教育方法。

随着思想政治教育对象的改变和时代环境的转换,传统的思想政治教育

---

① 胡大平:《坚持显性教育和隐性教育相统一　全面提升高校立德树人水平》,《思想理论教育导刊》2019 年第 7 期。

方法已不能完全适应社会发展要求。传统的思想政治教育方法主要是单向纯理论说教,对教育场地、时空环境等因素要求较高,受教育者往往是被动接受,其积极性和主观能动性没有得到充分发挥,思想政治教育实践活动成为一种抽象的理论思辨活动,思想政治教育效果不尽如人意。另外,传统的思想政治教育方法忽视了其他教育因素的重要作用,将教育重点集中于理论观点的理解和记忆,且其内容往往与时代发展潮流不符,缺少了现代科学元素,致使思想政治教育的亲和力和感染力不足。

网络思想政治教育是思想政治教育的一种现代方式,是指思想政治教育在与现代网络信息技术融合发展的基础上,通过生产、传播和引导网络信息,使受教育者接收到各种各样的思想政治教育信息,实现立德树人的教育目标。现代思想政治教育方法信息传播快、受众群体多、超越时空限制,以民主、平等、轻松的方式开展教育,缓和了传统方式中教育者与受教育者之间的内在矛盾,使思想政治教育实践活动更具亲和力。此外,现代方式中更注重发挥受教育者的积极主动性,受教育者主动搜索、查找、收集、选择相关信息,在教育实践中往往乐于分享、传播、交流不同的思想观点,增强了思想政治教育的亲和力,提高了思想政治教育的质量。

思想政治教育传统方法与现代方法的结合,是指在传统领域开展思想政治教育并借助现代网络信息技术等方式、途径、手段的总和。在网络领域开展思想政治教育,既要将传统的思想政治教育方法引入网络信息技术领域并合理运用和开发网络的功效,也要探索思想政治教育传统方法与信息技术的深度融合存在的新情况、新问题,找寻新方法。问卷调查法、理论教育法、心理疏导法、实践体验法等方法,都可以与现代思想政治教育方法协同推进。此外,要科学认识思想政治教育传统方法与现代方法的内在辩证关系,两者都是思想政治教育方法体系中的重要组成部分,是相互联系、相互作用的统一体,而不是相互孤立、相互排斥的,两种方法不仅在教育的目标、内容、效能等方面相同,而且现代教育方法往往借鉴传统教育方法的价值理念和作用机理,两种教育方法只是在呈现形式、时空领域、交流方式等方面存在差异。因此,思想政治教育传统方法与现代方法的结合,要保证两种方法在教育目标上同向同行,即都要为提高思想政治教育质量、实现立德树人根本任务、培养时代新人服务。同时,思想政治教育传统方法经过理论、历史、实践的检验,是符合大学生品德养成规律和社会发展需求的。因此,不能因为现代思想政治教育方法的创新性就轻视或者抛弃传统思想政治教育方法,否则,思想政治教育的现代方法就会失去思想政治教育传统方法的滋养。同时,思想政治教育网络领域必须要借助现代方法来占领,教育和规范大学生的网络行为,解决虚拟网络空间存在的思想困惑、人际交往等方面问题。

三、思想政治教育载体的利用

载体贯穿思想政治教育实践活动的全过程,是传递思想政治教育信息资源的重要形式。鉴于思想政治教育载体随着科学技术、网络媒体、软件工程的发展而不断更新生发出新的形态。思想政治教育载体要利用现代科技增强其体验感、依托多媒体提升其生动性、借助微程序以提升其便捷性,这是顺应新时代社会生产力发展新境遇的题中应有之义,也是提高思想政治教育亲和力的必要条件。

(一)利用高科技增强思想政治教育载体的体验感

习近平总书记指出:"互联网是当前宣传思想工作的主阵地。这个阵地我们不去占领,人家就会去占领;这部分人我们不去团结,人家就会去拉拢。要把这些人中的代表性人士纳入统战工作视野,建立经常性联系渠道,加强线上互动、线下沟通,引导其政治观点,增进其政治认同。"①利用高科技增强思

---

① 《习近平关于网络强国论述摘编》,中央文献出版社 2021 年版,第 65 页。

想政治教育载体体验感的实践理路是:立足于网络信息技术,着眼于增强受教育者对思想政治教育载体的体验感,遵循思想政治教育规律和受教育成长发展规律,运用现代信息技术,吸纳多元化的思想政治教育载体,不断增强思想政治教育对象的体验感。

首先,要转化思想政治教育载体。依据网络受众拟态化思想政治教育载体的现实表征,运用高科技模拟教学实践中的思想政治教育载体,将现实的思想政治教育载体以网络化的方式呈现。用高科技拟态化的思想政治教育载体与实践中的思想政治教育载体不同,其受众更加广泛、传播更加便捷、操作更加简单,因其与现实中的思想政治教育载体所要呈现的运行范式相近或者相似,使网络受众在思想政治教育中往往有一种身临其境的亲切感,从而增强思想政治教育载体的体验感。其次,结合信息软件转换思想政治教育载体。通过微信、QQ、腾讯视频、钉钉等信息软件与思想政治教育载体相结合,如将开会、研讨、管理工作等思想政治教育载体转换为通过高技术信息软件程序实现。高技术信息软件虚拟的思想政治教育载体与现实的思想政治教育载体有明显的区别,也有其显而易见的表征和优越之处。高技术信息软件虚拟的思想政治教育载体由于网络受众的虚拟化和符号化的特征,更有利于营造现实的思想政治教育载体氛围,有利于从思想政治内容和目标的角度开展教育活动,而网络受众对于思想政治教育内容的涵容性和接受度更高,在增强思想政治教育载体体验性的基础上,提高思想政治教育的亲和力,增强现实思想政治教育载体的实际效能,实现思想政治教育的目标。最后,运用高科技对红色教育基地进行创新转化。红色教育基地是思想政治教育的重要载体,教育者通过组织受教育者参观红色教育基地的方式,培养受教育者的家国情怀、理想信念、责任担当,激发受教育者将爱国情、强国志、报国行统一于个人前途命运与成长发展过程中之中,激发受教育者为实现中华民族伟大复兴中国梦而努力奋斗。基于现实中的红色教育基地为思想政治教育载体的思想政治教育活动,存在空间固定、受众有限、成本较高等因素的影响,对于运用高科技转换思想政治教育载体就显得尤为重要。这就要求运用 AR、3D、5G 等信息技术方式，将现实中的红色思想政治教育基地转换为网络上生动逼真的可感知和体验度高的思想政治教育载体。

（二）依托多媒体提升思想政治教育载体的生动性

科学技术的发展和教育对象的改变对传统的思想政治教育载体范式提出了挑战。要增强思想政治教育的亲和力，提高思想政治教育的实效性，思想政治教育载体要依托多媒体不断发展创新，在把握思想政治教育载体的内在意涵和运行规律的基础上，依托多媒体探索出提升思想政治教育载体的新形式和新机制，运用多媒体的丰富多样、形式多元，拓宽思想政治教育载体的形式，有效延展和增强思想政治教育载体的功效，运用多媒体加快了思想政治教育载体触角的延伸，有利于提高思想政治教育载体的生动性。

第一，改革思想政治教育载体，是适应多媒体背景下的思想政治教育创新发展的必然选择。随着网络信息技术的快速发展，多种多样的多媒体技术顺势而生，例如电影电视、动漫图片、慕课等等，国内影视文化产业的蓬勃发展，相关历史题材的影视资料、音频、纪录片等等，使多媒体信息技术的辐射范围更加广阔，为思想政治教育载体的生动化提供了实现条件。在思想政治教育载体中，灵活地运用多媒体信息技术，给受教育者提供更加精致化和生动化的思想政治教育载体，提高思想政治教育载体的感染力和吸引力，可以提高受教育者的积极性和主动性，提高思想政治教育载体的教育质量。

第二，构建思想政治教育载体的网络化体系。针对多媒体的开放性、多元性、交互性等特征，高校应建立思想政治教育载体网络化阵地，依托校内网、校内公众号、特色专业网站等等，加强高校意识形态主阵地的建设，引导大学生在校园思想政治教育载体中弘扬主旋律、传递正能量。高校的大学生栖居于校园社会与网络社会交叠嵌套之中，优秀的校园思想政治教育网络载体有利于提高学生的思想品德素养、完善其专业知识体系、培养其朝气蓬勃的精神状态、涵养其乐观向上的人格魅力、塑造其高雅健康的审美情致。大学生既可以在校园网上就相关内容发表评论,点赞和转发自身欣赏的美文图片,也可以在校园网上随时掌握学习、生活、社会的各种动态。学生接收良好校园网络的良好熏陶和感染,减少网络社会中有害信息的贻害,有利于提高思想政治教育质量。

第三,以思想政治教育多媒体资源开展大学生思想政治教育。高校可以运用信息软件、娱乐游戏、电子书等多媒体资源以及时代化的思想政治教育内容创新思想政治教育载体的运行机制,将思想政治教育载体承载的重点要素由单向线性传播转变为多向网状辐射,清晰展现思想政治教育载体所要传递的主要内容及其内在关联,调动受教育者多种感知官能,增强思想政治教育载体的生动性,提高其学习积极性。此外,高校思想政治理论课教师要协同相关的电子信息科技专业的专家学者,针对思想政治教育载体所要承载的重要内容和学生关心关怀的重大热点事件,组织协调相关专家学者、技术工程师、参与试用者研发一系列集科学性、知识性、专业性、趣味性、教育性于一体的电子软件,把思想政治教育内容通过生动活泼的形式传播,彰显寓教于学、寓教于乐等特点,从而提高思想政治教育的实效性。

(三)借助微程序深化思想政治教育载体的便捷性

随着网络信息科学技术的发展,以微信、微博、QQ 等为代表的微程序为人们交流思想、解疑释惑、行为引导提供了重要的平台,以此实时分享网络主体的日常生产生活和转发与自身学习和生活相关的文字、图片、音频、视频等。微程序传播具有即时性强、凝练简洁、受众广泛等特征。具体而言,网络主体可依据自身的兴趣爱好和学习、工作、消费的实际情况,选择需要添加的好友和公众平台,从而增强了思想政治教育载体信息交流传播的便捷性。鉴于微程序传播主体文化素养要求不高、传播方式通俗易懂,借助微程序深化的思想政治教育载体往往具有更多的参与者。此外,微程序给思想政治教育载体的创新发展提供了新思路,对思想政治理论课教师掌握和管理微程序的专业素养提出了新要求,高校思想政治理论课教师要树立运用微程序来提高思想政治教育载体便捷性的思想理念,积极主动并科学运用微程序为思想政治教育服务。

新时代的大学生个性鲜明、视野开阔、自由开放,他们乐于发表自己的思想观点,也有强烈的兴致学习新鲜事物,而微程序的迅速普及,使大学生可以轻松自在地借助微程序分享生活和交流思想,这满足了学生的自我认同和自我完善的现实需求。此外,微程序传播的便捷性,为全球的经济、政治、文化、社会、生态等方面的各种信息交流提供了现实可能,使大学生能处于各种思想文化信息的最前沿,有助于培养大学生的历史思维、辩证思维、战略思维,帮助大学生树立科学的世界观、人生观、价值观,有利于大学生个人的成长发展。微程序的即时互动性,有利于促进大学生朋辈之间的交往,促进学生养成自立自强的人格。此外,大学生的思想意识、生理心理、行为选择上不够成熟稳重,对于日常学习、交往、消费等活动中遇到的思想困惑和现实挑战,可以运用微程序及时表达成长发展过程中遇到的挫折,有助于纾解不良情绪,促进自身心理健康发展。

第一,运用微程序及时跟踪大学生的思想动态。大学生的思想状况与他们的日常学习和生产生活实践密切相关,运用微程序密切关注学生的日常生活实践,有利于运用思想政治教育载体对大学生进行思想引领和价值引导。在微程序的支持下,人人都有麦克风,人人都是传播者,思想政治理论课教师可以通过微程序及时了解和掌握学生分享的学习生活状况和社会动态热点,及时明晰了解学生的价值取向和行为选择,从而增强思想政治教育的实效性。对于大学生在成长发展过程中的心理不适和人际交往障碍,思想政治教育者可以通过微程序及时引导学生的思想品德养成,并采取措施让学生通过科学的思维方式解决学习和生活中遇到的现实问题,培养能担当起中华民族伟大复兴的建设者和接班人。

第二,运用微程序构筑教育者与受教育者民主平等交流的平台。思想政治教育主体通过微程序与学生的互动交流更加便捷,将思想政治教育相关知识通过微程序深化的思想政治教育载体进行传播,以大学生普遍认同的微程序吸引学生学习相关内容,从而实现引导政治方向、强化品德涵养、规范行为选择的教育目标。运用微程序将思想政治教育载体所承载的理论话语转换为生活话语,把传统的理论说教转换为知识分享和交流,有助于促进教育者和受教育者平等交流。使用微程序的语言范式,有助于增强思想政治教育的亲和力,形成良好的育人生态。

第三,将微程序融入思想政治教育管理活动中,提升思想政治教育载体的便捷性。思想政治教育可运用微程序的即时性、互动性、便捷性等优势,开展评优评先、奖学助贷、心理咨询、主题教育、就业创业等教育管理工作,充分运用好微程序的便捷性优势,将思想政治教育信息渗入思想政治教育管理载体之中,实现信息的有效对接,并在进行学生工作过程中增强对学生的思想境况、政治立场、价值取向等信息的把握,以便及时解答学生的思想困惑和实际困难,增强思想政治教育的针对性和实效性。同时,运用微程序可使学生教育管理工作更具有公开性和透明性,发挥微程序的收集、统计、分析信息的功能,可以精准了解学生对日常教育管理工作的满意度和实效性,总结实践经验,及时对学生的教育管理工作做出评价反馈,提升思想政治教育的质量。

第四,运用微程序引导大学生的品德涵养和价值选择。思想政治教育工作者是大学生良好品德的引领者和理想信念的维护者。微程序是大学生喜闻乐见的思想政治教育形式,也是进行思想政治教育信息交流的重要载体,更是思想政治教育工作者弘扬主旋律、传播正能量、涵养高雅品格、陶冶思想情操、实现自我价值的重要方式,有助于大学生的品德养成,促进大学生坚定正确的价值取向。

第八章　营造亲和力丰盈的高校思想政治教育环体

高校思想政治教育亲和力的提升,除了需要在主体、客体、介体等维度着力之外,还需要从环境维度上下功夫。这主要是由于高校思想政治教育并不是孤立的教育场,而是置身于大环境之中的动态教育系统,环境质量的好与坏、优与劣,在一定程度上将影响甚至决定高校思想政治教育的成与败。因此,要提升高校思想政治教育的亲和力,就必须着力营造出具有丰盈亲和力的教育环境,充分发挥其潜移默化、润物无声的涵润功效。对此,本章将从营造温润心灵的校园环境、成风化人的社会环境、积极向上的网络环境、家校融合的育人环境这几个方面来进行探索与思考。

一、温润心灵的校园环境

校园环境主要是指学校组织实施教学、管理、文化生活及后勤保障等一切物质因素和精神因素的总和。校园环境是与高校思想政治教育最为密切的一种环境要素,要提升思想政治教育的亲和力,首先必须考虑的环境因素就是校园环境。校园环境对于大学生健康成长成才的影响是巨大、深远的。校园环境通常包括制度环境、精神文化、办学行为、物质环境等要素因子。因此,本章从强本固基的学校制度、厚德载物的校园文化、以生为本的办学行为、润物无声的物质环境等维度来论析。

（一）强本固基的学校制度

就学校制度而言，主要是指为了能有效适应社会发展需要，以完善的学校法人制度和新型的政校关系为基础，以教育观为指导，学校依法民主、自主管理，并能够促进学校、教职工、学生及学校周边的社区协调有序发展的一整套制度体系。从管理学的角度来看，管理即服务，学校制定管理制度只是规范管理服务过程的一个手段，制度对于学校的发展以及在校的广大师生具有指导和规约作用。首先，由于规章制度中通常都是明确规定"应该这样做，不能那样做，否则将会受到什么样的处罚"，学校制度中的刚性约束既给学校和每一位师生的行为予以整体性指导，又能有效规范和约束大家的言行举止，即制度中闪烁着"理性的光辉"，对于高校各项事务的运行都具有重大的作用。而要提升高校思想政治教育的亲和力，也离不开制度的保障。刚性的制度体系中，还存在许多柔性的制度规范，比如有许多具有"人本性""人文性""亲和性"的教育教学制度、服务育人制度等。

然而，就现实来看，现在的大学制度规范还存在一些不容忽视的问题和不足。比如，许多公办学校的办学自主权还比较有限；一些学校依然秉持传统的办学理念和育人模式，创新性不够，难以有效适应时代发展要求；学校一些制度仍然是刚性有余而柔性不足，没有切实做到刚柔并济，还比较缺乏人文关怀；等等。

要提升高校思想政治教育的亲和力，首先必须从继续建立健全高校的制度体系，使其在充分彰显"理性的光辉"的同时，还时刻飘散着"人文关怀的芳香"，使全体师生都能在这样的校园制度文化中深刻认知、体悟思想政治教育的深刻魅力，将其自觉内化于心灵深处，外化于日常言行之中。目前，我国学校制度建设正在不断健全和完善，但还有一些方面的问题需要从国家和政府层面予以高度重视,像办学经费短缺问题,除了需要学校本身的努力之外,还需要国家和政府大力予以财力支持;像办学自主权问题,还需要教育行政部门简政放权、转化职能,当然,学校自身也需要努力争取。在这里,笔者主要从构建教授参与学校治理制度、完善学生社团参与管理机制这两个层面来探析。一方面,通过构建教授参与学校治理制度来切实保障教师群体的利益,使广大教师在高校治理过程中更有参与感、获得感、成就感;另一方面,通过完善学生社团参与机制来调动大学生的参与活力和主体性,促进大学生的自我教育、自我管理、自我发展。

一是构建教授参与学校治理制度。高校"象牙塔"里最多的是莘莘学子,但同时,还必须高度重视教师群体,教师对于广大学生的教育教学、管理服务等而言,其作用是独一无二、不可替代的。正如梅贻琦曾在 1931 年的就职演说中强调,"大学者,非大楼之谓也,乃大师之谓也",足见教师对于大学之发展的重大作用。因此,在大学制度设计过程中,要高度重视保护教师权益,确保能够"引得来""留得下""教得好",这也要求在大学治理过程中,要去除传统的"官本位"观念,平衡好行政权力和学术权力之间的关系。这就必须在优化整合原有的学校制度的基础上,逐步建立起比较合理的教师队伍建设与管理制度。当下最为关键的就是如何构建公平公正的教师考核评价与激励机制。对此,应该建立主要由学校权威教授所组成的学术委员会与教学评价考核组织,既要奖励科研突出的教师,还要奖励那些教学表现突出者,淘汰不合格者,而不能由行政领导主管一切,否则就会出现人们所诟病的大学不像大学,而像是官场。

二是完善学生社团参与机制。高校是以学生为主体的教育场所,大学是教师与学生探索知识、交互活动的场域,没有大学生的参与,大学的发展必然是背离学生利益诉求的,必然是南辕北辙的;没有大学生的参与,教师的教育教学便是"巧妇难为无米之炊",教师的主导作用就是一句空谈,这样的大学也将没有存在的价值与必要。因此,要提升高校思想政治教育的亲和力,在制度设计上,就应该有利于提升大学生的参与积极性,促进大学生的全面自由发展。在高校校园环境中,与大学生关系最为密切、能够吸引众多学生的积极参与和热烈欢迎的是学生社团,对于这样的特殊团体,必须加强指导和管理,不能在学生社团中滋生形式主义、官僚主义作风,不能为了拉赞助而任由商家在校内从事商业活动、虚假宣传等。同时,要引导学生加强对社团的自主管理,在推动社团有序发展中张扬大学生的各类兴趣爱好,带动大学生实现全面健康发展。

(二)厚德载物的校园文化

这里所讲的校园文化,主要侧重的是校园的精神文化,因为一个大学的精神文化并不是一朝一夕形成的,而是经过几代人甚至更多代师生的共同努力而营造出来能够彰显出巨大功效的共同价值取向和心理诉求,是大学校园环境中的灵魂,也是一所大学独特的精神品格。可以说,一所大学的精神文化就是其独特的"精神身份"。因为大学的校园精神文化中有着许多大学精神的外化表现,像"独立精神的外化""自由精神的外化""求是精神的外化"①等,这些对于大学长远发展的功效是无穷的。同时,大学校园精神文化作为校园环境中的核心构成因子,其作用是不可替代的。首先,高校精神文化是指导和引领学校各项事业发展的内在驱动力;其次,高校精神文化能够有效激励全体师生爱国爱校、锐意进取、向善向美。另外,优秀的大学精神文化还能有效影响学校周边社区的民众不断提升道德素养,在修身自律中崇德向善。

就现实而言,高校的精神文化建设虽然在不断完善、不断向好,但也还存在一些问题。其一,部分大学的育人角色越位。在有些高校里面,还是充满行政化的管理模式,像有的政府机构一样,实行下级服从上级的决策模式,处处都要唯"长官意志"。对于高校治理体系而言,通常是行政权力与学术权力的

---

① 李培根:《论大学精神与文化》,《国家教育行政学院学报》2015年第1期。

博弈,行政化严重,势必影响学术的地位,官本位现象严重的高校,势必会制约学术研究的拓展,弱化和消解学术之独立和自由之精神。另外,有些高校的经济化现象比较严重,许多教师把创办公司、下海经商作为日常的主业,而将教书育人工作当作副业,致使许多学生也追随这些教师成为他们的"打工仔"。其二,个别高校的育人旨趣缺位。近年来,随着经济全球化、信息网络化的不断推进,有些高校泛滥着政治化、经济化的现象,使得"追帽子"现象、趋利化现象日渐普遍,许多学生为了以后更好地入党、更好地升学,都争先恐后、挤破脑袋地去竞选班干部和学生会、社团领导职位,都希望头上有一顶"帽子"。还有一些学生为了缓解家庭负担或出于其他原因,而将大多数时间放在了做兼职挣钱上。以上这些学生的大多数时间都放在"行政事务"和"挣钱事务"上了,学习时间大量被压缩,致使学习成绩不佳,平时考试寄希望于临时抱佛脚顺利通过及格线,毕业论文的撰写也多是拼凑而成,而不是脚踏实地求真求实求新。另外,许多高校都或多或少地存在着急功近利的现象,存在着人文关怀相对弱化的现象,这些都不利于高校的长远发展,更会抑制高校思想政治教育亲和力的有效提升,必须引起高度重视。

为克服上述种种乱象,任何一所高校都必须始终高度重视其精神文化的建设。整体而言,一个大学的精神文化主要体现在大学章程、办学理念、培养目标、校风校训校歌等方面。笔者认为,应从以下几个方面入手,锻造厚德载物的校园精神文化。

第一,规范大学章程。大学章程之于学校就好比宪法之于国家。大学的章程在制定完善过程中,应该充分彰显其法理性与人文性的有机统一,既要整体性、全面性地统领学校各项事务的治理,做到各项事务都有章可循,又要充分体现对全体师生的人文关怀,提振广大师生的获得感、幸福感。

第二,明确办学理念。一个学校的办学理念是否科学,将直接决定其办学质量的好与坏。一所好大学的办学理念应该是大学发展、教师发展、学生成才、服务社会、科学研究、改革创新等方面的有机统一,并且始终将人才培养作为大学的第一使命。

第三,完善培养目标。高校的培养目标体现的是学校的教育目的、教育价值观,其制定的过程必须彰显时代性、独特性、人本性、实践性等特点。任何一所大学的根本目标都是培养社会主义合格建设者和可靠接班人,在新时代,更要注重培养具有担当精神的时代新人。对于高校而言,只有制定了科学的培养目标,才能使学校的教育教学总目标明确而清晰,在开展思想政治教育的过程中才能更有针对性地注重对学生在德、智、体、美、劳方面的教育引导,才能不断提升教育内容的亲和力,提升教育质量和实效。

第四,用好校风校训校歌。每一所大学都有自己的校风、校训、校歌,这些都是一个大学精神的生动外显,在一定程度上体现着一个学校的精神面貌。校风校训校歌对于广大师生而言,具有强大的精神感召力、价值同化力、思想内化力、行为约束力,因此,高校要提升思想政治教育的亲和力,在环境建设维度上,必须用好校风、校训、校歌这些德育资源,使其在潜移默化中发挥出凝心聚力、感染激励的育人功效。

(三) 以生为本的办学行为

这里所讲的办学行为,主要指校园的行为文化,主要侧重于教师的教学、管理等服务行为文化。在一所高校的环境要素中,不能忽视内蕴丰富的行为文化,因为教师的教学、管理等服务行为直接关系到广大学生的切身利益,教师教学服务质量的好与坏直接影响学生的知识接受度、认可度;教师管理服务质量的好与坏直接影响学生对学校文化的认同度,影响学生在学校生活的幸福感、获得感。

就现实而言,许多高校的行为文化不尽完善、合理,尤其是在教师的教学、管理等服务行为方面,还比较缺乏以生为本的人文关怀。高校是教书育人、立德树人的神圣之地,在这里,广大教师群体都应该奉行以生为本的教育理念,自觉履行教书育人、管理育人、服务育人的职责。然而,当下的高校思想政治教育实效性不足,很重要的一个方面就是因为高校的教学、管理等服务还没能完全和充分体现出以生为本的理念。比如,在高校教学服务方面,许多教师还是坚守传统的"灌输式"教学,这里并不是说"灌输式"教学方法完全不好,但如果全是"满堂灌""堂堂灌",没有丝毫的亲和力可言,学生们就会产生视觉和听觉上的疲劳,这样的教学模式就缺乏人本性,无论教师在"舞台"上表演得多么卖力,学生基本上都是不买账的,甚至是会厌烦的,这样的教学效果必然是不佳的。就教学这一方面来说,表现最为明显的就是高校的思想政治教育理论课,党和国家层面一直都高度重视高校思政课的建设工作,许多思政课教师也是各自用尽了浑身解数,但一直以来,由于思政课浓厚的政治性和意识形态的学科属性,致使许多老师在这门课程的教授方面缺乏创意,无法切实有效地提升高校思政课的亲和力。又比如,在高校管理服务方面,一些高校的管理人员还存在比较严重的"官本位"观念,还比较缺乏以人为本的服务意识,总是对来办事的师生不给好脸色,问答也是爱理不理,"门难进""话难听""事难办",领导来了就喜笑颜开,唯领导意志是从。在这样的管理服务环境中,师生在心理上是不舒服的,在言谈上就会对学校有意见,对学校的认同度就会逐渐下降,对高校思想政治教育内容的接受度、认同度也会大打折扣。

因此,在校园环境建设中,应该着力规范以生为本的办学行为,尤其是要规范好广大教师的教学和管理行为,以具有亲和力的教学服务来感召和吸引学生的积极参与,充分发挥学生的主体地位和作用;以具有亲切感的管理行为来为广大师生提供优质的服务,使广大师生在校园日常生活的点点滴滴之中感受到人文关怀,从而发自内心地认同校园文化,认同学校的各项建设发展。为此,一是要规范好广大教师的教学服务行为。广大教师在教学方面应该转变传统的"灌输式"模式,探索多元化的教学模式,像讨论式、专题式、研究式等实践教学法,尤其是针对高校思政课,要综合运用多种实践教学法,增强思想政治教育的亲和力、趣味性、吸引力。二是要规范好广大教师的管理服务行为。高校广大教师,尤其是从事管理、后勤服务的教师,应该始终做到微笑服务、耐心服务、高效服务,这样才能真正通过管理育人、服务育人,实现立德树人的目标。

(四)润物无声的物质环境

学校的物质环境主要指学校的建筑风格、校园布局、教学设施、环境卫生等。一所大学的物质环境直观地呈现给人们,是人们对于一所大学的"第一印象"。因此,校园物质环境的建设对于广大师生的作用是非常巨大的,尤其是对那些新入学的大学生而言,"首因效应"甚至会影响其未来几年的大学生活。对于众多大学生而言,良好的、舒适的校园物质环境,有助于他们健康、快乐地融入其中,学习工作的效率也自然会事半功倍。总之,必须高度重视校园物质建设,提高广大师生对于校园文化的认同度。

就当下的校园物质环境而言,多数学校都十分注重物质环境方面的规划、建设,旨在为广大师生营造出良好的学习、生活、工作环境。但我们也可以看到,一些高校,尤其是一些新建高校或高校的新校区建设,往往只注重大片地盖楼,对校园整体布局、设施建设、雕塑、绿化等还缺乏用心、用情,使得不少高校的校园物质环境崭新而缺乏底蕴、校园宽广而缺乏特色,这对于广大师生而言,尤其是对那些新生来说,在首因效应上就会大打折扣,不利于他们在校园里的身心发展。因此,高校必须高度重视校园物质建设,可以从以下几个方面着手。

第一,在整体规划层面上高度重视。这需要学校的管理层首先在认识层面上意识到物质环境对于学校长远发展以及对广大师生的重要性,高屋建瓴地规划好校园物质环境建设,如果已经有了一定规模的建设,在后续的建设和修缮过程中,要尽可能多地融入德育、人文因素,使校园物质环境能够切实实现润物无声、春风化雨的功效。第二,抓好校园物质重点建设。由于众多学校的校园物质设施都已经建成多年,甚至长达百年,轻易做出改变是不太现实的,对于这样的高校,可以进行局部区域的重点修缮,比如对校门重新设计或经常粉刷,对学校的图书馆、教室、食堂、宿舍、操场等学生集中的地方进行重新布局或装修,给广大学生提供一个良好的学习、生活环境。第三,重视开发校园物质文化资源。高校校园中有许多物质设施资源不能忽略,尤其是校园宣传栏、校史馆、教学楼走廊、校园绿化带等,应该利用这些地方进行一些有创意的设计,如可以在校园宣传栏多进行一些时事政策的宣传;利用校史馆尽可能全面地展示学校的发展历程;在教学楼走廊两侧的墙壁上进行一些名人事迹和名言的宣传;将校园绿化带设计成校风校训字样;等等。通过以上这些"面上工程",可以使新生进校第一眼就"看上"这所学校,并在日后的学习生活中逐渐"爱上"学校。只要学生对学校有了爱和认同,在此后所开展的思想政治教育也将事半功倍。

总而言之,通过完善强本固基的学校制度、厚德载物的校园文化、以生为本的办学行为、润物无声的物质环境等,努力营造出能够温润广大师生心灵的校园环境,使广大师生能够在校园学习、工作、生活中感到舒心、顺心、安心,将有助于提升师生对于学校的整体认可度、认同度,有助于提升高校思想政治教育的质量和成效。

二、成风化人的社会环境

这里所说的社会环境,主要是指高校思想政治教育过程中对人的思想行为产生影响和作用的各种社会因素的总和,主要侧重于外部宏观层面的社会环境,具体包括国际环境、经济环境、政治环境、文化环境等。之所以强调构建成风化人的社会环境,是因为高校思想政治教育这一伟大事业并不是密封在高校"象牙塔"内部开展的,而是在整个社会大环境中开展的,社会大环境的好与坏将对思想政治教育的质量与成效产生巨大的影响。一些不好的社会环境有时会直接导致高校思想政治教育已经取得的成果化为泡影,甚至使高校思想政治教育形同虚设而失效。因此,在推进高校思想政治教育的过程中,必须重视社会环境的建设,以树新风讲文明、扬正风促和谐、刹歪风止戾气,具体来说,应该从国际环境、经济环境、政治环境、文化环境建设这几个方面着力。

(一)优化国际环境

高校思想政治教育过程中,必然要涉及国际环境,对于这一环境要素必须予以高度重视,不能忽略。就目前而言,国际环境中最大的影响因素体现在意识形态领域,国际社会之间的斗争越来越表现在意识形态层面的斗争,尤其是西方资本主义国家对我国进行"西化""分化"的图谋一刻也没有停歇过,西方国家借助各种渠道大力传播和推广其资本主义国家制度、思想、价值观等,经常性抹黑我国的社会主义制度。这些对于人们的政治认同、制度自信、道路自信、文化自信、价值观自信等都会产生深刻的影响,尤其是对正处在价值观形塑期的广大青年大学生而言,其危害或毒害程度不容忽视,因此,在推进高校思想政治教育过程中,必须重视国际环境的优化。

要优化国际环境,对于我国而言,首先是在经济基础方面,要深化经济体制改革,不断解放和发展生产力,推进我国经济持久繁荣,不断提升人们的生活水平,从而打下坚实的物质基础。只有我国的综合国力增强了,才能在全球竞争中具有影响力和话语权。其次是在意识形态方面,我国要始终坚持马克思主义理论的指导地位,要不断推进马克思主义理论大众化教育、马克思主义信仰教育等,不断强化马克思主义在我们党和国家的一元主导地位,增强其在国际社会中的竞争力、引导力,同时,还要组织研究者对于域外传入的各种社会思潮进行深入研究,要旗帜鲜明、义正词严地对那些错误社会思潮进行深刻揭露和批判,以帮助广大青年大学生正确认识各种社会思潮的本质,不至于盲目认同错误思想观点而无法自拔。再次是在文化建设方面,要借助于全媒体技术来大力传播和推广中华优秀传统文化、革命文化、社会主义先进文化等,使我国广大民众都建立起对中国特色社会主义的文化自信;同时,还要继续大力培育和践行社会主义核心价值观,提振我国民众的价值自信、道德素养。最后是在外交策略方面,要立足世界和平与发展的主题,始终坚持以天下大同和以维护世界和平、促进共同发展为宗旨推动构建人类命运共同体,坚持以共商共建共享为原则推动"一带一路"建设,坚持以相互尊重、合作共赢为基础走和平发展道路,坚持以国家核心利益为底线维护国家主权、安全、发展利益等,塑造中国外交的独特风范。

(二) 优化经济环境

之所以要优化经济环境,是因为经济环境中的一些要素对于高校思想政治教育的影响巨大,尤其是改革开放以来,我国大力推进市场经济,极大地提升了我国的综合国力和人们的生活水平,但与此同时,也产生许多不良因素,尤其是金钱至上的拜金主义观念、重利轻义的功利主义倾向、多元复杂的道德观念、日益突出的心理问题等,这些对于广大青年大学生而言,十分不利于其正确金钱观、义利观、价值观、社会心态的形塑与养成。因此,在推进高校思想政治教育过程中,必须重视经济环境的优化。

要优化经济环境,对于我们国家来说,首先应该巩固好公有制的主体地位,警惕和抵制那些企图否定我国公有制主体地位的各种不良思想、思潮,如新自由主义、私有化浪潮等;同时,要加强对国有资产的监督和管理,防止私有化造成国有资产等的悄然流失,进而保持我国社会主义性质永不变色,并有效抑制贫富差距的扩大,为实现共同富裕提供根本制度保障。其次,应致力于全面深化经济体制改革,尤其是在经济新常态背景下,要大力进行供给侧结构性改革,改变和摒除过去那些粗放型、数量型的发展模式,向集约型、质量型的经济模式转变,在"巩固、增强、提升、畅通"八个字上下功夫,解决好社会发展中出现的各种问题和矛盾,切实落实好习近平总书记所强调的"绿水青山就是金山银山"的"两山论",科学处理好经济增长与自然环境之间的良好关系。再次是要健全民生利益机制,这是关涉人民福祉的大事。"民之所盼,政之所向。增进民生福祉是发展的根本目的。"①因此,各级政府要高度重视,在抓好民生工作中,需要着力解决好教育、就业、医疗、住房等问题,切实增进广大民众的获得感和幸福感。最后是要在经济建设过程中融入优秀的思想道德元素,注重对人们进行思想道德素质的提升,以助推我国经济持续健康发展。习近平总书记多次强调:"只要中华民族一代接着一代追求美好崇高的道德境界,我们的民族就永远充满希望。"②因此,在大力推进经济建设过程中,还应该大力培育和践行社会主义核心价值观,传播和弘扬中华民族传统美德,阐释和推广马克思主义金钱观、义利观、道德观等,使人们逐渐树立起正确的金钱观、义利观、道德观以及健康的社会心态等。总之,当下经济环境的好坏必将对广大青年大学生的思想道德素质养成产生重要作用,因此,经济环境的优化是增强思想政治教育实效的必然选择。

(三) 优化政治环境

政治环境的好与坏对于高校思想政治教育的影响非常大。在推进高校思想政治教育过程中,必须重视政治环境的优化。

优化政治环境,对于我们国家来说,是一项需要久久为功的系统工程和重大课题。第一,要不断扩大党内民主。既要创设出全体党员干部都能够讲真话、敢讲真话的党内民主氛围,又要培育严格执行党内法规的党内民主习惯,还要切实保障广大党员干部的民主权利,如知情权、参与权、选举权和监督权等。第二,要强化党内监督。习近平总书记强调:"没有监督的权力必然导致腐败,这是一条铁律。"③良好的党内政治环境离不开完善的监督体系,要做好党内监督,不仅需要自上而下的组织监督,还需要自下而上的民主监督以及同

---

① 《切实把新发展理念落到实处　不断增强经济社会发展创新力》,《人民日报》2018 年 6 月 15 日。

② 《认真贯彻党的十八届三中全会精神　汇聚起全面深化改革的强大正能量》,《人民日报》2013 年 11 月 29 日。

③ 《习近平总书记关于加强党内监督重要论述摘录》,《中国纪检监察》2016 年第 3 期。

级之间的相互监督,从而实现党内监督无禁区、无空场。第三,要始终紧抓反腐倡廉建设不放松。一个国家的政治环境是否健康、良好的一个重要标准就是看这个国家是否能够有效遏制腐败现象的滋生与蔓延。对于我们国家而言,还需要坚持"老虎""苍蝇"一起打,反腐必严,以零容忍的态度来治理腐败现象。在反腐倡廉建设中,还需要健全制度体制,将权力关进制度的笼子,逐渐形成不敢腐、不能腐、不想腐的"三不"保障机制。第四,要继续严格党内政治生活,用好批评与自我批评这一制胜武器,做到以思想建设为魂,以组织原则为根,以科学方法为器,着力破解和消除"平淡化、庸俗化、疲软化"等问题,不断净化广大党员干部在思想上、认识上存在的"迷惘""雾霾"。总而言之,要通过以上这些举措来推进党内政治环境不断净化,使人们尤其是广大青年大学生能够在天朗气清的政治环境中接受和认同高校思想政治教育的内容,增强对我们党的公信力、认同力。

（四）优化文化环境

之所以要优化文化环境,是因为高校思想政治教育是处在社会文化大环境之中来开展的,其在开展的过程中必然会受到各种各样文化环境的影响,社会文化环境的优劣将直接影响和决定高校思想政治教育的质量与成效。就现实中的文化环境来看,总体上来说处于良好、健康发展态势,但我们也应该认识到,当前的文化环境还是相当复杂多元的,甚至存在许多文化乱象,必须引起高度重视。比如,社会文化中还存在着不少"三俗"文化,存在着不少低级的娱乐性文化,人们对游戏、明星、主播、快手、抖音等愈发感兴趣,对于媒体传播的中华优秀传统文化、红色革命文化、社会主义先进文化却并不怎么上心,甚至经常对这些文化的教育、学习不以为然、消极应付,这对于中华优秀传统文化的传承、创新是不利的,更不利于坚定人们的文化自信。热衷于追捧明星、偶像、网红,喜欢熬夜打游戏,追偶像剧、韩剧、美剧等,沉迷于刷抖音、快手,疯狂于购买名贵包包、鞋子、衣服、化妆品等,而对于像袁隆平、钟南山等国之栋梁却很少关注,对于那些经典的红色革命影视剧、文化节目较少观看,对于父母的艰辛工作与日常生活很少考虑等,这些都是不良社会文化环境影响下,许多大学生所养成的一些不好的习惯与作风。因此,在推进高校思想政治教育过程中,必须重视社会文化环境的优化。

要优化社会文化环境,对于我们国家来说,不能靠一日之功,不可能一蹴而就,而需要持之以恒、久久为功。特别是需要从以下几个方面着力。

第一,要继续大力培育和践行社会主义核心价值观。新时代,我们党和国家一直都非常重视社会主义核心价值观的培育工作,社会主义核心价值观的宣传工作已经实现了社会全覆盖,基本做到了在日常生活中随处可见、随时听到,也成为许多人的生活必需品,许多人已将其内化于心、外化于行,但我们也应该清醒地认识到,社会主义核心价值观的培育并非一日之功,要真正实现落细、落小、落实,还需要构建系列的长效机制,如宣传教育机制、利益激励机制、榜样带动机制、实践养成机制、制度保障机制等。

第二,要继续大力弘扬中华优秀传统文化。中华民族五千年的悠久历史,沉淀下无数的优秀文化,对于新时代的发展仍然具有重大的作用,因此,还需要加大力度对中华优秀传统文化进行深度发掘和阐释,使那些蕴含丰富中华民族精神的中华优秀传统文化在新时代焕发出新的生机和活力,激励广大民众勇于不懈奋斗。同时,还要推动中华优秀传统文化的创造性转化和创新性发展,比如可以深入挖掘湖湘文化、中原文化中一些优秀文化资源来推进爱国主义教育、道德素养教育、艰苦奋斗教育、孝老敬亲教育等。

第三,要继续大力弘扬中华革命文化。要继承和弘扬红色革命文化,传承红色革命文化基因,培育新时代的红色文化基因,让红色基因浸润到广大人民群众的灵魂深处。从红船精神、井冈山精神、长征精神、延安精神、西柏坡精神,到雷锋精神、大庆精神、"两弹一星"精神,再到航天精神、北京奥运精神、抗震救灾精神,这些不断发展的、富有时代特征和民族特色的宝贵精神财富,都是在中华民族历史积淀的基础上,从红色革命文化不断发展而来的,这些精神财富对于新时代的社会主义各项事业的建设和发展都具有巨大的激励作用。

第四,要继续以包容心态吸收和借鉴有益的域外文化。西方文化并不都是"洪水猛兽",里面也蕴含着许多有益的文化元素,不能一味盲目排斥和否定,但必须始终保持清醒认识,要有警惕意识,对其进行大胆的、批判性的消化和吸收,取其精华,去其糟粕,尤其是要去掉极端个人主义、历史虚无主义、拜金主义等错误思潮,实现"洋为中用"。

总之,通过对国际环境、经济环境、政治环境和文化环境的优化,营造出一片成风化人的社会环境,将更有利于高校思想政治教育的有序、高效开展,有利于提升高校思想政治教育的质量和成效,使广大青年大学生在学习、实践过程中不断强化"四个自信",形成正确的世界观、人生观、价值观。

三、积极向上的网络环境

当前人类社会已进入互联网时代、大数据时代,进入了几乎人人有网、人人用网的时代。截至 2020 年 3 月,我国网民规模已达到 9.04 亿,互联网普及率达到 64.5%,手机网民规模达到 8.97 亿,我国网民使用手机上网的比例达到 99.3%。① 在这种样态之下,我们必须重视网络环境的优化。就我国当下的网络环境而言,整体上处于健康、良好的发展态势,大多数人都能够自觉遵守网络法规,能够在网络空间中约束自己,但我们也应该认识到,由于各种复杂因素的存在,网络空间还存在许多不确定因素,还是存在"最大变量"的区域。尤其是在网络空间中还存在许多文化乱象,如黄色信息、网络暴力、网络谣言、网络虚无、网络诈骗等,这些不良网络现象的存在会给民众带来极大的不利影响。高校大学生是网络使用的主力军,高校思想政治教育开展方式也

---

① 《第 45 次〈中国互联网络发展状况统计报告〉发布》,《中国广播》2020 年第 5 期。

不再是单一的课堂灌输,还要进行网上网下的思想政治教育,尤其是在抗击新冠肺炎疫情期间,几乎全部的高校思想政治教育课程都是通过网络来展开的。疫情期间,人们对于网络的使用度和依赖度都大大提升了,网络中针对疫情出现了不少谣言、质疑,对于广大青年大学生的不利影响也是非常大的。因此,在推进高校思想政治教育的过程中,必须营造出积极向上的网络环境。笔者认为,应该从树立正确网络意识、完善网络相关制度、加强网络道德教育、加强媒介素养教育四个方面着力营造积极向上的网络环境。

(一)前提:树立正确网络意识

所谓正确的网络意识,主要是指人们在网络时代应该树立正确的网络学习意识、网络运用意识、网络安全意识、网络自律意识、网络法治意识、网络生态意识这六大网络意识。之所以要树立正确的网络意识,是因为意识是言行之前提,意识对于人们的言行具有指引作用,正确的意识能够给人以正确方向上的导引、思想上的充实、言行上的规范,而错误的意识将会使人在错误的道路上越行越远。就当下来看,虽然大多数人都能够自觉遵守网络法规,做到言行自律,但网络中还存在不少乱象,其中一个原因就在于许多人还没有树立起正确的网络意识。在网络学习意识方面,一些人没有正确的网络学习意识,仅是运用网络来进行一些娱乐活动,有些人甚至会借助网络从事违法犯罪活动。在网络运用意识方面,有些人把网络所带来的不利影响无限放大,将其视作"洪水猛兽",不敢用或不敢多用网络,因而不适应互联网时代的工作、学习、生活环境。在网络安全意识方面,众多网民都没有意识到网络空间中也存在着意识形态安全、信息安全等安全问题。在网络自律意识方面,大多数人能够做到严于律己,不在网络空间造谣、传谣,但仍有不少人在没有对消息源进行核查、确认的情况下就不负责任地乱传播,给广大民众造成了极大的困扰。在网络法治意识方面,有些网民以为网络空间是"自由的天堂",没有什么禁忌,以至于在网络空间肆无忌惮,传播一些不健康、不真实的消息,甚至在网络空间进行诈骗、赌博等违法犯罪活动,没有认识到在网络空间也应该遵守相应的法律法规。在网络生态意识方面,有些网民缺乏正确的网络生态意识,缺乏主动参与建设风清气正的网络生态的自觉性,反而在网络空间中随意散播垃圾信息。因此,需要花大力气使人们树立正确的网络生态意识,致力于营造积极向上的网络环境。

第一,树立正确的网络学习意识。在互联网时代、大数据时代,学会有效运用网络是顺应时代发展潮流所必须具有的一项基本技能。因此,人们应该尽早树立正确的网络学习意识,系统全面地学习网络相关的基础知识与使用技能,并学习利用网络平台进行知识技能学习;高校教育工作者更要强化网络学习意识,将传统教育模式与现代教育模式的综合学习与应用相结合,以更好地利用现代教育技术手段开展教书育人工作,增强思政工作效率。

第二,树立正确的网络运用意识。首先应对网络信息技术有科学全面的认识,认清利弊,学会运用网络为我们的工作、学习、生活服务。

第三,树立正确的网络安全意识。应认识到网络空间存在着许多安全性问题,除了要注意网络信息安全之外,尤其要警惕网络领域的意识形态安全问题,要通过思想理论学习增强是非辨别力,增强自身在网络空间中的甄别力、鉴别力,使自己不至于在繁杂的网络空间中迷失方向。

第四,树立正确的网络自律意识。在网络空间中不能肆意妄为,要有自律意识,自觉维护网络安全,净化网络环境。

第五,树立正确的网络法治意识。要学习、了解与网络相关的法规,遵守网络法律法规,不从事违法犯罪活动。

第六,树立正确的网络生态意识。在学习、运用网络的过程中,做到严格自律,弘扬主旋律,传播正能量,敢于批判各种错误思潮,自觉维护风清气正的网络生态。

（二）保障：完善网络相关制度

健康向上的网络环境,离不开制度的保障,只有制度及其执行机制才是保持网络环境健康向上的根本性、长期性保障。邓小平曾强调："制度好可以使坏人无法任意横行,制度不好可以使好人无法充分做好事,甚至会走向反面。"①就当下而言,虽然我国对网络的相关立法正在不断完善,但网络空间还存在不少问题,说明网络制度建设还存在需要完善的地方。对此,笔者认为应该从以下几个方面着手。

第一,继续加强网络立法。由于我国还处在社会主义初级阶段,网络的相关立法也还处在初级阶段,相关法律法规还不健全、不完善,政府及相关部门应根据网络治理现状及广大民众反映的情况来制定相关的网络法规,尤其是在网络信息发布、信息审查、网络监督管理等方面,要实现网络空间处处有法可依,这是实现"以法治网"之前提,也是进一步推进网络内容建设、网络文化宣传、网络核心价值观培育和践行工作的重要保障。

第二,继续加强对网络空间的监督和管理。这需要政府及相关部门建立健全相关的监管机制,尤其是要充分运用技术手段、法律手段、行政手段等来加强网络领域全面监管,从根本上控制好网络信息污染源。比如,政府、人大要加强网络立法;政府职能部门要运用反侵入技术、跟踪技术、破译技术、筛选技术等技术手段来加强网络监管;设立网络线上举报投诉平台,鼓励广大网络民众积极参与网络监管;政府要组建网络信息管理机构,通过安装网络拦截过滤系统、实名登记系统等行政手段来加强网络监管。

第三,继续学习借鉴域外网络制度化建设的成功经验。由于西方发达国家网络开发与应用的历史更久,有着更为成熟的经验,在网络法规和制度建设方面有许多值得学习和借鉴的地方,我们应该批判性地学习和吸收,实现"洋

① 《邓小平文选》第二卷,人民出版社1994年版,第333页。

为中用"。

（三）核心：加强网络道德教育

营造健康向上的网络环境，除了需要制度规范，还需要加强网络道德教育，使德性伦理充盈网络空间，这是网络环境建设的核心。就当下而言，网络道德建设正在不断加强，中华优秀传统道德文化、社会主义核心价值观等得到了广泛传承和传播。但与此同时，我们也应该看到，当前的网络中还存在着不少道德伦理问题，需要引起高度重视。对此，笔者认为可以从以下几个方面来加强网络道德教育。

一是传导道德规范知识，提高网民对道德规范的认知能力。要增强人们的网络道德，首先需要对人们进行网络道德方面的认知教育，这种教育既要包括感性层面的认知教育，还要包括理性层面的认知教育。通过网络道德知识的教育，增强人们的认知能力，并在此基础上培养其独立思考能力、自主判断能力、批判吸收能力等。

二是培养网民的道德情感，提高网民对道德规范的判断能力。道德情感是人的一种心理体验，是对现实中存在的道德关系、道德行为所产生的喜憎、爱恶等，这也是从道德认知上升到道德意志，由感性认识上升到理性认识的必然阶段。通过培养网民的道德情感，使其在网络生活中更加准确地进行善恶判断。

三是强化网民的道德信念，提高网民对道德规范的坚守能力。

四是规范网民的道德行为，提高网民对道德规范的践履能力。

（四）关键：加强媒介素养教育

在互联网时代，为营造健康向上的网络环境，还需要对广大网络民众进行媒介素养教育，使他们能够科学、有效地运用网络，增强他们对不良信息的甄别力和免疫力。广大青少年的思想观念、价值观都正处在形塑期，如果缺乏正确的媒介素养,就很容易在纷繁复杂的网络空间中迷失方向。对此,笔者认为可以通过以下几个方面来加强媒介素养教育。首先是培养理性的情感取向。培养广大网络民众清晰、理性的情感取向,使其在网络空间中始终保持清醒、理性的头脑而不迷失方向。其次是构建科学的认知结构。树立去粗存精的网络认知理念,利用有限的时间和精力学好那些实用的知识与技能。最后,培育和谐共赢的传播理念。帮助网民树立和谐共赢的理念,引导其积极在网络空间中传播正能量,弘扬主旋律,共同努力创设风清气正的网络环境。

四、共建家校融合的育人环境

在进行高校思想政治教育过程中,在考虑和探索其环境营造时,除了要考虑校园环境、社会环境、网络环境,还需要考虑的环境要素就是家校融合的育人环境。这一环境要素在过去也经常会被提出来,但通常主要在中小学层面进行实践,由于在高校层面的操作难度较大,因而在实践层面未能引起多数高校的高度重视。但新冠疫情期间,全民都进行居家自我管理,高校学生的课程也主要通过网络慕课的形式开展,对于学生的管理便从以往的以学校管理为主、家庭管理为辅,转变为家庭自主管理与学校远程管理相结合的模式,并由此成为家校融合育人模式首次在较长时间、比较成功的一次探索和实践。虽然在疫情缓解后,高校学生管理大多回到了以学校管理为主,但被实践证明可行的家校融合育人模式仍应常态化运行,尤其是在推进大学生思想政治教育过程中,并不能仅仅依靠学校的思政课程和课程思政,还需要家校的共同努力。因此,应该着力营造家校融合的育人环境。

(一) 建立健全家校融合制度

要确保家校融合这一育人模式常态化运行,首先必须为其提供制度化保障。有了制度层面的规约,将有助于确保这一育人模式不断深化推行,并逐渐常态化。在这方面,国外有许多比较成熟的经验,像美国颁布的《先行计划》《不让一个孩子掉队》等法规,英国颁布的《追求卓越的学校教育》《家长参与学校教育法》等,对于我国开展家校融合方面的制度建设具有重要启示和借鉴价值。目前,我国关于家校融合育人方面的相关法规还比较少,关于高校开展家校融合育人的制度更是鲜见。

对于我们国家而言,要建立健全家校融合方面的制度,需要充分吸收、借鉴国外教育发达国家在开展家校共同育人方面的成熟制度经验,再结合我国具体的国情以及所取得的成功经验,然后制定出符合我国国情,具有现实针对性、实效性的家校融合方面的法律法规。首先,可以考虑对《中华人民共和国教育法》《中华人民共和国高等教育法》进行适当修订,补充家校融合共同育人方面的条款,以此来更好地指导各个高校进行家校融合育人实践;其次,教育部可以考虑出台关于家校融合育人方面的意见,下发到各个高校学习、贯彻、落实;再次,各级政府也应该基于法规或上级意见来制定相应的执行条例,并予以财力、物力、人力方面的支持,以保障顺利实施;最后,各个高校也应该基于教育法规或上级规定来修订学校的育人方针、教学方案等,并设立专项资金以建立相关家校融合、沟通的平台或渠道,确保家校融合规定得到有效贯彻。当然,在制定相关法规的时候,要始终围绕立德树人的根本目标,既要充分保障高校教师在育人层面的主导性,又要充分调动大学生自身的主体性、主动性,还要想办法调动家长的参与积极性,同时要尊重家长的知情权、建议权、监督权等,明确家长参与过程中应该履行的义务,不能因此损害学校的利益等。通过在家校融合制度层面的规范,将有助于保障家庭和学校在育人中的平等地位,有助于成功构建起家校融合育人模式,并有助于将其抓小、抓细、抓实。

(二)转变教师与家长的观念

在制定了家校融合育人的制度之后,要想确保这一育人模式能够有效落实,首先需要转变教师与家长的观念。因为在有些教师看来,自己的职责就是教书育人,主要是通过课堂教学,课后就该忙自己的事情,与学生家长沟通是辅导员的工作,和自己无关。这从表面上看似乎并没有什么不对,但实质上,这违背了教育规律,没有认识到教育并不是一个人或几个人的事,而应该是多方协同的共同育人、全员育人;教育不仅要依靠课堂上的灌输,还需要有课下的、网上的、网下的育人,即全方位育人;另外,教育要做到因材施教、因人而异,仅依靠大班教学是难以实现的,了解学生身心发展特点最有效的方式就是与学生家长进行沟通,这样才能遵循教育规律和学生成长规律。除了教师方面存在理念偏差外,有的学生家长对于家校融合育人模式也存在一定误解,比如有些家长认为,自己的孩子是大学生了,大部分的时间是在大学,对他们的教育应该是学校教师的职责,家长离得远,即便想管也没有太多条件。其实,家校融合育人,并不意味着家长要时时到校参与,也不意味着家长的作用可有可无。家长应该认识到,孩子在大学生活,除了老师教育,始终离不开家长的关心、引导,再加上大学生自身的主动学习与自我教育,这才有助于培育大学生早日成为具有担当精神的时代新人。

可见,为实现家校融合育人,需要教师与家长转变既有观念。一方面,要转变教师的观念。在推进家校融合育人过程中,教师们应该始终牢记立德树人、教书育人的使命,充分地去了解自己的学生,多和学生家长进行交流,以了解学生的性格特点、日常表现、兴趣爱好等,开展有针对性的教育。在此过程中,教师应该与学校、学生一道想办法调动家长参与育人的积极性、主动性。另一方面,要转变家长的观念。在家校融合育人实践中,家长们首先应该充分认识到家庭教育,尤其是父母的教育对于子女成长的重要性,认识到家长的教育、引导职责始终存在,应该积极配合学校老师,共同完成对其子女的教育职责。

(三)畅通家校多元沟通渠道

要贯彻落实好家校融合教育模式,除了制度保障、转变理念,还需要搭建和畅通多元多样的家校沟通平台和渠道。现实中,之所以高校在家校融合育人方面实践成效不突出,其中一个主要原因就在于家校沟通机制还不完善。因此,需要构建多元的家校沟通渠道,为此,具体需要从以下几个方面来着力。

第一,搭建经常性的家校沟通平台。在互联网时代,可以借助网络、电话、微信、QQ等多种渠道来加强学生家庭与学校的沟通,还可以借助学校的校报、校园广播、官方网站、学院公众号、宣传栏等来宣传优秀家庭教育、家长的育子经、亲子互动诗文等,并及时向学生家长群发布学校、学院的一些信息,做好意见反馈工作等。

第二,成立学生家长委员会。学生家长委员会主要由辅导员来统筹,以班级或年级为单位来推荐成立一些小型的学生家长委员会,主要负责密切学校和家长之间的沟通、交流工作,既及时传达了学校对学生家长的一些要求,又及时向学校反馈了学生家长的意见建议,并对学校教育教学工作进行力所能及的监督。

第三,创设一些家校联系活动。比如,可以利用大一新生开学这一契机来进行"家长开放日"活动,让家长参观、考察学校的校园文化建设、教育教学活动,对于他们的一些意见和看法要及时汇总、反馈,如果对学校长远发展有利,就要予以采纳并表示感谢。又比如,教师可以定期通过电话或视频聊天的方式对学生家长进行家访活动,以便及时了解学生家庭情况和身心发展状况等。再比如,可以在学生毕业季或校庆时,邀请一些家长代表出席毕业典礼或校庆大会,请他们谈谈自己对于学校建设、子女成长方面的感想。通过以上这些方面的努力,必将有效推进家校融合育人模式的落地、落实,也将有助于提升高校教育成效。

第九章　构建高校思想政治教育
亲和力的评价机制

　　被誉为"教育评价之父"的美国教育学家拉尔夫泰勒(Ralph W.Tyler)提出了以教育目标为核心的教育评价理论。一直到今天,其教育评价理论依然深刻影响着国内外学界、教育界关于教育评价问题的探讨。从哲学层面来讲,教育评价本质上是对教育活动的价值判断,是教育主体与教育各种要素对教育客体需要的满足程度的定性、定量或定性与定量相结合的评定与估判。国内学者陈玉琨提出:"教育评价是对教育活动满足社会与个体需要的程度做出判断的活动,是对教育活动现实的已经取得的或现在还未取得,但有可能取得的价值做出判断,以期达到教育价值增值的过程。"[①]思想政治教育主客体之间的和谐程度、思想政治教育活动对教育客体的吸引力、感召力和亲近程度等问题是判定高校思想政治教育亲和力的主要指数。以上所说和谐程度、吸引力、亲近程度、感召力与高校思想政治教育活动的效果与实效性成正比。鉴于此,结合本书前几章中对相关术语的使用习惯,直观地将作为高校教育重要组成部分的高校思想政治教育亲和力评价的定义界定为:高校思想政治教育亲和力评价是基于不断提升思想政治教育有效性,从而培养能担当民族复兴

---

　　① 陈玉琨:《教育评价学》,人民教育出版社 1999 年版,第 7 页。

大任的时代新人的目标,对高校思想政治教育活动与教育客体之间的相互吸引、亲近、和谐发展的程度做出判断,以此推定出高校思想政治教育活动满足教育客体的思想政治与品德素养需求的程度的教育检验活动。高校思想政治教育亲和力评价问题,涉及教育学、心理学、统计学、系统学等学科的理论与方法,是思想政治教育工作中一个极为复杂又亟待解决的现实难题。有效解决此问题,无异于抓住了高校思想政治教育的"牛鼻子",这将为稳步提升高校思想政治教育的实效性和针对性找到激发其内在不竭活力的重要"开关"。

一、评价的作用机理

思想政治工作是一切工作的生命线。抓住思想政治工作,实际上就抓住了各项工作的根本。然而,在现实生活中,人们对思想政治工作的态度往往是"看起来重要,忙起来不要"。这与思想政治教育实践活动尚未形成或很难建立一套动态地客观地反映思想政治教育效果的评价机制有一定的关系。评价环节是思想政治教育的重要环节,评价机制可以说是高校思想政治教育工作的"稳压器"。它为高校思想政治教育工作目标的确立与实现、内容的设置与掌握程度、方法的选择与实效度提供客观依据,并对其相关影响因素起到调节、指导、优化等作用,从而促使高校思想政治教育过程中各要素形成有机整体,实现同向同行、同频共振,进而转化为不断增强思想政治教育实效性的持久动能。而要创建科学高效的高校思想政治教育亲和力评价机制,先得了解思想政治教育评价的理论渊源、实践动力与作用力结构模型。

(一)评价的理论基础

世界历史不断融合的过程,势必也推动着各国教育文化与理论的不断交融。高校思想政治教育评价理论就是博采众长、中西融合的结果,其理论渊源主要来自以下三方面:一是中国的传统教育评价理论,尤其是新中国成立后我国高校的德育评价理论;二是马克思主义德育评价理论;三是西方发达国家的教育评价理论,包括新自由主义思想、新公共管理理论、理性选择理论,以及今天已发展到第四代的教育评价理论等。

1.中国教育评价理论的启示。思想政治教育属于教育的重要组成部分,自然受到中国从古至今的教育评价理论尤其是高校德育评价理论的影响。考试制度与学校教育结合源于汉代太学,自隋代开始的科举制度则是中国教育评价理论的直接来源。这种层级考试体制是教育评价制度中体现公平原则、让考试制度走向规范化的重要保证。而宋代太学"三舍法"则促进了中国传统教育评价方法的多样化,它是一种根据学生学业水平实行分舍教学,按学生平时操行及月、岁等考试成绩决定升舍的教学评价方法。这些在封建社会发展到极致的考试方法与制度,为中国教育测评方法的发展奠定了基础,直至今日,考试依旧是中国教育评价制度中的重要手段。而改革开放以来,我国高校德育评价方式方法主要有以下四类:一是以总体印象法、评语鉴定法为主的综合评价法;二是以调查测评法、加权综合法、模糊综合评价法等为主的综合诊断方法;三是以操行评定法为主的管理综合评价方法;四是以等级评价法、知识行为测评法为主的教育综合评价方法。总体上看,高校德育评价呈现出传统与现代、主观与客观、定量与定性相结合,由单一评价转向综合评价的特点,这为当前高校思想政治教育亲和力评价理论尤其是评价方法提供了最直接的理论与实践借鉴。

2.马克思主义德育评价理论的指导。马克思的教育思想集中体现在教育目的和功能上,是实现"两促"——促进社会的全面进步、促进人的全面发展。"在德育问题上,马克思重点揭示资本主义道德的伪善性,告诫无产阶级要尽可能摆脱资本主义道德的影响,而用无产阶级道德来培育新生一代。"①结合以上观点,可以看出,马克思主义德育的目的是坚持社会价值与个人价值相统

---

① 周小李:《马克思的素质教育思想探微》,《学术论坛》2012年第1期。

一的原则。马克思指出:"生产劳动和教育的早期结合是改造现代社会的最强有力的手段之一。"①改造现代社会的目标就是实现社会的全面进步,即进入共产主义社会。而"通过消除旧的分工,通过产业教育……使社会全体成员的才能得到全面的发展"②。马克思认为这种全面的发展,即不以旧有的尺度来衡量人类全部力量的全面发展成为目的本身。"在这里,人不是在某一种规定性上再生产自己,而是生产出他的全面性"③。在《1844 年经济学哲学手稿》中,马克思提出了"两个尺度思想"的德育评价标准,即坚持客观规律性和主观能动性的高度统一。马克思主义的教育、德育评价思想对当代思想政治教育评价具有重要的指导意义。

3.西方教育评价理论的借鉴。古人认为"不深思则不能造于道,不深思而得者,其得易失",故"为学之道,必本于思"。西方学者对教育评价的认识与思考也经历了一个正如毛泽东所说的"去粗取精,去伪存真,由此及彼,由表及里"④,让知识融会贯通,实现对事物认识由现象到本质的过程。囿于篇幅限制,本书仅以对当代高校思想政治教育评价影响较大的第四代教育评价理论为例进行论述。在第四代教育评价理论学者古贝、林肯眼中,评价是一种心理建构过程。西方教育评价理论经历了以下四个不同的发展阶段:第一代教育评价理论形成时间约为 20 世纪初,标志是"测量理论的形成和测验技术的大量运用",学生是评价对象;第二代教育评价理论形成时间约在 20 世纪30 年代,以泰勒为主的"八年教育研究"是其代表,学习目标模式是评价对象,重在对"测验结果进行描述";第三代教育评价理论形成时间约在 20 世纪中叶,伴随着美国的教育改革运动而生,重在为测量找出相对科学的"判断标准与目标";第四代教育评价理论形成时间是 20 世纪 80 年代,以古贝、林肯两位

---

① 《马克思恩格斯文集》第3卷,人民出版社 2009 年版,第449 页。
② 《马克思恩格斯文集》第1卷,人民出版社 2009 年版,第689 页。
③ 《马克思恩格斯文集》第8卷,人民出版社 2009 年版,第137 页。
④ 《毛泽东选集》第一卷,人民出版社 1991 年版,第180 页。

学者为代表,其核心思想是心理构建论、价值协调论、结果认同论、应答性模式、学习资源与学习过程关注程度增大等①。

总体而言,西方教育评价理论重视多元评价主体与评价方法,突出发挥评价的发展刺激价值,这成为我国教育尤其是思想政治教育评价改革的一大理论渊源。我国的《国家中长期教育改革和发展规划纲要(2010—2020 年)》明确提出了"开展涉及政府、学校、家长和社会多方面共同参与的教育质量评价活动"②。为此,必须建立科学客观多元的评价标准。

(二)评价的实践动力

马克思主义认为,任何事物的运动变化发展都是其内外因素矛盾运动的结果,同样,矛盾也是推动高校思想政治教育评价实践不断发展的动力。在现实活动中,高校思想政治教育评价存在三对矛盾;在价值观上存在评价的工具理性与价值理性之间的矛盾;在应然主体上存在评价主体单一与多元相关利益方的矛盾;在应然方法上存在评价方法的简单性与思想政治教育活动的复杂性之间的矛盾。这三对矛盾是制约或推动高校思想政治教育亲和力评价发展的主要影响因素。

1. 从价值观与"合理性"来看,高校思想政治教育亲和力评价活动要解决工具理性与价值理性之间的矛盾问题。价值取向是指导教育评价的理念与向导。法兰克福学派代表之一德国社会学家马克斯·韦伯提出"理性人"和"合理性"的概念,并将"合理性"分为价值理性与工具理性。前者是"通过有意识地对一个特定的行为——伦理的、美学的、宗教的或作任何其他阐释的无条件的固有价值的纯粹信仰,不管是否取得成就",后者是"通过对外界事物的情

---

① [美]埃贡·G.古贝、伊冯娜·S.林肯:《第四代评估》,秦霖等译,中国人民大学出版社2008 年版,第 26—30 页。
② 《国家中长期教育改革和发展规划纲要(2010—2020 年)》,《实验室研究与探索》2018年第 37 期。

况和其他人的举止的期待,并利用这种期待作为'条件'或者作为'手段',以期实现自己合乎理性所争取和考虑的作为成果的目的"。① 如伯特兰·罗素所说,价值理性"代表着选择正确的手段以实现你意欲达到的目的,它与目的选择无关"②。它在乎的是一定行为的无条件的价值,而不在乎结果。作为思想政治教育的理性价值关注的应是通过知识教化,以文化人,立德树人,实现生命觉醒、人格成长、精神自由。工具理性则表现在一切行为是为了追求利益的最大化目标,行为借助理性也是为了达到自己需要的目的,不在乎情感和精神追求,注重的是功效、细化过程、量化管理。而从某种意义上来说,马克思·韦伯的价值理性应包含美国心理学家罗长奇在《人类价值的本质》中所论述的终极价值和工具价值两大类价值取向。终极价值是指反映人们有关最终想要达到目标的信念,除最终目标之外的阶段性目标的信念则属于工具价值范畴。也就是说,价值理性是终极价值和工具价值的统一,也是长远价值和近期价值的统一。然而,从发生学意义上来看,作为维护统治阶级共同意志的观念上层建筑的重要组成部分之一的思想政治教育工作与生俱来就带有较强的工具理性特性。"随着市场经济发展和人的主体意识的自觉,工具理性思想政治教育由于内在的逻辑矛盾日益显示其理论和实践上的'独断',表征为思想政治教育功利化、知识化和'规训'化。"③同时,作为教育的重要组成部分,思想政治教育也是合目的性和合规律性的统一,其内在根本目的和规律是实现人的发展和社会发展的相互统一,这正是思想政治教育的价值理性的内核。实现高校思想政治教育的价值理性与工具理性的统一,就是提升高校思想政治教育实效性与针对性的"阿里阿德涅之线"。

2.从评价主体来看,要解决高校思想政治教育亲和力评价主体单一与多

① [德]马克斯·韦伯:《经济与社会》上卷,林荣远译,商务印书馆1997年版。
② [英]伯特兰·罗素:《伦理学和政治学中的人类社会》,中国社会科学出版社1992年版。
③ 魏永强、郑大俊:《工具理性和价值理性思想政治教育分析》,《求实》2014年第9期。

元相关利益方的矛盾问题。评价主体是主导高校思想政治教育亲和力评价活动的个体、群体或组织。学界、教育界对高校思想政治教育评价主体的确定经历了从单一主体(思想政治理论课教师、辅导员、学工系统人员)到多主体(思想政治教育工作者、其他教师、学生)的过程,实行的评价方式是教育者评价、教师同行评价、学生评价,往往采用校内封闭的而非开放的评价模式。显然,这样的高校思想政治教育评价模式势必会产生评价主体单一与多方利益者的矛盾。1963年,美国斯坦福大学的一个研究小组(SRI)的内部文稿首次提出"利益相关者"(stakeholders)一词,原指"那些没有其支持,组织就无法生存的群体,包括股东、雇员、顾客、供货商、债权人和社会"。随后,国内学者张维迎等将利益相关者理论运用到大学教育中,他提出"大学作为一个非营利性组织,是一个典型的利益相关者组织"①。

高校思想政治教育的价值追求是人的发展与社会发展的统一,因而它的价值体现就应该是满足社会对个体、个人对自身思想政治与品德素养的提升的需求,从而也就决定了高校思想政治教育亲和力评价机制必须是开放的,评价主体必须兼顾多元的利益相关方。例如,除了专门的思想政治教育工作者、其他教育管理工作者、大学生群体、研究生群体、教职工群体外,还有校内后勤保障、综合服务、宣传媒介、实践平台等相关工作人员,校外则应包括社会用人单位、教育主管部门、学生家庭及社会等。

3. 从评价方式方法来看,高校思想政治教育亲和力评价要解决方法的简单性与思想政治教育活动的复杂性之间的矛盾。与高等教育评价方式方法的研究相比,学界、教育界对高校思想政治教育评价方式方法的研究明显起步晚、关注度不够。20世纪80年代末90年代初出现了一次研究小热潮,主要围绕学生思想品德与学校德育方面开展教学评估。1999年,在邱伟光、张耀灿所著的《思想政治教育学原理》一书中专门辟有"思想政治教

---

① 张维迎:《大学的逻辑》,北京大学出版社2004年版,第19页。

育评估"一章。而在中国知网及相关搜索平台上以"高校思想政治教育评价"为篇名关键词搜索发现,集中研究此问题的论文仅有 23 篇,而专门针对高校思想政治教育方式方法评价进行研究的论文则屈指可数,且评价方式方法也不尽如人意。有学者指出,高校思想政治教育"借鉴、移植教育评价理论、方法的多,重复研究的多,操作性、经验总结性的多;而规律性的、独创性的研究少,尚未建立起思想政治教育评价相对独立的框架体系"①,"测评方法过于单一,主要体现在以定性测评为主导,以他评和结果评价为主导"②。而对高校思想政治教育亲和力的评价问题尚无人探究。要构建高校思想政治教育亲和力的评价方法,需要充分借鉴系统学、心理学、教育学、大数据等领域的理论与方法,构建其结构模型,运用层次分析法(Analytic Hierarchy Process,简称 AHP)进行定量分析或量化分析,运用德尔菲法(Delphi Technique),即函询调查法,增强各级指标权重的科学性,运用 SPSS 数据分析软件分析与统计相关数据,同时充分考虑高校思想政治教育亲和力生成与提升过程中各个阶段的动态性因素的变化,及时对其指数的权重做出相应调整,从而创设与高校思想政治教育亲和力生成与提升系统的复杂性相适应的测评反馈方法与机制。

(三)评价的结构模型

围绕立德树人的根本任务与目标,以高校思想政治教育亲和力提升问题为导向,坚持人本建构、科学实证、多元主体、系统有序、动态性检测与评价性发展等原则,将高校思想政治教育亲和力评价视为一个有机整体,构建"输入—运行—输出—反馈—再输入—再运行"的闭环式评价体系。

---

① 王茂胜:《高校思想政治教育评价研究进展及其价值》,《中国高等教育评估》2007 年第 1 期。

② 岳云强、吕素霞:《构建发展性研究生思想政治教育测评体系》,《学校党建与思想教育》2009 年第 25 期。

1. 输入环节:强调多元主体与参与的利益相关方

高校思想政治教育亲和力的天性表达力因素、主动表达力因素、被动表达力因素以及高校之外的影响因素等应全部纳入。其中,天性表达力因素包括高校思想政治教育目标任务与内容,主动表达力因素包括师生教育双主体,被动表达力因素包括高校内部的教育环体、教育介体(教育载体与方法、手段等),高校之外的利益相关方包括社会(用人单位)、政府部门(教育行政部门、高校周边社区)、实践(含实训、实习)平台与基地、家长等因素。概言之,在高校思想政治教育活动中具有评价资格、充当教育评价指导者、协调者、服务者、促进者等角色的各种参与主体和因素应全部纳入其中,分别围绕天性表达力、主动表达力、被动表达力及外部环境三条主线输入。每条主线的评价内容、指标、权重等均坚持以教育主体、客体与专家协商评价结果为主要参考。

2. 运行环节:评价指标的合理化设定

从"亲和力"的内涵出发,视高校思想政治教育亲和力为一个有机整体;从系统性原则出发,运用美国教育评价家斯塔弗尔比姆倡导的 CIPP 评价模式。CIPP 评价模式又称决策导向或改良导向评价模式,它由背景评价(Context Evaluation)、输入评价(Input Evaluation)、过程评价(Process Evaluation)、结果评价(Product Evaluation)四个相互联系又相对独立的部分组成。由教育主体、教育客体与专家一并协商,归纳能反映影响其提升程度的综合因素,将产生直接效果的因素确定为主要指标,将产生间接效果的因素确定为次要指标,以确保评价的全面性与可信度。从评价指标与高校思想政治教育目标的相关性原则出发,要求所确定指标与目标一定要有某种程度的相关性,然后根据评价指标与目标的相关度设定多层次的指标。从评价指标的可测性原则出发,明确界定指标含义,便于收集与指标相关的数据资料,也便于计算指标取值。从便于收集、计算方法简便、易于掌握以及从定量指标与定性指标结合使用的原则出发,单纯用定量指标计算,虽然具有客观性,便于数学统计,但结果容易出现偏差。所以,本评价环节应以定量指标为主,辅之以无法用定量指标表达的定性指标,使定量评价与定性评价两者互相结合、优势互补,从而增强对高校思想政治教育亲和力状态与效能评价的信效度。

3. 输出环节:评价结果的输出与分析

根据投入产出法原则,对所有能或可能影响高校思想政治教育亲和力提升的因素进行指标及权重设定,然后开展问卷调查,同时结合专家访谈、交流等方法,对高校思想政治教育亲和力的现态发展状况做出初步评价,形成一份合理、科学、系统的评价结果,为高校增强思想政治教育亲和力提供参考。在此过程中,要十分关注评价指标的灵敏度和差异性分析。灵敏度(Sensitivity)分析所要解决的问题是:当这些数据中的一个或几个发生变化时,最优解将会发生怎样的变化。当然不可能对所有指标均进行灵敏度分析,只能对少量不确定性因素进行灵敏度分析,并据此做出相应调整,以增强评价值的真实性、可靠性与可信性。同时,将具有相同的内在、外在、主动、被动等不同方式显示高校思想政治教育亲和力属性的因素采用聚类分析予以分类,分类方法主要采取模糊聚类分析法。同时,要注意不同层次高校、不同地区高校之间的差异性,增强分析结果的针对性和专一性。

4. 反馈环节:有效的反馈与实践指导

高校思想政治教育亲和力评价的目的不仅仅是为了提升高校师生的思想政治与品德素养,更是为了构建民主、平等、亲密、互相促进的师生关系与和谐相处、同向同行的思想政治教育的校内外环境,从而促进师生共同成长、社会共同进步,即评价的目的是为了更好地指导实践活动。按照评价体系进行评价后,应形成调研报告和合理化的评价建议,并将其有效反馈于高校思想政治教育教学实践,为思政教学内容、方法、手段的改革与创新,思政教学主体、教育客体的素质结构的优化,校内思政教学、文化环境及校外社会环境的和谐化提供有效参考及方向指引。

总之,高校思想政治教育亲和力评价体系应是一个闭环且周而复始、不断循环的测评反馈系统。其中,评价体系的验证工作贯彻在每次循环往复的评价过程中。每一次评价输出后,都应对评价结果进行分析、归纳、总结,并根据评价结果的正确度、可靠度对评价指标体系、权重等进行进一步调整、规范与优化,确保评价结果一次比一次更具科学性、实效性。

二、评价的基本原则

2015年,教育部印发了《高等学校思想政治理论课建设标准》,提出要"健全高校思想政治工作质量评价机制,研究制定高校思想政治工作评价指标体系,创新评价方式,探索引进第三方评价机构"[①]。而要创建科学有效的高校思想政治教育亲和力评价机制,除深入理解与把握高校思想政治教育工作的基本原理、技术与方法之外,还需要切实掌握对其运行质量与水平进行测评的基本原则,以最大限度地增强教育评价的价值引领力、实效评估力以及发展规律的预判力。

(一)人文建构与科学实证相结合

高校思想政治教育亲和力评价体系要以马克思主义、中国化马克思主义中关于思想政治教育的理论为指导,坚持人本性、民主性、伦理性、生活性、建构性、科学性、实证性相结合,简言之就是突出评价的人文建构性和科学实证性的统一。人文主义"以人为衡量一切事物价值的标准。……注重人对于真

---

① 《教育部关于印发〈高等学校思想政治理论课建设标准〉的通知》,2015年9月16日,见 http://www.moe.gov.cn/srcsite/A13/moe_772/201509/t20150923_210168.html。

与善的追求"①。人文建构范式的思想政治教育亲和力评价方式是以人为中心,不用思想政治教育分数确定教育主体与教育客体的思想政治与品德素养的高低,不给教师和学生贴"好"或"坏"的标签,而是基于教师与学生的日常教学与学习状况、现实表现、个人档案、作品(作业)、言行举止、实践成果(教研成果)等综合信息,完善高校师生的身心素养,促进其全面发展。

科学实证范式的思想政治教育亲和力评价方式是以经验主义、客观主义、自然主义为认识论基础构建的一套严密、成熟的理论体系和实践规范,推崇科学,主张运用观察、实验等数学、物理方法来重构社会科学。这种源自法国社会学家孔德开创的实证哲学基础上的评价方式突出强调实证性、"科学性",但容易存在"去思想""去价值""去人文"等风险。② 因此,高校思想政治教育评价范式变革,需将人文建构范式与科学实证范式两者有机结合,寻找彼此之间的互补性和通约性,通过充分观察、实验全面把握承载高校师生综合表现和思想政治与品德素养的各类信息,并着重关注教育主体与教育客体的主观体验,凸显"主体间性",规避两种评价范式各自的不足,实现评价的系统化、科学化。

(二)问题导向与目标导向相结合

"坚持问题导向,就是以解决问题为指引,集中全部力量和有效资源攻坚克难,全力化解工作中的突出矛盾和问题;坚持目标导向,就是以实现目标为方向,持之以恒、一步一步地朝着既定目标奋斗前行。"③问题导向是以实践过程中发现的突出问题为前提,以正确分析问题为基础,以攻坚克难解决问题为

---

① 杨涛堪等:《20世纪西方哲学科学主义与人本主义》,北京师范大学出版社2003年版,第273页。

② 李均:《论实证主义范式及其对教育学的意义》,《教育研究》2018年第39期。

③ 本报特约评论员:《谈谈坚持问题导向目标导向结果导向》,《学习时报》2019年12月25日。

目标。马克思说:"问题就是时代的口号,是它表现自己精神状态的最实际的呼声。"①一个问题,只有当它被提出来时,意味着解决问题的条件已经具备了。问题是理论创新的起点和动力,坚持问题导向是马克思主义的鲜明特点和最基本的方法论。本书构建高校思想政治教育亲和力评价机制,就是基于在教育工作实践中发现亲和力普遍不足这一影响思想政治教育实效性与针对性的关键问题,求真务实,运用新思维、新方法,在思辨理性与实践理论统一的基础上,促使高校思想政治教育亲和力问题得以不断地从问题产生到理论分析与创新,再到实践应用,再从实践应用到反馈新问题,直至产生新理论指导……在这样的闭环系统中实现思想政治教育亲和力的螺旋式提升。

目标导向"就是以实现目标为方向,持之以恒、一步一步地朝着既定目标奋斗前行"②。马克思说:"历史承认那些为共同目标劳动因而自己变得高尚的人是伟大人物;经验赞美那些为大多数人带来幸福的人是最幸福的人"③。斯大林曾说过:"伟大的精力只是为了伟大的目的而产生的。"④"不忘初心、牢记使命"就是中国共产党坚持目标导向的证明。历届中央领导集体都十分注重对国家中长期发展目标规划与实施纲要的制定。坚持目标导向,首先要实实在在地树立目标意识;其次要在正确把握现实状况的基础上科学制定规划目标,把准目标内涵;最后要制定切实可行的落实目标的实施举措。一分部署,九分落实。不落实,不行动,目标永远是海市蜃楼。构建高校思想政治教育亲和力评价机制,在坚持问题导向的同时,也要坚持目标导向,即为党和国家培养能担当民族复兴大任的"德才兼备、全面发展"的人才。因而,在设置高校思想政治教育亲和力的各级评价指标体系时,均应以此目标为遵循,理顺

---

① 《马克思恩格斯全集》第40卷,人民出版社1982年版,第289—290页。

② 本报特约评论员:《谈谈坚持问题导向目标导向结果导向》,《学习时报》2019年12月25日。

③ 《马克思恩格斯全集》第40卷,人民出版社1982年版,第7页。

④ 《斯大林选集》上卷,人民出版社1979年版,第7页。

评价思路,切实增强测评工作的前瞻性和方向性。

(三)多元主体与系统有序相结合

自新中国成立以来,人们对高校思想政治教育评价主体的共识是校内主体为教师,社会主体是党和国家。学界对思想政治教育评价主体的认识,经历了一个由党和国家这个单一的强势主体和校内以教师为主体、学生为客体的单项主体的阶段。国外涌现出的各种教育评价模式,如 CIPP 模式、目标游离模式、泰勒模式、应答模式等,均重视第三方评价,其评价主体大多是校外专家,校内人员参与较少,同样存在评价主体单一性的问题。随着教育评价理念的不断更新和与时俱进,中外学者与教育工作者均认识到单一评价主体的信效度、实效性、指导性均不强。自美国评价学者派特(M.Q.Patton)提出的"多元主体参与"理念被运用到教育评价领域后,高校教育的评价主体阵营就由单一主体转变为多元主体,教育的利益相关方均被纳入教育评价主体的阵营中。其中,教师、学生成为教育双主体,国家、社会、家长、用人单位、政府、社区(乡镇)等均成为教育评价的利益相关主体。高校思想政治教育的利益相关方与其他教育活动的利益相关方是一致的,只是各利益主体的参与度、相关度有区别,分别承担着评价的指导者、协调者、促进者等角色,因而高校思想政治教育亲和力的评价理应是多元主体主动参与、自主评价的活动。

辩证唯物主义认为,任何事物都是按照一定层次、结构的因素组成的、内部与外部因素会发生相互作用的"有机的统一整体"。高校思想政治教育亲和力是由天性亲和力因素、主动表达亲和力因素、被动表达亲和力因素组成的,这些因素彼此之间、与外部世界之间发生相互作用,构成复杂的层级结构,很难通过单纯的线性思维对其进行准确描述与预测。在这个有机整体中,各内外相关因素与评价的价值取向、主体、标准、方法和结果之间既相互联系又相对独立,忽视其中任何一个因素或环节都会影响高校思想政治教育亲和力评价的信效度。所以,要遵循系统有序原则,视高校思想政治教育亲和力为一个连续的、复杂的、整体的系统来进行全面观察、分析、判断与测评,以增强其评价的客观性、全面性与科学性,让评价结果尽可能地接近高校思想政治教育亲和力的实然水平,并对其提升目标与方法、路径提供有效指导。

(四)动态性检测与发展性评价相结合

我国古代思想家很早就认识到事物始终处于运动变化之中。《易经·系辞下》曰:"为道也屡迁,变动不居,周流六虚。"老子也将客观事物之间相互关联及运动变化发展的规律生动而简洁地描述为:"道生一,一生二,二生三,三生万物。万物负阴而抱阳,充气以为和。"事物的普遍联系与永恒发展是唯物辩证法的两大基本特征。高校思想政治教育作为特殊的上层建筑和精神生产活动,具有双重目的:其一为工具价值目标,即将党和国家的政治、思想、道德规范传授给教育客体;其二为终极价值目标,即促进人与社会共同发展。高校思想政治教育的目标是让教育客体将这两大目标内化于心、外化于行,进而转化为教育客体的品格与行为。高校思想政治教育亲和力与这两种目标的实现具有正相关性。然而,高校思想政治教育亲和力的提升过程是一个受内外诸要素合力正向发展的结果,但其内外诸要素难免会受到各种主客体条件的制约而波谲云诡、变化难测,因而高校思想政治教育亲和力的提升过程也可能处于反复波动、渐次递进的变化之中,呈现出复杂性、变动性、动态性的特征。因此,高校思想政治教育亲和力评价活动也应与之相适应地调整为一个动态发展的过程,才能正确把握亲和力提升的规律。

动态性检测重在高校思想政治教育亲和力评价过程中对影响其提升的内外诸要素的多段评价,得出整个评价链条上的各个动态阶段的评价数据,并对其进行加权取值,以期得出较为准确的评价值。发展性评价则重在高校思想政治教育亲和力评价过程中的理念引导。发展性评价强调发展的连续性,重视对对象过去学习状况的考察,以促进对象未来的发展;注重评价对象的个体价值,提倡评价者与对象共同协商,确定评价目标;强调对学生多方面能力的评价;重视学习的过程与及时反馈,以促进发展为目标,重视形成性评价的作用。高校思想政治教育亲和力应坚持发展性评价原则,立足教育主体与教育客体终身学习、终身发展的视角设计评价思路、内容与方法,突出教育双主体平等地位,充分发挥教育主体与客体双方在评价过程中的"主体间性"特征,共同确定评价目标、内容与方法,做到持续形成性评价与阶段终结性评价的统一。

三、高校思想政治教育亲和力的评价体系

本节以思想政治教育亲和力的提升机理、评价目标、构成要素、衡量标准为依据,从考核主体、评分方式、考核方法、考核程序方面确定了思想政治教育亲和力考核体系框架。通过分析高校思想政治教育亲和力考核的目标,根据考核指标设计考核流程,从内在目标(天性亲和力程度)、主体目标(主动表达亲和力程度)、介体目标(被动表达亲和力程度)、环体目标(外在驱动力程度)四个维度确定整套考核指标,并采用 AHP 层次分析法确定各项考核指标的权重,从而构建从目标、内容到方法的整个高校思想政治教育亲和力的评价体系。

(一)亲和力评价的目标体系

培养人才目标规定了人才培养的方向和规格,是教育系统运作的出发点和归宿,对整个教育系统的各个环节具有指导与制约作用。高校思想政治教育目标是进行思想政治教育的前提,贯穿思想政治教育全过程,是提高思想政治教育亲和力、针对性和教育者自觉性的关键,是检验思想政治教育效果的依据。高校思想政治教育亲和力提升的目标与高校思想政治教育的目标是一致的,都是以马克思主义认识论为指导,围绕党和国家的奋斗目标、立足于我国高校学生的思想政治与品德素养发展状况而确立的。要建立高校思想政治教

育亲和力的测评体系,必须先确立高校思想政治教育亲和力的具体的目标体系,这是对其进行测评的基础。遵循习近平总书记关于高校思想政治教育的重要论述,根据高校思想政治教育亲和力生成与提升运行机理与评价模型,将高校思想政治教育亲和力测评的目标体系设定为以下四个维度。

1. 内在目标:天性亲和力强

高校思想政治教育亲和力的内在目标,是指为了让教育受众最大效度地接受、认同、喜欢、遵循思想政治教育的理论、方法指导实践,高校思想政治教育主导者(党和国家)应使思想政治教育及其承载物成为最佳自我而设置的内在追求与理想状态,它主要应体现为教育目标任务及其外在承载物——课程体系、课程与教育内容三个方面。

亲和力强的高校思想政治教育的目标任务应实现"三个统一":一是实现合规律性与合人本性的统一。思想政治教育是国家或体现国家意志的党组织为促进社会全面进步、个人全面发展而进行的价值实践活动,是社会发展的产物,因此势必遵循社会发展的规律而顺势推动社会的全面发展,同时也会遵循人的发展规律,基于人,为了人,最终促进人的全面而自由的发展。二是合理想性与合现实性的统一。我国高校思想政治教育以习近平总书记提出的"四服务"和"三培养"思想为根本遵循,以加强党的领导为根本保证,以立德树人为根本任务和立身之本,以"不断提高学生思想水平、政治觉悟、道德品质、文化素养,让学生成为德才兼备、全面发展的人才"和以"培养有理想、有本领、有担当的人才为根本目标"①,这是建立在国情、思想政治教育状况、大学生思想政治与品德素养状况基础上的恰适性、合理性的目标。三是合引领性与合生活性的统一。要实现对高校师生的强价值引领作用,高校思想政治教育应牢牢扎根在师生的现实生活之中,正如习近平总书记所强调的,我们"要精心培养和

---

① 顾海良:《新时代高校思想政治教育的根本目标和基本遵循》,《教育强国平台》2018年7月2日。

组织一支会做思想政治工作的政工队伍,把思想政治工作做在日常、做到个人"①。

　　亲和力强的高校思想政治教育课程体系除遵照思想政治教育目标任务的"三个统一"外,还应突出"三个意识",即整体意识、创新意识、特色意识。要突出整体意识,须真正推进大中小学思政课一体化进程,真正推进课程思政与思政课程一体化进程,真正推进高校思想政治理论课与实践课一体化进程,真正推进高校马克思主义学院与其他学院和二级部门在立德树人根本任务上的协力同行机制,须构建政府、社会、高校、家庭(USGF)联动机制。要突出创新意识,须真正做到"在保持思政课必修课程设置相对稳定基础上,结合大中小学各学段特点构建形成必修课加选修课的课程体系"②。要突出特色意识,须充分挖掘各校文化、德育资源优势,形成各具校本特色的高校思想政治理论课必修课、选修课相结合,思想政治理论课与实践课相结合,"小课堂与社会大课堂"相结合的个性化、独特性强的课程体系,从而让教育客体更易产生对思想政治教育的亲近感与认同感。

　　亲和力强的高校思想政治教育课程教材与教育内容除应遵照思想政治教育目标任务的"三个统一"、课程体系的"三个意识"外,还应凸显"四性",即政治性、科学性、时代性和可读性,这也是党和政府对新时代思想政治理论课课程与教育内容建设提出的新要求。"国家教材委员会统筹大中小学思政课教材建设,科学制定教材建设规划,注重提升思政课教材的隐性政治性、时代性、科学性、可读性。"③毋庸置疑,政治性是高校思想政治教育课程教材和教育内容的底色,但当代青年思想自由、文化多元,强调个性,反感灌输式"洗

---

①　《坚持中国特色社会主义教育发展道路　培养德智体美劳全面发展的社会主义建设者和接班人》,《人民日报》2018 年 9 月 11 日。

②　《中共中央办公厅、国务院办公厅印发〈关于深化新时代学校思想政治理论课改革创新的若干意见〉》,《中国电力教育》2019 年第 8 期。

③　《中共中央办公厅、国务院办公厅印发〈关于深化新时代学校思想政治理论课改革创新的若干意见〉》,《中国电力教育》2019 年第 8 期。

脑",所以教材体系与教学体系中潜移默化的隐性政治教化更容易走进高校教育客体的心田。时代性是要求思想政治教育立足当下焦点、热点问题,及时为教育客体解疑释惑,让其感受到思想政治教育的实用性功能,满足其利益需求,增加其对思想政治教育的依赖性。科学性是维护思想政治教育权威性的关键,科学性不仅体现为教材内容的正确性、合规律性,还体现为内容设计的合理性。由国家教材委员会统编教材是确保教材正确性与合理性的重要举措,同时,高校思想政治教育主体应注重教材体系向教学内容体系转化过程中的正确性与合理性。可读性是高校思想政治教育课程与教育内容亲近教育客体的重要指标和前提,可读性不是庸俗化,而是要把握大专、本科、硕士、博士不同层级的受众接受心理,回归受众视角挖掘素材,满足受众精神需求,消除其精神匮乏感,注重传输与受众日常生活实践相关度高又受其关注的焦点内容,对本科、大专生尽量减少专业术语和专业视角,而要注重增强教材"以事正理"的能力和生活烟火气息。

2. 主体目标:主动表达亲和力强

高校思想政治教育亲和力的主体目标表现为两方面:一是指处于思想政治教育双主体地位的教育主体对教育客体产生易亲近感、易信任感的师德风范、人格特性、专业素养等内外综合素养;二是指处于思想政治教育双主体地位的教育客体对思想政治教育理论与实践产生易亲近感、易认同感的个性特征与综合素养。教育主体与教育客体的目标素养同属于高校思想政治教育亲和力目标中处于主体地位的目标,也是其主动将思想政治教育天性亲和力显现出来的关键因素。

教师的工作是塑造灵魂、塑造生命、塑造人的工作。从广义角度来看,习近平总书记提出的"有理想信念""有道德情操""有扎实学识""有仁爱之心"[①]的

---

① 习近平:《做党和人民满意的好老师——同北京师范大学师生代表座谈时的讲话》,《人民日报》2014年9月10日。

"四有"好教师标准和"要做学生锤炼品格的引路人,做学生学习知识的引路人,做学生创新思维的引路人,做学生奉献祖国的引路人"的"四个引路人"要求既是新时代师德的明确内涵,更是高校思想政治教育工作者师德规范的基本内涵。

教育主体的人格特征是丰富多彩的,应在教育活动中对教育客体展现出较强的人格魅力。美国保罗·韦地博士将人格魅力强的教师特征概括为友善、仁慈、尊重每个人、耐性、兴趣广泛、良好的品性、公正、良好的仪表、幽默感、坦率、对个人的关注、有方法等方面。概括而言,高校思想政治教育亲和力强的主体应具有以生为本、爱生如子、兴趣广泛、公平公正、谦诚宽容、温恭达礼等人格特性。同时,还应具有较强的情绪感染能力,也就是捕捉他人情绪来感知教育客体对思想政治教育理论与实践活动的情感认同程度,以及用自身情绪来调控客体与自身情感同频共振的能力。

教育主体的专业素养主要有核心素养、主要素养、拓展素养等,这些素养具有层次性。其中,核心素养是引领教育客体的政治方向、思想价值,培养其道德品行的能力;主要素养是与时俱进地开展线上线下理论宣传,传播先进理论与文化,指导党团活动,加强心理健康与法治、安全教育,做好职业生涯规划、就业创业教育等能力;拓展素养是开展高校思想政治教育理论与实践研究等能力。而高校思政课教师的基本专业素养是站稳思想政治理论课理论与实践课堂,做到"八个相统一",成为习近平总书记要求的"可信、可敬、可靠,乐为、敢为、有为""政治强、情怀深、思维新、视野广、自律严、人格正"的思想政治教育工作者。

在教育客体的目标方面,《中国学生发展核心素养》研究组发布问卷中认可度在前十的学生素养是健康素养、学会学习、尊重与包容、公民意识、创新与创造力、问题解决能力、自我管理、人际交往与合作、团队合作、法律与规则意识,这与对思想政治教育亲和力强的教育客体的素养目标基本吻合,尤其是学会学习、尊重与包容、公民意识、创新与创造力、问题解决能力、人际交往与合作、团队合作、法律与规则意识等素养更是思想政治教育的人才目标和具体内容。同时,根据心理学的气质理论,相对而言,多血质和胆汁质学生容易接受新事物,具有相对较强的探索精神,往往容易成为高校思想政治教育理论与实践学习活动中具有同伴影响力的学生,因而也是需要重点培养的能对思想政治教育产生强亲和力的教育客体。

3. 介体目标:被动表达亲和力强

教育介体是一种有效联结教育主体和客体的"桥梁"。[①] "教育介体就是把教育者已经认同和掌握的教育内容传授给受教育者,并使其内在思想与外在行为进行相互转化,形成社会期待的良好行为活动的一系列中间要素和环节的总称。"[②]思想政治教育介体分为三部分,即思想政治教育内容、方法和载体。从影响高校思想政治教育亲和力的主动与被动因素角度来分析,思想政治教育介体是教育主体使教育客体对教育内容内化于心、外化于行的中间环节与因素,如教育方法、教育载体等,均为被动表达的亲和力因素。教育内容为天性亲和力因素,不属于被动表达亲和力因素。

高校思想政治教育方法,是指在遵循教育发展规律、大学生成长成才规律、思想政治工作规律基础上,教育主体为完成教育教学任务,实现立德树人目标而采取的方式方法与手段。有学者从学生的知情意行四个维度将高校思想政治教育教学方法分为认知类、情感类、意志类、实践类四类教学方法,认知类教学方法主要包括教材讲授法、专题教学法、互动教学法三大类型;情感类教学方法主要包括情感体验法和情境教学法;意志类教学方法主要包括激励教学法、自我教育法;实践类教学方法主要包括课堂实践教学法、社会实践教

---

① 刘德安主编:《求实与创新:西安科技大学思想政治教育研究成果汇编》,陕西人民出版社 2009 年版。

② 王立仁等:《学生思想政治教育体系的规划与构建》,《长春工业大学学报(社会科学版)》2013 年第 1 期。

学法和虚拟实践教学法等。随着大数据时代的发展,高校思想政治教育教学方法应与时俱进迅速占领网络,牢牢掌握网络意识形态的主导权和话语权,充分借用大数据的信息收集、加工、处理的便利,发挥其信息追踪定位、隐匿传播、分割传播等特点,推进高校思想政治教育的智能化、精准化,熟练运用思想政治教育实证方法,重点研发思想政治教育的智能方法,实施思想政治教育的隐性化精准渗透。

高校思想政治教育主体应将教育内容渗入语言、行动、活动、制度、平台、文化形式等教育载体,以达到提高教育客体思想政治与品德素养的育人目的。分类标准不同,思想政治教育载体的呈现形式也不一样。从属性来看,思想政治教育载体分为物质载体、精神载体和制度载体;从功能来看,思想政治教育载体分为直接载体和间接载体,或者显性载体和隐性载体;从形态来看,分为媒体形态载体(如自媒体、移动客户端、电视等现代媒体和传统媒体载体)、综合载体(如管理载体、文化载体、活动载体)、普通载体(如语言、行动等);从区域来看,分为校园教育载体、家庭教育载体、社会教育载体等。总体而言,从历史发展进程来看,思想政治教育在传统的谈话、开会、理论学习、实践活动、文化产品等载体基础上,增加了管理载体、大众传媒载体等。亲和力强的思想政治教育载体应"具有较强的目的性、群众性、实践性和感染性的特点"[1],同时,应遵循整体性、主导性、层次性、有效性原则,统筹兼顾,立体构建,有机协同各教育载体之间的作用,实现各教育载体彼此之间的优势互补。

4. 环体目标:外在驱动力强

从广义角度来讲,思想政治教育环体是指对思想政治教育活动以及思想政治教育对象的思想品德形成和发展产生影响的一切外部因素的总和。从思

---

① 吴潜涛、刘建军:《新时期思想政治教育史论》,安徽人民出版社 2004 年版。

想政治教育亲和力的内外影响因素来分析,本章从狭义角度来论述高校思想政治教育环体的定义,即高校思想政治教育环体是指对思想政治教育活动以及思想政治教育客体的思想品德形成和发展产生影响的、除教育介体以外的其他外部因素的总和,特指高校思想政治教育的校内环境、社会环境和影响客体成长的家庭环境。环体作为思想政治教育链条中的重要部分,对主体的判断和行为、介体的取舍和客体的行为起着关键作用,因此环体将对包括主体对介体、介体对客体以及主体对客体等影响机制产生调节作用。① 环体是思想政治教育的前提与条件,因而对提升高校思想政治教育亲和力的校园环境、社会环境(包括行业环境)、家庭环境的建设至关重要。此处仅就亲和力强的高校思想政治教育需要建设的校园环境、校社融合环境、家校融合环境的目标做一简要概述。

校园环境的建设目标。校园环境是促进高校思想政治教育实效性的重要前提和后盾。环境思政是高校大思政格局的重要组成部分,其内容主要包括:优化校园文化环境,让自然景观与人文景观相得益彰,实现以文育人、以文化人;优化校园文明环境,让思想政治教育融入"寻常百姓家",直接与学生的日常生活实践紧密相连;优化校园网络环境,建立校内线上线下媒体联动机制,把好意识形态舆论宣传关;优化校园阵地环境,建立多维思想政治理论与实践平台;营造先进典型育人环境,引领敬业爱岗、勤学奋进、爱国爱民的风尚。

校社融合环境的建设目标。思想政治教育社会环境是综合而复杂的,"无论是国际环境国内环境,还是自然环境社会环境,其或是经济政治文化环境,都体现出要素多样性、性质多重性、可变可创性和潜移默化性等特点"②。要助推高校思想政治教育亲和力提升,增强其实效性,需要校社环

① 文大稷、秦在东:《思想政治教育要素的再思考》,《学校党建与思想教育》2009年第25期。
② 《思想政治教育学原理》编写组编:《思想政治教育学原理》,高等教育出版社2016年版,第321—322页。

境融合:党始终坚持以人民为中心的宗旨要求各级干部以身作则;建立民主平等、公正法治、文明和谐、向善向上的社会秩序;建设风清气朗、规范有序的网络秩序;建立人的个性发展尤其是德性发展第一、就业导向第二的就业环境等。

家校融合环境的建设目标。家庭是学生心理、品质、性格形成的第一所"学校",也是学生最重要的成长环境。高校思想政治教育与家庭教育的融合度直接关系到教育客体的思想政治与品德素质的培育状况,因而需要教育主体把握客体多元化的家庭环境,形成提升客体对思想政治教育亲近感、认同感的有效对策:建立家校融合制度,要求高校思想政治教育主体定期与家长沟通;成立家长学校,定期指导家长开展民主、和谐家庭氛围的建设;创新家校沟通平台,充分运用网络媒体手段和大数据技术,实施个性化对策,快捷交流、收集、分析、处理家校融合问题。

总之,思想政治教育亲和力目标的实现是动态生成的,是由其天性亲和力因素、主动表达亲和力因素、被动表达亲和力因素、外在驱动力因素等多要素组合的复杂系统不断优化、耦合,实现思想政治教育内容对象化和教育主体本质力量对象化的过程,遵循合规律性与合目的性的统一。

(二)亲和力评价的内容体系

要确定高校思想政治教育亲和力的内容体系,实际上就是在其目标体系的指引下,重点把握其各种变量因素,厘清各种变量之间的相互关系,为方法体系的构建奠定基础。

1. 自变量因素

自变量是引起因变量发生变化的因素或条件,是影响高校思想政治教育亲和力程度高低的原因。本研究中的自变量主要有学校层次、教育客体所属学科、教育环体的创设水平、校外思想政治教育环境等。

高校层次(985 工程、211 工程、普通本科、职业学校、成人教育机构)属于影响高校思想政治教育亲和力的背景因素,不同学校提供的思想政治教育资源可能有所不同,因而有必要将高校层次这一变量与高校思想政治教育亲和力进行相关分析。

教育客体所属学科(人文社科、理学、工学、农学、医学、管理学、艺术学等)属于高校思想政治教育主动表达亲和力中教育客体专业属性对思想政治教育亲和力的影响因素。不同学科、不同专业的高校师生对思想政治教育的亲近感一般是有差异的,因而有必要将此变量与高校思想政治教育亲和力进行相关分析。

2. 因变量因素

因变量是随着自变量的变化而产生变化变量。本研究中的因变量是高校思想政治教育亲和力程度,具体从天性表达亲和力程度、主动表达亲和力程度、被动表达亲和力程度、外在驱动力程度四个方面进行考察,每个方面均涉及不同维度,要考虑每个维度的"程度""水平""效果"等问题,以此来描述评价主体对于各评价问题的认可度情况。

天性表达亲和力程度具体包含高校思想政治教育目标、课程体系、教材与教育内容三个维度,题项是对高校思想政治教育亲和力目标的规律性、人本性、生活性、价值性评价,对课程体系的合理性、创新性、特色性的评价,对教材与教育内容的政治性、科学性、时代感、可读性的评价等。

主动表达亲和力程度主要包括教育双主体中起主导地位的思想政治教育工作者的师德表现、综合素养、专业认知、专业情意、专业技能、教育作风、人格魅力、情绪感染、交流沟通等维度,题项主要涵盖教育主体的高尚师德、以生为本、兴趣广泛、公平公正、谦诚宽容、温恭达礼、友善仁慈、专业扎实、善用教法、知识面宽、感染情绪、善于沟通等方面。高校思想政治教育亲和力双主体中另一个主体即高校教职工中非思想政治教育工作者和全体学生,主要包含这一主体的思想政治素养、品德素养、对思想政治教育理论与实践内容的认知与喜好程度、对社会问题与现象的关注程度、情绪感染、交流沟通等维度,题项涵盖教育客体学会学习、尊重与包容、公民意识、关注现实、创新与创造力、人际交往与合作的评价等。

被动表达亲和力程度主要包含高校思想政治教育教学活动中所采取的涉及教育教学方法、教育载体等教育介体的诸多因素,具体指教育教学方法多样化程度、教育教学手段多样化程度、教育教学情景设计水平、教育教学平台先进性水平、教育教学设施先进性水平等维度,题项涵盖对教育教学方法的多样性、互动性、趣味性、融合性、可接受性、感染性、实践性、群众性和教育教学手段的合目的性及现代性、方法与手段的协同性、平台的智能化、管理制度合理性等方面的评价。

外在驱动力程度主要包含校内外环境因素,包括校内育人环境、社会育人环境、家校融合育人环境三个方面。校内育人环境方面涉及景观净化美化、文明风尚充盈、网络风清气正、党团群学活动健康、校园管理制度规范等;校外育人环境方面涉及社会秩序的民主平等、公正法治、文明和谐、向善向上,党员干部率先垂范氛围,德行为先的就业环境,规范有序的网络秩序等;家校融合育人环境方面涉及融合制度是否建立健全、家校沟通平台是否快捷多样等评价。

3. 内容评价的主要参考指标

结合德菲尔专家咨询法、逻辑推导法以及对高校思想政治教育亲和力评价的目标体系与内容体系的分析,将评价的主要内容参考指标列举如下:

1.0　高校思想政治教育亲和力的内在因素

教育目标

1.1　目标合规律性

1.2　目标合人本性

1.3 目标合价值性

理论与实践课程设置

1.4 课程设置的科学性

1.5 课程设置的创新性

1.6 课程设置的体系性

教材与教育内容

1.7 教材与教育内容的针对性

1.8 教材与教育内容的时代性

1.9 教材与教育内容的生活性

1.10 教材与教育内容的人本性

2.0 高校思想政治教育亲和力的主体因素

教育主体

2.1 教育主体的师德素养

2.2 教育主体的人本理念

2.3 教育主体的专业素养

2.4 教育主体的教学设计能力

2.5 教育主体的形象气质

2.6 教育主体的话语艺术

2.7 教育主体的兴趣爱好

2.8 教育主体的情绪感染力

2.9 主体对客体的帮扶救助

教育客体

2.10 教育客体的成长期望

2.11 教育客体的自主学习力

2.12 教育客体的学识素养

2.13 教育客体的人文情怀

2.14　教育客体的现实关注度

2.15　教育客体的人际沟通力

2.16　教育客体的实践与创新力

3.0　高校思想政治教育亲和力的介体因素

教育方法

3.1　教育教学方法的现代性

3.2　教育教学方法的多样性

3.3　教育教学方法的实践性

3.4　教育教学方法的渗透性

3.5　教育教学方法的感染性

教育载体

3.6　教育教学手段的合目的性

3.7　教育教学手段的先进性

3.8　教育教学手段与方法协同性

3.9　教育教学平台的智能化

3.10　教育教学管理制度的合理性

4.0　思想政治教育亲和力的环体因素

校内育人环境

4.1　校园文化的熏陶力

4.2　校风教风学风的优良性

4.3　舆论导向的正确性

4.4　校园管理的规范性

4.5　办学行为的生本性

社会育人环境

4.6　党员干部的榜样性

4.7　社会导向的正确性

4.8 就业导向的德才兼备性

4.9 网络秩序的规范性

家校融合育人环境

4.10 家校融合制度健全度

4.11 家校沟通平台畅通度

（三）亲和力评价的方法体系

思想政治教育亲和力问题错综复杂、深奥难测，难以避免出现成效的潜隐性、表征的多样性和模糊性等问题，因此，亲和力测评方法更要注重全面性、立体性，尽量减少测评工作的偏失。为此，本节拟以前文所述亲和力运行结构模型为基础，根据其目标体系和内容中各种变量的分析，构建形成性与终结性相结合的具有发展性的三段四级四面高校思想政治教育亲和力测评方法体系。评定时间为三段，即以每届大学生为参数，分大学期初、期中、期末三段进行测评；评定主体分为四类，分别为学生评定、学校督导评定、同行评定、思想政治教育工作者自评；评定内容分为四个方面，即：内在目标（天性亲和力程度）、主体目标（主动表达亲和力程度）、介体目标（被动表达亲和力程度）、环体目标（外在驱动力程度）。

1. 评价指标体系构成

通过德尔菲专家咨询法、AHP 层次分析法等现代实证研究方法，通过权重确定、数值判断、综合评估等方法，构建由 4 个层面、10 个领域、46 个指标构成的高校思想政治教育亲和力评价指标体系，四个层面从上到下分别为目标层（I）、模块层（A 层，4 个一级指标）、领域层（B 层，10 个二级指标）、指标层（C 层，46 个底层指标）。A 层分别为：内在因素（A1）、主体因素（A2）、介体因素（A3）、环体因素（A4）。每个领域层又通过具体的指标层来反映，共计 46 个指标（C）。具体见图 9-1。

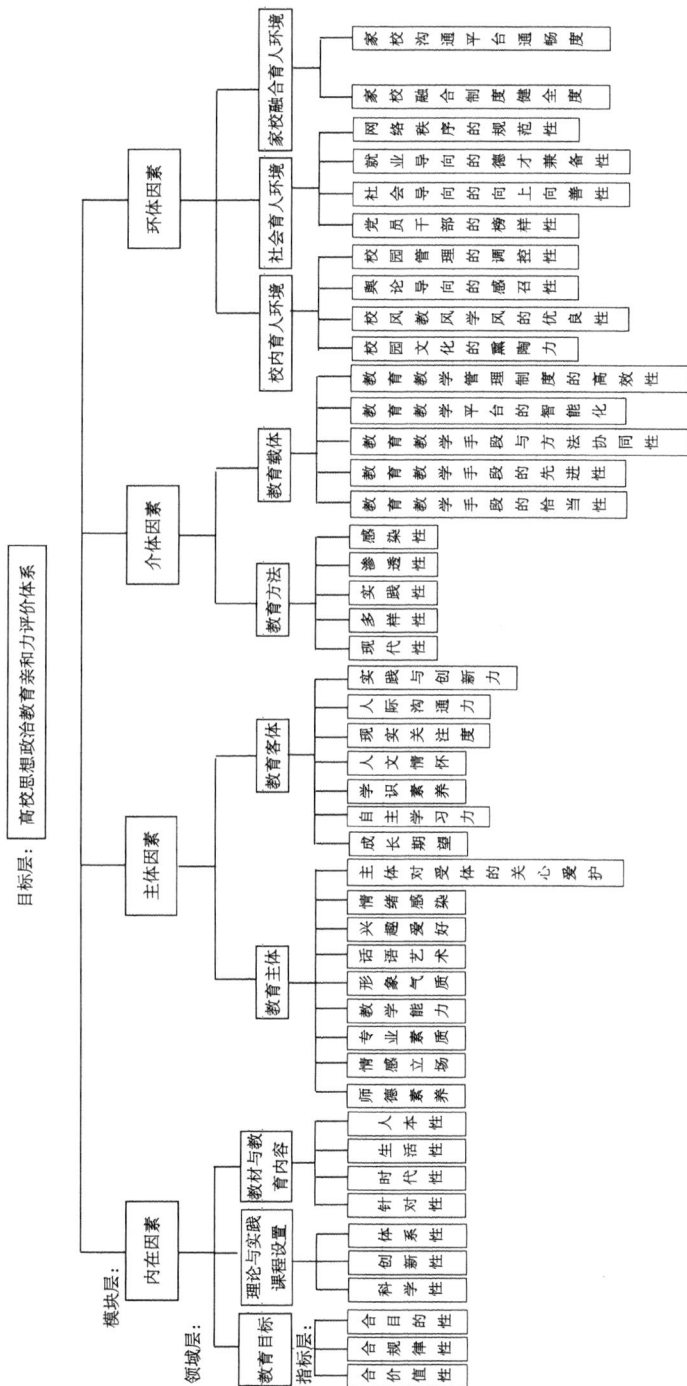

图9-1　高校思想政治教育亲和力评价指标体系

2. 具体评价方法

遵循科学性、系统性、可操作性的评价原则,设定各评价指标的权重及标准化数值。

（1）权重的确定

权重是说明每个指标在目标评价中不同的相对重要性系数。权重的计算对总体评价结果有非常重要的作用。实际操作中,应该选择人为因素作用小又容易于把握的方法来获取权重。根据这一要求,本研究应用层次分析法（AHP法）与菲德尔专家咨询法相结合的方法进行权重计算。AHP法是定性与定量相结合的系统化、层次化的分析方法,其特点是理论上比较成熟,用途上非常广泛、明了,可操作性强,因而较为适合于教育素质评价这种多因素、多层次系统中各模块领域和指标权重的计算。AHP法的基本步骤是:

①创建同一个层级中两两对比的判断矩阵。请咨询专家（本研究咨询了省内外8位思想政治教育专家和9名大学生）对高校思想政治教育评价指标体系的层次结构图中各层级之间的全部因素进行两两对比,如对高校思想政治教育亲和力的同一层级的模块层之间的每个因素进行两两对比,对每个模块层下的各领域层之间的每个因素进行两两对比,对每个领域层下的各指标层之间的每个因素进行两两对比,通过对比获得专家判断矩阵。要素之间两两比较的相对重要性程度的分级量化是根据萨蒂（Satty）等人提出的九标度法,见表9-1。

表9-1　判断矩阵的评判标度法

标度	取值含义	说明
1	两个元素同样重要	判断矩阵的主对角线上的元素为1
3	元素 i 比元素 j 稍微重要	$a_{ij} = 1/a_{ji}$ 或 $a_{ji} = 1/a_{ij}$
5	元素 i 比元素 j 较为重要	
7	元素 i 比元素 j 明显重要	

续表

标度	取值含义	说明
9	元素 i 比元素 j 十分重要	两元素相比的重要差异
2,4,6,8	上述两相邻判断的中间值	

经过充分发挥主体间性优势,采用教育双主体对本评价内容指标中各层级因素进行两两对比,分别形成高校思想政治教育亲和力模块层、领域层、指标层各指标相对比较的判断矩阵:

$$A = \begin{pmatrix} a_{11} & a_{12} & \cdots & a_{1n} \\ a_{21} & a_{22} & \cdots & a_{2n} \\ \vdots & \vdots & & \vdots \\ a_{n1} & a_{n2} & \cdots & a_{nn} \end{pmatrix} \quad a_{ij} = a_{ji} \quad i,j = 1,2,3,\cdots,n \tag{A}$$

②同一层级单排序以及一致性检验分析。层级单排序是判断矩阵 A 对应于最大特征值 λ_{max} 的特征向量 W,经归一化即为同一层级相应元素对于上一层次元素相对重要性的排序权值。分别计算各个判断矩阵的最大特征根 λ_{max} 以及相应的特征向量,对所有的特征向量作归一化处理,计算层级单排序权向量 W,即 $Aw = \lambda_{max}W$,其中,A 为判断矩阵。W 的分量 $(W_1,W_2,W_3,\cdots,W_n)^T$ 即为对应于各个模块或领域的权重向量。具体运用如下公式来计算各矩阵的最大特征根:

$$\lambda_{max} = \frac{1}{n} \sum_{i=1}^{n} \frac{\sum_{j=1}^{n} a_{ij} W_j}{W_i} \tag{B}$$

所谓一致性检验,是指确定在一定显著性水平下各平均值或各方差之间是否有显著性差异,若无显著性差异,则各均值或各方差是一致的,否则就需要修正相关判断矩阵。例如,要对高校思想政治教育亲和力评价指标中各个判断矩阵依次进行一致性检验,首先要计算各个判断矩阵的临界指标 CI,具体公式如下：

$$CI = \frac{\lambda_{\max} - n}{n - 1} \tag{C}$$

其次，需要查下表获得对应的随机一致性指标 RI（见表 9-2），以确定随机致性指标 CR。如果 $CR \ll 0.1$，则认为判断矩阵 A 具备令人满意的一致性，如果 $CR \gg 0.1$，则必须对 A 进行修正。CR 的计算公式如下：

$$CR = \frac{CI}{RI} \tag{D}$$

表 9-2　随机一致性指标 RI 的数值

矩阵阶数	1	2	3	4	5	6	7	8	9
RI 值	0.00	0.00	0.52	0.89	1.12	1.26	1.36	1.41	1.46

③按照上述程序和方法，同理可得领域层 B 及指标层 C 中各评判要素的权重，所获得的权重均需进行一致性检验。

④确定各个层级指标的组合权重向量。确定好各个层级的权重值以后，还要确定出各层指标相对于总目标的相对权重。假设有 t 个层级，那么第 k 层对第 1 层（目标层）的组合权重向量为 $W(k) = W(k) W(k-1)$，$k = 3, 4, \cdots, t$，$W(k)$ 是以第 k 层相对于第 $k-1$ 层的权重向量为列向量组成的矩阵。最下层（第 t 层）对最上层的组合权重向量为 $W(t) = W(t) W(t-1) < W(2) W(3)$。

⑤组合一致性计算。确定每个层级指标的组合权重向量以后，接着进行组合一致性检验。组合一致性检验必须逐层展开，如果最低层对目标层的组合一致性比率 $CR(t) < 0.1$，则认为所有层级的比较判断通过了一致性检验，表明所获得的组合权重向量可以作为最后的决策依据。如果未能通过一致性检验，则必须调整两两比较矩，直至获得令人满意的一致性。

（2）数值标准化

在高校思想政治教育亲和力综合评价体系中,因为每个指标的特征和量纲各不相同。因此,必须去掉由各个指标量纲不统一造成的计算难题,为此,需要对所有源数据进行标准化计算,从而得到相对统一的标准。标准计算的方法很多,如均值法、标准差法、最大值法等。考虑计算的简洁与清晰性,采用最大值归一法,即用一个指标的最大值去除这个指标的所有项,从而将每个指标的标准化数值统一在 0~1,其计算公式如下:

$$Y_{ij} = y_{ij}/\text{Max}\{y_{ij}\} \tag{E}$$

式中 Y_{ij} 为 i 县域 j 指标的标准化值, y_{ij} 为 i 县域 j 指标 N 指标的原始数据值。对于一些与综合评价目标呈负相关的指标,则需要进行逆化处理,即:

$$Y_{ij} = 1 - y_{ij}/\text{Max}\{y_{ij}\} \tag{F}$$

（3）综合评估方法

利用数值标准化公式,获得每个单项指标的计算值,每个结构层的权重,借鉴多目标线性加权求和综合评估模型,得出模块层、领域层的计算值及其综合计算值,即:

$$A_i = \sum_{j=1}^{m} B_{ijk}gb_{ij} \tag{G}$$

$$I = \sum_{i=1}^{n} A_i gW_i \tag{H}$$

$$B_{ij} = \sum_{k=1}^{p} Y_{ijk}gr_{ijk} \tag{I}$$

上式中, Y_{ijk} 为第 i 个模块第 j 个领域第 k 个指标的标准化值, r_{ijk} 为该指标的权重值。 B_{ijk} 为第 i 个模块第 j 个领域的评估得分值; b_{ij} 为第 i 个模块第 j 个领域的权重。 A_i 为第 i 个模块的评估得分值, W_i 为第 i 个模块的权重, I 为高校思想政治教育亲和力的综合评估值,进而得出高校思想政治教育亲和力的综合评价指标体系,具体见表9-3。

表 9-3　高校思想政治教育亲和力评价指标体系

目标层（Ia）	模块层（A）	权重	权重	指标层（C）		权重
高校思想政治教育亲和力	高校思想政治教育亲和力的内在因素（A1）	0.3177	0.1320	教育目标合价值性	C1	0.0393
				教育目标合规律性	C2	0.0385
				教育目标合目的性	C3	0.0542
			0.1015	课程设置的科学性	C4	0.0326
				课程设置的创新性	C5	0.0380
				课程设置的体系性	C6	0.0309
			0.0842	教材与教育内容的针对性	C7	0.0202
				教材与教育内容的时代性	C8	0.0242
				教材与教育内容的生活性	C9	0.0202
				教材与教育内容的人本性	C10	0.0196
	高校思想政治教育亲和力的主体因素（A2）	0.3410	0.1904	教育主体的师德素养	C11	0.0148
				教育主体的情感立场	C12	0.0128
				教育主体的专业素质	C13	0.0119
				教育主体的教学能力	C14	0.0121
				教育主体的形象气质	C15	0.0115
				教育主体的话语艺术	C16	0.0142
				教育主体的兴趣爱好	C17	0.0855
				教育主体的情绪感染	C18	0.0149
				教育主体对客体的关心爱护	C19	0.0127
			0.1506	教育客体的成长期望	C20	0.0266
				教育客体的自主学习力	C21	0.0251
				教育客体的学识素养	C22	0.0167
				教育客体的人文情怀	C23	0.0221
				教育客体的现实关注度	C24	0.0266
				教育客体的人际沟通力	C25	0.0134
				教育客体的实践与创新力	C26	0.0201

目标层 （Ia）	模块层 （A）	权重	权重	指标层（C）		权重
高校思想政治教育亲和力	高校思想政治教育亲和力的介体因素（A3）	0.1785	0.1104	教育方法的现代性	C27	0.0227
				教育方法的多样性	C28	0.0222
				教育方法的实践性	C29	0.0221
				教育方法的渗透性	C30	0.0215
				教育方法的感染性	C31	0.0219
			0.0681	教育教学手段的恰当性	C32	0.0190
				教育教学手段的先进性	C33	0.0111
				教育教学方法与手段协同性	C34	0.0132
				教育教学平台的智能化	C35	0.0118
				教育教学管理制度的高效性	C36	0.0130
	高校思想政治教育亲和力的环体因素（A4）	0.1628	0.0815	校园文化的熏陶力	C37	0.0233
				校风教风学风的优良性	C38	0.0184
				舆论导向的感召性	C39	0.0199
				校园管理的调控性	C40	0.0199
			0.0443	党员干部的榜样性	C41	0.0105
				社会导向的向上向善性	C42	0.0098
				就业导向的德才兼备性	C43	0.0098
				网络秩序的规范性	C44	0.0142
			0.0370	家校融合制度健全度	C45	0.0158
				家校沟通平台通畅度	C46	0.0212

参 考 文 献

著作类

《马克思恩格斯全集》第 40 卷,人民出版社 1982 年版。

《马克思恩格斯选集》第 1 卷,人民出版社 2012 年版。

《马克思恩格斯选集》第 2 卷,人民出版社 2012 年版。

《马克思恩格斯选集》第 4 卷,人民出版社 2012 年版。

《马克思恩格斯文集》第 1 卷,人民出版社 2009 年版。

《马克思恩格斯文集》第 5 卷,人民出版社 2009 年版。

《马克思恩格斯文集》第 8 卷,人民出版社 2009 年版。

《马克思恩格斯全集》第 3 卷,人民出版社 1960 年版。

《列宁全集》第 25 卷,人民出版社 2017 年版。

《列宁选集》第 1 卷,人民出版社 2012 年版。

《斯大林选集》上卷,人民出版社 1979 年版。

《毛泽东选集》第二卷,人民出版社 1991 年版。

《毛泽东选集》第四卷,人民出版社 1991 年版。

中共中央文献研究室编:《建国以来毛泽东文稿》第 6—7 册,中央文献出版社 1992 年版。

《邓小平文选》第二卷,人民出版社 1994 年版。

《习近平谈治国理政》第一卷,外文出版社 2018 年版。

习近平:《在哲学社会科学工作座谈会上的讲话》,人民出版社 2016 年版。

《习近平重要讲话单行本(2020 年合订本)》,人民出版社 2021 年版。

《习近平总书记系列重要讲话读本》,学习出版社、人民出版社 2016 年版。

《习近平总书记重要讲话文章选编》,中央文献出版社 2016 年版。

《习近平新时代中国特色社会主义思想学习纲要》,人民出版社 2019 年版。

《习近平关于网络强国论述摘编》,中央文献出版社 2021 年版。

《中国共产党中央委员会关于建国以来党的若干历史问题的决议》,人民出版社 1981 年版。

习近平:《决胜全面建成小康社会　夺取新时代中国特色社会主义伟大胜利——在中国共产党第十九次全国代表大会上的报告》,人民出版社 2017 年版。

《十五大以来重要文献选编》(下),人民出版社 2003 年版。

《思想政治教育学原理》编写组编:《思想政治教育学原理》,高等教育出版社 2016 年版。

《思想政治教育学原理》编写组编:《思想政治教育学原理》(第二版),高等教育出版社 2018 年版。

教育部师范教育司编:《教师专业化的理论与实践》(第 2 版),人民教育出版社 2003 年版。

教育部思想政治工作司编:《加强和改进大学生思想政治教育主要文献选编 (1978—2014)》,知识产权出版社 2015 年版。

华东师范大学教育系编:《马克思恩格斯论教育》,人民教育出版社 1998 年版。

《心理学词典》,江西人民出版社 1986 年版。

中国社会科学院语言研究所词典编辑室编:《现代汉语词典》(第 7 版),商务印书馆 2016 年版。

陈玉琨:《教育评价学》,人民教育出版社 1999 年版。

陈万柏、张耀灿主编:《思想政治教育学原理》,高等教育出版社 2007 年版。

陈义平主编:《思想政治教育学原理》,安徽大学出版社 2008 年版。

刘宏达、万美容等著:《高校思想政治工作前沿问题研究》,人民出版社 2019 年版。

刘德安主编:《求实与创新:西安科技大学思想政治教育研究成果汇编》,陕西人民出版社 2009 年版。

钱铭怡主编:《变态心理学》,北京大学出版社 2006 年版。

吴潜涛、刘建军:《新时期思想政治教育史论》,安徽人民出版社 2004 年版。

杨涛堪等:《20 世纪西方哲学科学主义与人本主义》,北京师范大学出版社 2003 年版。

杨建华、陈鹏:《现代教育学》,中国社会科学出版社 2003 年版。

袁贵仁:《马克思的人学思想》,北京师范大学出版社 1996 年版。

张维迎:《大学的逻辑》,北京大学出版社 2004 年版。

朱小蔓:《情感教育论纲》,人民出版社 2007 年版。

译著类

[美]埃德加·斯诺:《西行漫记》,董乐山译,世界知识出版社 1979 年版。

[英]伯特兰·罗素:《伦理学与政治学中的人类社会》,中国社会科学出版社 1992 年版。

[美]埃贡·G.古贝、伊冯娜·S.林肯:《第四代评估》,秦霖等译,中国人民大学出版社 2008 年版。

[德]胡塞尔:《笛卡尔式的沉思》,张廷国译,中国城市出版社 2002 年版。

[日]富永健一:《社会学原理》,严立贤等译,科学文献出版社 1992 年版。

[德]黑格尔:《法哲学原理》,范扬、张启泰译,商务印书馆 1982 年版。

[德]黑格尔:《小逻辑》,贺麟译,商务印书馆 1981 年版。

[美]马歇尔·麦克卢汉:《人的延伸——媒介通论》,何道宽译,四川人民出版社 1992 年版。

[德]马克斯·韦伯:《经济与社会(上卷)》,林荣远译,商务印书馆 1997 年版。

[德]马克斯·韦伯:《新教伦理与资本主义精神》,于晓、陈维纲译,陕西师范大学出版社 2006 年版。

[美]威尔伯·施拉姆:《传播学概论》,陈亮、周立方、李启译,新华出版社 1984 年版。

[日]竹内敏雄主编:《美学百科辞典》,池学镇译,黑龙江人民出版社 1987 年版。

论文类

《习近平总书记关于加强党内监督重要论述摘录》,《中国纪检监察》2016 年第 5 期。

《中共中央国务院发出〈关于进一步加强和改进大学生思想政治教育的意见〉》,中国高等教育 2004 年第 20 期。

《中共中央国务院印发〈关于加强和改进新形势下高校思想政治工作的意见〉》,《社会主义论坛》2007 年第 3 期。

《国家中长期教育改革和发展规划纲要(2010—2020 年)》,《实验室研究与探索》

2018 年第 37 期。

《中共中央办公厅、国务院办公厅印发〈关于深化新时代学校思想政治理论课改革创新的若干意见〉》，《中国电力教育》2019 年第 8 期。

《新时代高等学校思想政治理论课教师队伍建设规定》，《西藏教育》2020 年第 5 期。

《第 45 次〈中国互联网络发展状况统计报告〉发布》，《中国广播》2020 年第 5 期。

《谈谈坚持问题导向目标导向结果导向》，《学习时报》2019 年 12 月 25 日。

崔青青：《试论高校"两课"教师的人格魅力》，《中国特色社会主义研究》2005 年第 5 期。

戴锐：《思想政治教育共同体的运行机制与发展战略》，《思想政治教育研究》2014 年第 6 期。

戴锐、李菁：《思想政治教育语言的哲学审思》，《思想理论教育》2013 年第 9 期。

樊蓓蓓、张春华：《大学生心理健康的标准及评估（英文）》，《中国临床康复》2006 年第 46 期。

高静：《浅析高校青年教师人格魅力的塑造维度与制约因素》，《教育观察》2015 年第 4 期。

顾海良：《新时代高校思想政治教育的根本目标和基本遵循》，教育强国平台，2018 年 7 月 2 日。

胡大平：《坚持显性教育和隐性教育相统一　全面提升高校立德树人水平》，《思想理论教育导刊》2019 年第 7 期。

胡华、卢诚：《新中国 70 年来高校思想政治理论课建设的历史演进与现代审视》，《理论导刊》2019 年第 12 期。

揭晓：《论马克思主义意识形态大众化传播的日常生活维度》，《教学与研究》2015 年第 6 期。

李香善：《高校德育教师人格魅力对人才培养的影响力》，《教育理论与实践》2009 年第 9 期。

林丹薇：《高校思想政治教育亲和力探索》，《高教探索》2012 年第 4 期。

李培根：《论大学精神与文化》，《国家教育行政学院学报》2015 年第 1 期。

李均：《论实证主义范式及其对教育学的意义》，《教育研究》2018 第 39 期。

庞桂甲：《论思想政治教育亲和力》，《思想教育研究》2017 年第 5 期。

赖萱萱、郑长青：《高校思想政治理论课教学话语创新初探》，《教育评论》2017 年第 6 期。

刘书林:《探索思想政治理论课教学的新境界》,《思想理论教育》2017年第10期。

彭庆红、耿品:《高校意识形态阵地建设的根本原则和重要方针》,《思想教育研究》2018年第7期。

岳云强、吕素霞:《构建发展性研究生思想政治教育测评体系》,《学校党建与思想教育》2009年第25期。

覃事太、马俊、金鑫:《高校思想政治理论课教学话语建设的实践逻辑》,《思想理论教育导刊》2018年第5期。

邱柏生:《新时代高校思想政治教育学科建设面临的若干挑战》,《思想政治教育研究》2019年第1期。

孙旭红、夏叶:《新中国70年高校思想政治理论课教材建设研究述评》,《云梦学刊》2019年第11期。

王茂胜:《高校思想政治教育评价研究进展及其价值》,《中国高等教育评估》2007年第1期。

文大稷、秦在东:《思想政治教育要素的再思考》,《学校党建与思想教育(高教)》2009年第9期。

魏永强、郑大俊:《工具理性和价值理性思想政治教育分析》,《求实》2014年第9期。

王立仁等:《学生思想政治教育体系的规划与构建》,《长春工业大学学报》2019年第1期。

王璐颖:《道德心理视域下道德创伤的症状解析》,《中国医学伦理学》2019年第2期。

万美容、吴倩:《新时代思想政治教育内容有效供给论析》,《马克思主义理论学科研究》2020年第1期。

辛文:《什么是"亲和力"》,《新闻与写作》2006年第8期。

徐峰:《高校思政课教学语言艺术探微》,《湖北成人教育学院学报》2019年第25期。

杨未:《锤炼思想政治理论课教学语言》,《思想理论教育导刊》2018年第6期。

杨威、谢丹:《习近平语言艺术对新时代思想政治教育话语创新的启示》,《学术论坛》2019年第42期。

叶方兴:《从"悬浮"走向"融合"——论现代性语境下思想政治教育与日常生活的关系》,《探索》2019年第6期。

叶苗:《主体间性师生关系视野下教师权威的重建》,《扬州大学学报》2019年第

6 期。

阎占定:《思想政治理论课教学要讲出理论的温度》,《思想理论教育》2020 年第
2 期。

朱小蔓、其东:《面对挑战:学校道德教育的调整与革新》,《教育研究》2005 年第
3 期。

张耀灿:《思想政治教育目的的人学思考》,《广西教育学院学报》2008 年第 2 期。

郑琼梅:《思想政治理论课的激趣艺术》,《学校党建与思想教育》2010 年第 1 期。

周小李:《马克思的素质教育思想探析》,《学术论坛》2012 年第 1 期。

周洲:《试论新时代高校思想政治理论课教学语言创新》,《思想理论教育导刊》
2019 年第 11 期。

报纸类

《改革科技体制是为了解放生产力》,《人民日报》1985 年 3 月 8 日。

《在庆祝北京大学建校 100 周年大会上的讲话》,《光明日报》1998 年 5 月 5 日。

《进一步加强和改进大学生思想政治教育工作,大力培养造就社会主义事业建设
者和接班人》,《光明日报》2005 年 1 月 19 日。

《胡锦涛致信全国青年群英会》,《光明日报》2007 年 5 月 5 日。

《在庆祝清华大学建校 100 周年大会上的讲话》,《光明日报》2011 年 4 月 25 日。

习近平:《在同各界优秀青年代表座谈时的讲话》,《人民日报》2013 年 5 月 5 日。

习近平:《在中法建交 50 周年纪念大会上的讲话》,《人民日报》2014 年 3 月 29 日。

《认真贯彻党的十八届三中全会精神　汇聚起全面深化改革的强大正能量》,《人
民日报》2013 年 11 月 29 日。

《青年要自觉践行社会主义核心价值观——在北京大学师生座谈会上的讲话》,
《人民日报》2014 年 5 月 5 日。

习近平:《做党和人民满意的好老师——同北京师范大学师生代表座谈时的讲
话》,《人民日报》2014 年 9 月 10 日。

《把思想政治工作贯穿教育教学全过程　开创我国高等教育事业发展新局面》,
《人民日报》2016 年 12 月 8 日。

《弘扬"上海精神"　构建命运共同体——在上海合作组织成员国元首理事会第
十八次会议上的讲话》,《人民日报》2018 年 6 月 11 日。

《切实把新发展理念落到实处　不断增强经济社会发展创新力》,《人民日报》
2018 年 6 月 15 日。

《坚持中国特色社会主义教育发展道路 培养德智体美劳全面发展的社会主义建设者和接班人》,《人民日报》2018 年 9 月 11 日。

《用新时代中国特色社会主义思想铸魂育人 贯彻党的教育方针落实立德树人根本任务》,《人民日报》2019 年 3 月 19 日。

姜辉:《新时代要正确看待和坚持两个"没有变"》,《人民日报》2018 年 5 月 4 日。

王宗荣、王岩:《马克思主义的真理力》,《光明日报》2018 年 12 月 19 日。

电子文献类

《李克强总理出席记者会并回答中外记者提问》,新华网:http://www.xinhuanet.com//mrdx/2020-05/29/c_139097549.html

《教育部关于印发〈高等学校思想政治理论课建设标准〉的通知》,2015 年 9 月 16 日,见 http://www.moe.gov.cn/srcsite/A13/moe_772/201509/t20150923_210168.html。

附录1　高校思想政治教育亲和力情况调查（学生版）

亲爱的同学：

　　您好！

　　我们正在进行一项关于高校思想政治教育亲和力情况的调查研究,旨在了解大学生对高校思想政治教育亲和力的认同情况,我们将对您的回答完全保密,谢谢您的配合和支持！

《高校思想政治教育亲和力提升问题研究》课题小组

2019 年 1 月

　　以下问题,请勾选您认为符合自身情况的选项。

　　1.您的性别

　　A.男性　　B.女性

　　2.您的专业属于

　　A.人文科学类(哲学、历史、文学、艺术、语言学)

　　B.社会科学类(经济、法律、社会学、管理学、政治学)

　　C.自然科学类(理学、工学、农学、医学)

3.您的政治面貌是

A.中共党员(含预备党员)　B.积极分子　C.共青团员　D.群众

4.您的学历是

A.大专　B.本科　C.硕士　D.博士

5.您对所在班级辅导员的整体评价是

A.满意　B.比较满意　C.一般　D.不太满意

如果您选择D,请您继续回答第6题,否则直接回答第7题。

6.您对所在班级的辅导员不太满意的主要原因是(可按不喜欢程度进行多选排序)

A.按照规章制度办事,太死板　B.对学生缺乏基本的耐心和爱心

C.与学生有距离感,爱摆官架子　D.平时接触不多,不太了解学生

E.未能及时解决我在学习或生活上遇到的问题

F.未能关心了解学生需求,尊重学生想法

G.辅导员自身素养不足

H.其他_____

您选择不太满意的原因顺序是_____

7.当您遇到学习或者生活上的烦恼的时候,您经常会向谁寻求帮助(可按喜欢程度选三个答案)

A.父母　B.辅导员　C.思政课老师　D.同学朋友　E.自己尊敬的老师

F.自我消化

您选择的顺序是_____

8.您觉得您所在班级的思政课老师与学生的关系情况如何

A.很融洽,老师很接地气,有亲和力　B.还行,比较好

C.一般,老师只注重课堂教学　D.不好,老师只会说教大道理

9.您觉得您所在班级的思政课老师的语言表达能力如何

A.有感染力,很幽默　B.一般,没什么感觉　C.较差,比较重说教

10.您觉得哪种类型的思政课教师最有人格魅力(可按照其重要顺序选三个答案)

A.学识广博,治学严谨　B.上课风趣幽默,有活力

C.平等对待学生,尊重学生　D.关爱学生,对待学生有爱心和耐心

E.具备良好的道德品质　F.其他_____

您选择的顺序是_____

11.您对思政课教学内容的评价是(可多选)

A.与社会热点事件相关联,贴合社会实际　B.很受用,符合我的需求

C.有的很受用,有的觉得没必要学习　D.知识点抽象,晦涩难懂

E.有的内容我不是很感兴趣　F.其他_____

12.总体而言,您觉得思政课的理论与您的现实生活联系紧密吗

A.与我的现实生活联系紧密　B.与我的现实生活联系一般

C.与我的现实生活联系不紧密　D.说不清楚

13.总体而言,您觉得思想政治教育的目标是否达到了预期效果

A.总体上达到了,我的思想道德素质有提升

B.达成效果一般,有些许效果

C.还没有达到预期效果,我的思想道德素质没有显著提升

14.您最喜欢您的思政课教师所采取的教学方法有(可按喜欢程度选三个答案)

A.理论灌输法　B.实践教育法　C.比较教育法　D.典型教育法

E.自我教育法　F.探究式教育法　G.激励感染教育法

H.心理咨询法　I.艺术式教育法　J.启发式教育法　K.其他_____

您选择的顺序是_____

15.您喜欢思想政治教育的哪些内容(可按喜爱程度选三个答案)

A.以严谨彻底的理论为根基　B.讲述党和国家的奋斗历史

C.讲述当今中国和世界发展的生动实践

D.老师具有感染力的讲述方式　E.老师自身高尚的道德品行影响着我

F.与时俱进的教育方法　G.形式多样的教育实践活动

H.引导我做一个品行端正的社会公民

I.主题鲜明的党群团学活动　J.良好的校风学风　K.其他_____

您选择的顺序是_____

16.在思政课教学过程中,思政课老师使用多媒体技术的情况如何

A.经常借助各类多媒体设备,辅助教学　B.有时候使用,有时候不使用

C.很少使用多媒体设备

17.思政课老师是否会推荐您阅读教材之外的与思想政治教育相关的

书籍

A.会,老师经常给我们推荐相关书籍　B.很少推荐相关书籍

C.没有推荐过,主要以教材内容为主

18.您觉得思政课教材的内容对您有吸引力吗

A.很有吸引力,对我的帮助很大

B.有的有,有的没有,我更喜欢与我生活相关的内容

C.没有,我只是为了应付考试　D.说不清

如果您选择A,请您继续回答第19题,否则直接回答第20题。

19.您觉得思政课吸引您的地方在哪里(可多选)

A.升学的需要,对考研有帮助　B.课程的内容与我的生活息息相关

C.我认同思政课的理论　D.思政课老师上课风趣幽默

E.思政课上课形式多样新颖,我觉得很有趣　F.其他_____

20.您对您所在学校的校园文化环境的评价是

A.很好,文化氛围浓厚　B.一般,文化氛围还行

C.不太好,基本没什么文化氛围

21.您喜欢哪种类型的校园文化环境(可按喜爱程度选三个答案)

A.底蕴深厚的人文景观　　B.清新优美的自然景观

C.勤于思考、勇于探索的良好学风

D.富含深刻教育意义的思想品德活动

E.富有生机活力的文艺体育活动　　F.丰富多彩的社会实践活动

G.与时俱进的党团教育主题活动　　H.倡导奉献、友爱的志愿服务活动

I.公正严谨的校园管理体系和规章制度

J.校园网络媒介创建的广泛多样的线上文化产品

K.其他_____

您选择的顺序是_____

22.您觉得哪种形式的思政课对您最有效(可按喜爱程度选三个答案)

A.学术性很强、说理很透彻的主题讲授课

B.课堂教学形式丰富多样的以教师为主导、学生积极参与的综合型课

C.课下自学加教师辅导的形式　　D.思政社会实践课

E.学生与老师研讨型的课　　F.思政网络课

G.其他_____

23.您所在学校的领导是否给学生上过思政课

A.从来没有　　B.上过一次　　C.经常上

24.您所在学校的领导上思政课的效果如何

A.效果很好,深受启发　　B.效果一般,流于形式　　C.效果很差,基本不听

25.您受到学校哪些部门管理人员的关心(可多选)

A.在过年过节时收到过食堂的暖心小礼物

B.在过年过节时感受过校园的节日氛围

C.在过年不能回家时,学校会组织同学和老师一起吃年夜饭

D.在家庭困难时,学校会给我们发生活补助

E.学校有勤工俭学的岗位可以兼职

F.辅导员或者宿管阿姨会来宿舍问候学生的生活情况

G. 其他_____

26. 你享受过何种奖助学金(可多选)

A. 校级奖学金   B. 校级助学金   C. 省级奖学金   D. 省级助学金

E. 国家级奖学金   F. 国家级助学金

27. 您所在的学校是否对思想政治教育工作构建了测评机制

A. 建立了较为完整的测评机制

B. 测评机制有待完善,还有很多问题

C. 测评机制为建立,处于比较分散的状态

28. 您对高校思想政治教育有什么建议吗?

附录2 高校思想政治教育亲和力情况调查(教师版)

尊敬的各位老师:

您们好!

我们正在进行一项关于高校思想政治教育亲和力情况的调查研究,您的回答无关对错,但对我们的研究非常重要,我们将对您的回答完全保密,谢谢您的配合和支持!

《高校思想政治教育亲和力提升问题研究》课题小组

2019 年 1 月

以下问题,请勾选您认为符合您本身情况的选项。

1. 您的性别

A. 男性　　B. 女性

2. 您所教授的专业属于

A. 人文科学类(哲学、历史、文学、艺术、语言学)

B. 社会科学类(经济、法律、社会学、管理学、政治学)

C. 自然科学类(理学、工学、农学、医学)

3. 您的政治面貌是

A.中共党员(含预备党员)　　B.无党派人士　　C.其他民主党派人士

D.群众

4.在入职前,您所在的高校是否会进行新进教师岗前培训

A.会　　B.不会

5.新进教师岗前培训效果如何

A.效果很好,我收益颇丰　　B.效果一般,流于形式

C.效果很差,我没有学到什么

6.您所在的高校是否会定期召开各类师德师风建设研讨会和培训班

A.会定期召开　　B.有时候会,有时候不会,比较随意　　C.没有召开过

7.您所在的高校召开各类师德师风建设研讨会和培训班的效果如何

A.效果很好,我从中学到很多　　B.效果一般,比较流于形式

C.效果很差,我没有从中感受到提升

8.在您工作过程中,您所在的高校是否会召集教职工进行集中学习

A.会,一般按时按专题进行　　B.很少,除非有重要学习内容专题

C.不会,我们很随意

9.您所在高校是否会召集教职工进行集中学习效果如何

A.效果很好,我从其他教职工身上学习到很多

B.效果一般,流于表面学习

C.效果很差,我基本上没学到什么

10.在您工作过程中,您所在的高校对您的教学有哪些要求(可多选)

A.阅读高等教育学、教育心理学等著作,更好指导教学实践

B.至少讲授一门专业课或专业基础课

C.至少举行一次公开课

D.至少带队指导过一次完整的校外实习活动

E.至少开发一套专属自己的多媒体教学课件

F.至少撰写一篇高质量的教研教改论文

G.加强粉笔字、普通话等教师技能训练

H.其他_____

11.您所在的高校对教师的思想政治教育工作的成效如何

A.很好,学校会定期召开各种培训,取得良性效果

B.较好,这类工作基本上还是会有

C.一般,学校的这类工作基本流于形式,成效不显著

D.较差,基本没有这类工作的开展

12.您所在的高校对学生的思想政治教育工作的成效如何

A.很好,学校定期都会举行主题教育活动,效果显著

B.较好,这类工作基本上还是会有

C.一般,学生对这类工作基本上不感兴趣

D.较差,学校根本没有这类工作的开展

13.您所在的高校与社会、政府、企事业单位等的合作关系如何

A.关系良好,建立了密切的合作关系

B.关系一般,只与特定的机构合作

C.关系不好,我们的联系只在高校间

14.您所在高校的校园文化建设情况如何(可多选)

A.立足本校特色,发挥红色资源文化　B.具备底蕴深厚的各类人文景观

C.校园自然景观清新优美　D.定期邀请名家名师举办论坛讲座

E.重视校风校训建设　F.学校学风优良,重视学术研究

G.其他_____

15.您所在高校的体制机制建设情况如何

A.良好,教职工规章制度基本健全

B.一般,还有些不尽如人意的地方,需要修改

C.不好,制度形同虚设

16.您所在的高校是否经常定期召开师生工作研讨会

A.是的,定期召开　　B.有时候开,有时候不开　　C.基本不开

17.您所在的高校召开的师生工作研讨会的效果如何

A.效果很好,我通过研讨会了解了很多情况

B.效果一般,研讨不够充分

C.效果很差,流于形式

18.您所在高校的党委领导是否重视思想政治教育工作

A.很重视,会带头上党课、讲思政课　　B.一般,看心情　　C.基本不重视

19.您所在的高校对生活困难教职工的补贴程度如何

A.补贴力度很大,感觉很温暖　　B.补贴力度一般　　C.基本没什么补贴

20.您所在的高校会定期召开教职工心理健康与调适等专题讲座吗

A.会,学校比较关心教职工心理健康问题

B.一般,召开次数很少

C.没有召开过

21.您所在高校召开的教职工心理健康与调适等专题讲座的效果如何

A.效果很好,解决了我很多的心理困扰

B.效果一般,只是为了完成任务

C.效果很差,流于形式

22.您所在的高校是否会组织丰富多样的文体活动,丰富教职工的业余生活

A.会,活动很丰富　　B.很少　　C.基本没有组织过

23.您希望增加哪种形式的思想政治教育活动

A.举行师德师风培养班　　B.表彰校级德育典范

C.举办与时俱进的主题教育活动　　D.倡导奉献、友爱的志愿服务活动

E.多召开有关教职工心理健康与调适的讲座　　F.其他_____

24.您觉得您的思想政治素养处于何种水平

A.很差　　B.较差　　C.一般　　D.较好　　E.很好

25. 您觉得自己的课程思政工作效果如何

A. 不知道什么是课程思政　　B. 很差,基本没有什么内容

C. 较差,有时候会　　D. 一般,看具体教学内容

E. 较好,会有这个意识　　F. 很好,这是我的基本遵循

26. 您认为自己做思想政治工作有亲和力吗

A. 没有,学生很怕我　　B. 较差,我比较严肃　　C. 一般,看我心情

D. 较好,总体来说比较有　　E. 很好,我跟学生关系很好

27. 您对今后的高校思想政治教育工作有何建议?

致　　谢

离骚天问赋九歌，济世爱民强救国。屈子精神浸千粽，楚时忠誉润万舵。值此端午来临之际，历经两载，本书稿终告段落。掩卷思量，饮水思源，在此谨表达自身的拳拳谢意与丝丝期许。

本书稿所选主题"高校思想政治教育亲和力"源于习近平总书记在全国高校思想政治工作会议上的重要论断——"提升思想政治教育亲和力和针对性，满足学生成长发展需求和期待"。全书均以习近平总书记关于教育尤其是思想政治教育的重要论述作为指导思想和精神内核。马克思主义理论学科尤其是思想政治教育学科张耀灿、郑永廷、吴潜涛、刘建军、陈占安、邱柏生、吴满意、万美容、王岩、彭庆红、胡大平等知名学者的研究成果为本书的撰写奠定了较扎实的理论基础；伦理学知名学者朱小曼、周中之、曹刚，心理学知名学者王璐颖、樊蓓蓓，教育评价学知名学者陈玉琨等的理论文献为本书提供了较为宽阔的多学科视野。而湖南第一师范学院和怀化学院两所高校马克思主义学院的全体老师积极运用本书所述理论指导高校思想政治教育教学实践活动，为本书稿提供了大量的实践经验与案例，增强了本书的可读性与科学性。

在著书过程中，作者深感"学无止境"与"力有不逮"的压力。应该说，如果没有各位恩师好友、亲人们的帮助，作者很难将本书付梓，现一并致谢。首先，感谢为本书作序的湖南第一师范学院原党委书记彭小奇先生，他儒雅谦逊的待人方式、正直刚毅的人格魅力、严谨务实的学术精神,尤其是耳提面授、挑灯修改书稿的爱生如子的高尚情操给著者无限的感动、激励与前行动力。其次,感谢中南大学曾长秋、肖铁肩两位教授,他们是作者的博士生导师,也是作者踏入思想政治教育学科的引路人。他们四十年如一日的学术坚守、诲人不倦的师德风范激励作者在思想政治教育学科领域奋勇向前。再次,感谢湖南大学博士生杨葵博士、陈方芳博士、刘绍云博士,华中师范大学谢宏芝硕士,湖南第一师范学院李彩虹博士、刘钊博士,他们为本书稿的顺利完成付出了大量的汗水、才华与智慧;同时,感谢怀化学院刘望书记、王刚校长、科技处欧阳跃军处长等的指导与支持。此外,感谢家人对我一心扑在工作上、无心眷顾家务态度的包容与理解。最后,特别感谢本书得以面世的人民出版社的编辑老师,他们在封面设计、文字校对、文稿润色、出版安排等方面的工作给作者带来巨大的帮助与启发。

诚感亲朋襄大力,愧将薄文表谢忱!

周小李

2021 年 6 月 12 日